Jörg Luxem / Stefan Arndt

Erbrecht für Steuerberater

Jörg Luxem / Stefan Arndt

Erbrecht
für Steuerberater

GABLER

Bibliografische Information der Deutschen Nationalbibliothek
Die Deutsche Nationalbibliothek verzeichnet diese Publikation in der
Deutschen Nationalbibliografie; detaillierte bibliografische Daten sind im Internet über
<http://dnb.d-nb.de> abrufbar.

1. Auflage 2009

Alle Rechte vorbehalten
© Gabler | GWV Fachverlage GmbH, Wiesbaden 2009

Lektorat: RA Andreas Funk

Gabler ist Teil der Fachverlagsgruppe Springer Science+Business Media.
www.gabler.de

Umschlaggestaltung: KünkelLopka Medienentwicklung, Heidelberg
Druck und buchbinderische Verarbeitung: Krips b.v., Meppel
Gedruckt auf säurefreiem und chlorfrei gebleichtem Papier
Printed in the Netherlands

ISBN 978-3-8349-0441-6

Vorwort

Am 1.1.2009 ist die Erbschaftsteuerreform in Kraft getreten. Veranlasst wurde die Reform durch das Bundesverfassungsgericht, das das bisher geltende Erbschaftsteuerrecht im November 2006 für verfassungswidrig erklärt und eine Neuregelung bis zum 31.12.2008 gefordert hatte. Die Reform wird zu einem erhöhten Beratungsbedarf auf dem Gebiet des Erbschaftsteuerrechts führen.

Für Steuerberater, die auf dem Gebiet des Erbschaftsteuerrechts tätig sind, ist die Kenntnis des materiellen Erbrechts unerlässlich. Nur wer die zivilrechtlichen Folgen eines Sterbefalls und die Palette der zivilrechtlichen Gestaltungsmittel zu Lebzeiten des Erblassers kennt, kann eine zukunftsorientierte und steueroptimale Gestaltungsberatung vornehmen.

Das vorliegende Werk vermittelt einen Überblick über die Grundzüge des Erbrechts, berücksichtigt aber zugleich häufige Fallkonstellationen, die unter Verknüpfung des Zivil- und Steuerrechts aufgearbeitet wurden und in der Praxis immer wieder vorkommen. Das Buch wendet sich an den zivilrechtlich interessierten Berater und soll ihm als Wegweiser dienen, um in der täglichen Beratungspraxis eine fundierte Übersicht zu erhalten.

Anders als die Reform des Erbschaftsteuerrechts steckte die Reform des Erbrechts während der Entwicklung dieses Buches noch in der Vorbereitungsphase. Mit dem Inkrafttreten der Erbrechtsreform, die vor allem den Bereich des Pflichtteilsrechts betrifft und dem Erblasser weitergehende Gestaltungsmöglichkeiten einräumen soll, wird im Laufe des Jahres 2009 gerechnet. An denjenigen Stellen, wo die Reform möglicherweise zu Änderungen des geltenden Erbrechts führen wird, enthält das Buch entsprechende Hinweise, um die Berater für etwaige Neuregelungen zu sensibilisieren.

Inhaltsübersicht

Abkürzungsverzeichnis

a.F.	alte Fassung
Abs.	Absatz
AG	Aktiengesellschaft
AGGVG	Gesetz zur Ausführung des Gerichtsverfassungsgesetzes und von Verfahrensgesetzen des Bundes
AktG	Aktiengesetz
AO	Abgabenordnung
Art.	Artikel
AV d. JM	Allgemeine Verfügung des Justizministeriums
BeurkG	Beurkundungsgesetz
BewG	Bewertungsgesetz
BFH	Bundesfinanzhof
BFH/NV	Sammlung der nicht veröffentlichten Entscheidungen des Bundesfinanzhofs
BGB	Bürgerliches Gesetzbuch
BGBl.	Bundesgesetzblatt
BGH	Bundesgerichtshof
BGHZ	Entscheidungen des Bundesgerichtshofs in Zivilsachen
BMF-Schreiben	Schreiben des Bundesministeriums für Finanzen
BStBl	Bundessteuerblatt
d.h.	das heißt
DStR	Deutsches Steuerrecht
EGBGB	Einführungsgesetz zum Bürgerlichen Gesetzbuch
ErbStB	Erbschaftsteuerberater
ErbStDV	Erbschaftsteuer Durchführungsverordnung
ErbStR	Erbschaftsteuerrichtlinien
EStG	Einkommensteuergesetz
evtl.	eventuell
ff.	fortfolgend
FamFG	Gesetz über das Verfahren in Familiensachen und in den Angelegenheiten der freiwilligen Gerichtsbarkeit
FG	Finanzgericht
FGG	Gesetz über Angelegenheit der freiwilligen Gerichtsbarkeit
GBO	Grundbuchordnung
GbR	Gesellschaft bürgerlichen Rechts
GmbH	Gesellschaft mit beschränkter Haftung
GmbHG	Gesetz betreffend die Gesellschaft mit beschränkter Haftung
h.M.	herrschende Meinung

HeimG   Heimgesetz
HGB   Handelsgesetzbuch
HöfeO   Höfeordnung

i.d.F.   in der Fassung
i.S.d.   im Sinne des/der
i.S.v.   im Sinne von
i.V.m.   in Verbindung mit
InsO   Insolvenzordnung

JFG   Jahrbuch für Entscheidungen in Angelegenheiten der freiwilligen Gerichtsbarkeit und des Grundbuchrechts
JMBL.   Justizministerialblatt

KG   Kommanditgesellschaft
KGaA   Kommanditgesellschaft auf Aktien
KonsG   Konsulargesetz
KostO   Kostenordnung
KStG   Körperschaftsteuergesetz

LPartG   Lebenspartnerschaftsgesetz

NJW   Neue Juristische Wochenzeitschrift
NJW - RR   Neue Juristische Wochenzeitschrift Rechtsreport

o.ä.   oder ähnliches
OHG   offene Handelsgesellschaft

RPflG   Rechtspflegergesetz
RVG   Rechtsanwaltsvergütungsverordnung

S.   Seite
SGB   Sozialgesetzbuch
StBGebV   Steuerberatergebührenverordnung
StiftG   Stiftungsgesetz

TEURO   Tausendeuro
Tz.   Teilziffer

UmwStG   Umwandlungssteuergesetz
Urt.   Urteil
usw.   und so weiter

vgl.   vergleiche

WEG   Wohnungseigentumgesetz

z.B.   zum Beispiel
ZEV   Zeitschrift für Erbrecht und Vermögensnachfolge
ZPO   Zivilprozessordnung
ZVG   Zwangsversteigerungsgesetz

§ 1   Grundprinzipien des Erbrechts

Das deutsche Erbrecht wird von einigen Grundprinzipien beherrscht. Ihre Kenntnis erleichtert   1
das Verständnis der Einzelregelungen und damit letztlich den Umgang mit dem Erbrecht. Sie
sollen daher zunächst erläutert werden.

A.   Prinzip der Testierfreiheit

Im Erbrecht gilt das Prinzip der Testierfreiheit. Dieses Prinzip ist Ausfluss der Eigentums- und   2
Erbrechtsgarantie des Artikels 14 Abs. 1 des Grundgesetzes und zugleich konsequente Fortführung des das Bürgerliche Gesetzbuch durchziehenden Prinzips der Vertragsfreiheit. Es besagt,
dass der Wille des Erblassers – in einigen Grenzen, die der Gesetzgeber zum Schutz der engsten
Familie aufgestellt hat (vgl. § 4 Pflichtteilsrecht) – Vorrang vor den Anordnungen des Gesetzgebers hat. Der Erblasser kann also – in den angesprochenen Grenzen – zum Erben oder Vermächtnisnehmer einsetzen, wen er will; an die gesetzgeberische Wertung, wonach die Verwandten nach
dem Näheverhältnis zum Erblasser bedacht werden sollen, ist er nicht gebunden. Daraus folgt der
Grundsatz, dass die gewillkürte, also vom Erblasser angeordnete Erbfolge dem gesetzlichen Erbrecht, das ist die Erbfolge, wie sie im Gesetz vorgegeben ist, vorgeht. Die Testierfreiheit ist unbe-
schränkbar und nicht disponibel. Niemand kann sich wirksam verpflichten, eine Verfügung von
Todes wegen zu errichten, nicht zu errichten, aufzuheben oder nicht aufzuheben (§ 2302 BGB).

B.   Prinzip des Blutsverwandtenerbrechts und der Erbfolge nach Stämmen

Soweit nicht eine gewillkürte Erbfolge eingreift, sondern das gesetzliche Erbrecht, gilt das Prinzip   3
des Blutsverwandtenerbrechts. Gesetzlicher Erbe wird nach diesem Prinzip grundsätzlich nur,
wer mit dem Erblasser i. S. d. § 1589 BGB verwandt ist, sei es in gerader Linie (§ 1589 S. 1 BGB),
sei es in der Seitenlinie (§ 1589 S. 2 BGB). Dies ergibt sich aus den Regelungen in den §§ 1924 ff.
BGB, in denen ausschließlich auf die Familienverhältnisse abgestellt wird. Daneben haben auch
Ehegatten ein gesetzliches Erbrecht (§ 1931 BGB).

Das Prinzip des Blutsverwandtenerbrechtes wirkt auch in den Bereich der gewillkürten Erbfolge
hinein: In den §§ 2303 ff. BGB sind die Pflichtteilsrechte enger Verwandter und des Ehegatten
des Erblassers geregelt. Mit diesen Pflichtteilsrechten schränkt der Gesetzgeber zugunsten der
engen Verwandten und des Ehegatten das Recht des Erblassers, frei zu verfügen, also das Prinzip
der Testierfreiheit, ein. Den engen Verwandten und Ehegatten soll also in jedem Fall ein Teil des
Nachlasses zustehen.

Innerhalb des Verwandtenerbrechts gilt das Prinzip der Erbfolge nach Ordnungen und nach
Stämmen (§ 1924 Abs. 3 BGB). Entscheidend für ein Erbrecht ist nicht der Grad der Verwandtschaft zu dem Erblasser, sondern die Frage, ob ein Erbrecht des Stammes entstanden ist. Ist das
der Fall, erbt der Berechtigte des Stammes und nicht der dem Grad nach näher Verwandte.

1

> **Beispiel:**
>
> Erblasser E hat drei Söhne, die ihrerseits jeweils zwei Kinder haben. Stirbt E, nachdem sein Sohn S 1 vorverstorben ist, so erben nicht etwa die Söhne S 2 und S 3 zu je 1/2, vielmehr erben sie je zu 1/3 und das weitere Drittel teilen sich die Enkel E 1 und E 2, die also zu je 1/6 erben. Obwohl sie dem Grad der Verwandtschaft nach weiter von dem Erblasser entfernt sind, erben sie nach dem Prinzip der Erbfolge nach Stämmen, weil sie den Stamm des vorverstorbenen Vaters fortführen.

C.   Erbfähigkeit, Testierfähigkeit

I.   Erbfähigkeit

4   Hinsichtlich der Erbfähigkeit ist zu differenzieren nach der Person, die etwas vererbt, diese muss „passiv erbfähig" sein, und der im Erbwege bedachten Person, diese muss „aktiv erbfähig" sein.

1.   Passive Erbfähigkeit

5   Passiv erbfähig, also fähig sein zu vererben, kann nur eine natürliche Person sein. Juristische Personen können dagegen nicht vererben; sie „leben" ewig, es sei denn sie werden aufgelöst und liquidiert oder fallen in die Insolvenz, in diesen Fällen wird ihr Vermögen – nach Abzug der Schulden – an die Gesellschafter ausgekehrt.

2.   Aktive Erbfähigkeit

6   Dagegen ist der Kreis der aktiv erbfähigen Personen weiter. Erbe kann eine natürliche Person (§ 1923 Abs. 1 BGB), ein im Zeitpunkt des Erbfalls gezeugter, aber noch nicht Geborener (sog. nasciturus, § 1923 Abs. 2 BGB), eine juristische Person (vgl. § 2101 Abs. 2 BGB), aber auch der Staat (§ 1939 BGB)sein. Auch zum Zeitpunkt des Erbfalls noch nicht gezeugte Personen können (im Wege der gewillkürten Erbfolge) als Erben eingesetzt werden, ihre Einsetzung gilt dann aber nach der gesetzlichen Vermutung in § 2101 Abs. 1 BGB als eine Nacherbeneinsetzung.

> **Beispiel:**
>
> Großvater G setzt zu seinen Erben seinen verheirateten, aber noch kinderlosen Sohn S und dessen künftige Kinder ein, schließt seine Schwiegertochter aber ausdrücklich vom Erbe aus.
>
> Verstirbt G und werden dem S danach noch Kinder geboren, so sind diese Kinder nach der gesetzlichen Vermutungsregel in § 2101 Abs. 1 BGB Nacherben.

Nicht (aktiv) erbfähig sind dagegen Tiere – auch wenn in der Praxis zu beobachten ist, dass manche Erblasser dies annehmen.

> **Beispiel:**
>
> Die kinderlose, allein lebende Rentnerin R setzt ihren Zwergpudel Rudi zum Alleinerben ein.
>
> Die Erbeinsetzung von Rudi ist unwirksam, da Rudi nicht aktiv erbfähig ist. Seine „Erbeinsetzung" ist als eine Auflage an die gesetzlichen Erben auszulegen, sich lebenslang um den Zwergpudel zu kümmern und seine Versorgung zu sichern.

II. Testierfähigkeit

Von der passiven Erbfähigkeit, d.h. der Fähigkeit zu vererben, ist die Testierfähigkeit zu unter- 7
scheiden, d.h. die Fähigkeit, ein Testament zu errichten. Die Testierfähigkeit beginnt für Minderjährige mit Vollendung des 16. Lebensjahres. Allerdings kann – zum Schutz des Minderjährigen
– in diesem Fall der letzte Wille nur durch ein öffentliches, nicht aber ein privatschriftliches Testament bestimmt werden (§§ 2229 Abs. 1, 2233 Abs. 1 und 2247 Abs. 4 BGB). Nicht testierfähig
sind auch Personen, die wegen krankhafter Störung der Geistestätigkeit, wegen Geistesschwäche
oder wegen Bewusstseinsstörungen nicht in der Lage sind, die Bedeutung einer von ihnen abge-
gebenen Willenserklärung einzusehen (§ 2229 Abs. 4 BGB).

D. Prinzip der Gesamtrechtsnachfolge

Gem. § 1922 BGB geht mit dem Tode einer Person das Vermögen als Ganzes auf den oder die 8
Erben über. Diese Regel, die gleichermaßen für die Fälle der gesetzlichen und der gewillkürten
Erbfolge gilt, beschreibt das Prinzip der Gesamtrechtsnachfolge oder Universalsukzession. Es besagt, dass der Erbe mit dem Tod des Erblassers kraft Gesetzes in die gesamte materielle und for-
melle Rechtsposition des Erblassers eintritt, ohne dass irgendeine weitere Maßnahme oder gar ein
gesonderter Übertragungsakt erforderlich ist.

> **Beispiel:**
> Verstirbt der Immobilieneigentümer I und wird von seinen Kindern Ernst, Gabi und Evelyn beerbt, so werden die drei
> Kinder unmittelbar Eigentümer der Immobilien (und seines sonstigen Vermögens). Eine Grundbucheintragung der Kinder
> ist nicht erforderlich. Erfolgt die Eintragung im Grundbuch später, so handelt es sich lediglich um eine Grundbuchberichti-
> gung im Sinne des § 894 BGB.

E. Erbrechtlicher Typenzwang

Im Bereich der gewillkürten, also der vom Erblasser bestimmten Erbfolge besteht ein Typenzwang: 9
Der Erblasser kann allein durch Testament (Einzeltestament oder gemeinschaftliches Testament)
oder durch Erbvertrag seinen letzten Willen bestimmen (§§ 2231, 2276 BGB). Auch bei der Auswahl der ihm zur Verfügung stehenden Gestaltungen ist er an die ihm in den erbrechtlichen Regelungen des BGB vorgegebenen Institute und Möglichkeiten gebunden. Soweit bei Verstößen nicht
im Wege der Auslegung ein dem Erbrecht entsprechendes Gestaltungsmittel ermittelt werden
kann, ist eine Verfügung nichtig.

§ 2 Gesetzliche Erbfolge

A. Erbrecht der Abkömmlinge

1 Eine gewillkürte Erbfolge, die der Erblasser in formgültiger Weise selbst angeordnet hat, geht der gesetzlichen Erbfolge vor. Daher greift die gesetzliche Erbfolge nach den §§ 1924 ff. BGB nur ein, wenn der Erblasser keine abweichenden Anordnungen getroffen hat. Dies ist der Fall, wenn er entweder

- keine letztwillige Verfügung getroffen hat,
- eine formell oder materiell unwirksame Verfügung getroffen hat,
- in einer letztwilligen Verfügung ausdrücklich die gesetzliche Erbfolge angeordnet hat, oder
- wenn er eine letztwillige Verfügung ohne Erbfolgeregelung getroffen hat, indem er z. B. lediglich Teilungsanordnungen oder Vermächtnisse testamentarisch angeordnet hat.

2 Gesetzlicher Erbe wird nach dem Prinzip des Blutsverwandtenerbrechts nur, wer mit dem Erblasser i. S. d. § 1589 BGB verwandt ist, sei es in gerader Linie (§ 1589 S. 1 BGB), sei es in der Seitenlinie (§ 1589 S. 2 BGB). Der Verwandtschaftsgrad, der sich gem. § 1589 S. 3 BGB nach der Anzahl der sie vermittelnden Geburten richtet, wirkt sich im Recht der gesetzlichen Erbfolge nicht unmittelbar aus. Entscheidend ist für das gesetzliche Erbrecht nicht der Grad der Verwandtschaft, sondern die Ordnung in welcher sich der Verwandte im Verhältnis zu dem Erblasser befindet. Die Ordnung wiederum richtet sich nach den verschiedenen Generationen, die dem Erblasser folgen oder ihm vorangehen:

- Gesetzliche Erben der I. Ordnung sind die Abkömmlinge des Erblassers
- Gesetzliche Erben der II. Ordnung sind die Eltern des Erblassers und deren Abkömmlinge
- Gesetzliche Erben der III. Ordnung sind die Großeltern des Erblassers und deren Abkömmlinge usw.

3 Die Zahl der Erbordnungen ist gem. § 1929 BGB unbegrenzt. Erben einer früheren Ordnung schließen Erben einer späteren Ordnung generell von der Erbfolge aus (§ 1930 BGB). Innerhalb einer Ordnung gelten das Prinzip der Erbfolge nach Stämmen sowie das Repräsentationsprinzip. Nach diesen Prinzipien geht einerseits ein für einen Familienstamm einmal entstandenes Erbrecht auf die Abkömmlinge dieses Stammes über (§ 1924 Abs. 3 BGB) und schließen andererseits Eltern jeweils ihre Kinder von der Erbfolge aus (vgl. §§ 1924 Abs. 2, 1925 Abs. 2, 1926 Abs. 2 BGB).

> **Beispiel:**
>
> Verstirbt der kinderlose, unverheiratete Einzelhändler E und hinterlässt er neben seiner Mutter noch drei Brüder mit jeweils zwei Kindern, so erben die Mutter zu 1/2 und die drei Brüder zu je 1/6. Die drei Brüder werden nach dem Repräsentationsprinzip hinsichtlich einer Hälfte des Erbrechts von ihrer noch lebenden Mutter vom Erbe ausgeschlossen, hinsichtlich der anderen Hälfte erben sie selbst, denn der Vater, der sie vom Erbe ausschlösse, lebt nicht mehr. Die drei Brüder wiederum schließen – ebenfalls nach dem Repräsentationsprinzip – ihre eigenen Kinder vom Erbrecht aus.

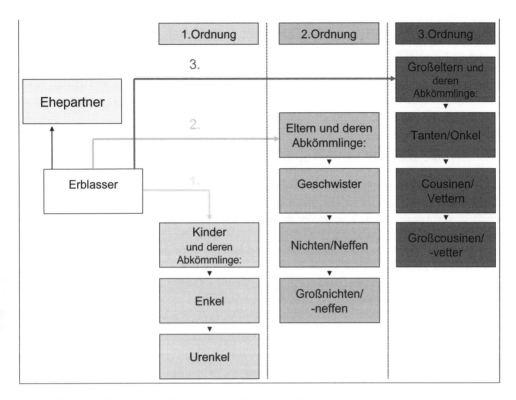

Schaubild: Erbordnungen und Repräsentationsprinzip

B. Erbrecht von nichtehelichen Kindern

Durch das Gesetz zur erbrechtlichen Gleichstellung nichtehelicher Kinder – ErbGleichG – vom 4
16.12.1997, BGBl. I, S. 2968, wurde die bis dahin bestehende erbrechtliche Ungleichbehandlung
nichtehelicher Kinder sowohl in den alten als auch in den neuen Bundesländern aufgehoben.

I. Bisheriges Recht (Rechtslage bis 01.04.1998) – Nichtehelichengesetz von 1969

Nach dem bis zum 01.04.1998 geltenden Recht gab es in den alten und neuen Bundesländern 5
unterschiedliche Rechtslagen.

1. Alte Bundesländer

Unter Geltung des Nichtehelichengesetzes von 1969 war das nichteheliche Kind nach der Mutter 6
voll erbberechtigt, hatte aber nach dem Vater nur einen sog. Erbersatzanspruch. Dieser Erbersatzanspruch entsprach zwar der Höhe nach dem Wert des gesetzlichen Erbrechts, das nichteheliche Kind war aber nicht Mitglied der Erbengemeinschaft, also auch nicht Mitberechtigter an

dem Nachlassvermögen. Es hatte lediglich einen schuldrechtlichen Anspruch gegen die Erben auf Auszahlung des Wertausgleichs. Zwischen dem 21. und 27. Lebensjahr bestand für das Kind die Möglichkeit, einen vorzeitigen Erbausgleich zu verlangen. Vor dem 01.07.1949 nichtehelich geborene Kinder hatten gegenüber ihren väterlichen Verwandten überhaupt keine erbrechtlichen Ansprüche. Für sie galt das Recht vor Einführung des Nichtehelichengesetzes und danach galten nichteheliche Kinder mit ihrem Vater gemäß § 1589 Abs. 2 BGB a.F. als nicht verwandt, sie hatten also kein Erbrecht.

2.   Neue Bundesländer

7   Nach dem ehemaligen Recht der DDR waren nichteheliche Kinder den ehelichen gleichgestellt, auch sie hatten daher volles Erbrecht. Nach dem Beitritt der neuen Bundesländer am 03.10.1990 blieb diese Rechtslage bestehen, wenn der Erbfall vor dem Beitritt, d. h. vor dem 03.10.1990, eingetreten war (Art. 235 § 1 Abs. 1 EGBGB). Für Erbfälle nach diesem Zeitpunkt wurde differenziert: War das nichteheliche Kind vor dem Beitritt geboren, galt es als ehelich und die Regelungen des ehemaligen Rechts der DDR galten faktisch fort. War das Kind nach dem Beitritt geboren, galt das Recht der neuen Bundesländer, die nichtehelichen Kinder hatten also nach ihrem Vater lediglich den Erbersatzanspruch (Art. 235 § 1 Abs. 2 EGBGB).

II.   Neue Rechtslage

8   Durch das Gesetz zur erbrechtlichen Gleichstellung nichtehelicher Kinder– ErbGleichG – vom 16.12.1997, BGBl. I, S. 2968, wurde die erbrechtliche Stellung der nichtehelichen Kinder mit Wirkung ab dem 01.04.1998 der der ehelichen Kinder angeglichen. Nichteheliche Kinder sind ab diesem Zeitpunkt den ehelichen gleichgestellt, haben also ein gleiches Erbrecht und zwar sowohl nach dem Tod der Mutter als auch nach dem Tod des Vaters.

Nach der Übergangsvorschrift in Art. 227 EGBGB gilt das alte Recht indes fort, wenn

- der Erbfall vor dem 01.04.1998 eingetreten ist oder
- über den Erbausgleich eine wirksame Vereinbarung getroffen oder
- der Erbausgleich durch rechtskräftiges Urteil zugesprochen worden ist.

C.   Erbrecht von angenommenen Kindern

I.   Erbrecht nach den Adoptiveltern und deren Verwandten

9   Angenommene Kinder haben gegenüber dem annehmenden Ehepaar oder anderen Annehmenden die rechtliche Stellung eines Kindes (vgl. § 1754 BGB). Sie sind damit voll erbberechtigt und zwar sowohl unmittelbar nach dem Tod der sie Annehmenden als auch nach anderen, ihnen durch die Annehmenden vermittelten, Verwandten.

> **Beispiel:**
> Verstirbt nach dem Tod des Adoptivvaters auch dessen Vater, so erbt das Adoptivkind nach seinem „Großvater" in gleicher Weise, als sei es sein leiblicher Großvater gewesen.

II.   Erbrecht nach den bisherigen Verwandten

Mit der Annahme eines Kindes erlischt regelmäßig das Verwandtschaftsverhältnis des Kindes zu seinen bisherigen Verwandten (vgl. § 1755 BGB); damit erlöschen auch die Erbrechte. Das gilt dann nicht, wenn der oder die Annehmende(n) bereits mit dem Kind im zweiten oder dritten Grad verwandt oder verschwägert waren oder wenn ein leibliches Elternteil, das die Personensorge innehatte, verstorben ist und der neue Ehegatte des überlebenden Elternteils das Kind adoptiert (§ 1756 BGB).

❯ Beispiel:

> Stirbt der mit F verheiratete Ehemann E, und adoptiert der neue Ehemann N die drei Kinder des E aus seiner Ehe mit F, so bleiben die Kinder zu den Verwandten des E in einem Verwandtschaftsverhältnis. Sie verlieren daher nicht ihre Erbrechte.

D.   Ehegattenerbrecht

Im Rahmen der gesetzlichen Erbfolge nimmt der Ehegatte eine Sonderstellung ein, da es sich nicht um einen Verwandten im Sinne des Gesetzes handelt. Das Ehegattenerbrecht ist in § 1931 BGB gesondert normiert. Folgende Merkmale sind zu beachten:

I.   Rechtskräftige Ehe

Der überlebende Ehegatte muss mit dem Erblasser im Zeitpunkt des Todes rechtskräftig verheiratet gewesen sein, §§ 1310 ff. BGB.

❶ Beraterhinweis:

Bis zum 01.07.1998 galten insoweit noch die besonderen Regeln des Ehegesetzes. Das Eherecht wurde durch das Gesetz zur Neuordnung des Eheschließungsrechts vom 04.05.1998 unter Aufhebung des EheG reformiert.

Ausgeschlossen ist das Erbrecht des Ehegatten daher, wenn im Zeitpunkt des Erbfalls

- die Ehe nicht wirksam geschlossen war,
- die Ehe wegen Nichtigkeit oder aus anderen Gründen rechtskräftig aufgehoben wurde, §§ 1313, 1314 BGB,
- die Ehe durch Urteil rechtskräftig geschieden wurde, § 1564 BGB.

1.   Scheidung

Wie vorerwähnt, lässt ein rechtskräftiges Ehescheidungsurteil das Erbrecht des Ehegatten entfallen. Daneben regelt § 1933 BGB, dass der Ehegatte ebenfalls kein Erbe wird, wenn zum Zeitpunkt des Todes des Erblassers alle Voraussetzungen für eine Scheidung vorlagen und der Erblasser bereits die Scheidung beantragt oder ihr zugestimmt hatte. In diesem Fall muss der Antragsschriftsatz dem anderen Ehegatten bereits zugestellt worden sein.

10

11

12

13

2

Die gleiche Folge tritt ein, wenn der Erblasser im Zeitpunkt des Todes berechtigt war, die Aufhebung der Ehe zu beantragen und den entsprechenden Antrag gestellt hatte.

2. Der irrtümlich für tot erklärte Ehegatte

14   Eine besondere Konstellation stellt die irrtümliche Todeserklärung eines Ehegatten dar. Eine Auflösung der Ehe wird hierdurch jedoch nicht herbeigeführt, so dass es zum Erbrecht des für tot Erklärten kommt.

Bei Wiederheirat des für tot Erklärten findet jedoch eine Auflösung der bisherigen Ehe statt, wenn nicht die Heirat in beiderseitiger Kenntnis des Irrtums über den Tod des alten Ehegatten erfolgt.

3. Doppelehe

War der Erblasser mit mehr als einer Person rechtskräftig verheiratet, tritt für alle Ehegatten – außer in den Fällen des § 1318 Abs. 5 BGB – das gesetzliche Erbrecht ein. Dies führt jedoch nicht dazu, dass der gesetzliche Erbteil mehrfach entsteht.

II. Der Umfang des Ehegattenerbrechts

15   Die Bemessung der Erbquote des überlebenden Ehegatten richtet sich – zunächst ohne Berücksichtigung des Güterstandes – danach, welche Verwandten des Erblassers daneben als Erben berufen sind. Sind dies Erben der ersten Ordnung, also Abkömmlinge, beträgt der Ehegattenerbteil 1/4. Neben Erben der zweiten und dritten Ordnung, Eltern und deren Abkömmlinge sowie Großeltern, beträgt der Erbteil 1/2. Sind nur noch Erben der vierten Ordnung vorhanden, wird der Ehegatte Alleinerbe, § 1931 Abs. 2 BGB.

▶ Beispiel:

Ehegatten haben drei Kinder. Verstirbt der Ehemann, ist die Ehefrau neben den Kindern zu ¼ am Nachlass beteiligt.

Treffen als Erben Abkömmlinge vorverstorbener Großeltern mit Großeltern zusammen, gilt gemäß § 1931 Abs. 1 S. 2 BGB, dass der Ehegatte auch den Anteil der Abkömmlinge erhält.

Ist der überlebende Ehegatte gleichzeitig ein erbberechtigter Verwandter des Erblassers, tritt neben den Ehegattenerbteil auch der gesetzliche Erbteil als Verwandter, § 1934 S. 1 BGB.

❗ Beraterhinweis:

Der Ehegattenerbteil steht rechtlich selbständig neben dem Verwandtenerbteil. Dies hat zur Folge, dass eine Ausschlagung des einen Teils den Bestand des anderen nicht berührt, § 1934 S. 2 BGB.

III. Auswirkung des Güterstands auf das Ehegattenerbrecht

Die Wahl des Güterstands der Ehegatten nimmt maßgeblichen Einfluss auf das Erbrecht des über-   16
lebenden Ehegatten.

1. Zugewinngemeinschaft

Die Zugewinngemeinschaft bildet den gesetzlichen Güterstand. Sie tritt daher automatisch ein,   17
wenn nicht die Ehegatten vertraglich einen anderen Güterstand wählen. Aus dem gesetzlichen
Güterstand der Zugewinngemeinschaft ergeben sich für den Fall des Todes eines Ehegatten folgende Konsequenzen.

a) Voraus des Ehegatten

Haben die Ehegatten einen gemeinsamen Haushalt geführt, erhält der überlebenden Ehegatte –   18
unabhängig von seinem Erbteil – nach § 1932 BGB den so genannten Voraus. Hiervon erfasst
werden – sofern der Ehegatte neben Erben der ersten Ordnung erbt – alle Haushaltsgegenstände,
soweit diese zur Führung eines angemessenen Haushalts notwendig sind.

Neben Erben anderer Ordnungen stehen dem Ehegatten alle Haushaltsgegenstände zu.

Für den Ehegattenvoraus gelten die für Vermächtnisse geltenden Vorschriften (vgl. § 1932 Abs. 2
BGB).

b) Der Dreißigste

Familienangehörige des Erblassers, hierzu zählen Ehegatte, Kinder, sonstige Verwandte sowie   19
Lebenspartner im Sinne des LPartG, die zu seinem Hausstand gehörten und ihm gegenüber un-
terhaltsberechtigt waren, haben gegenüber den Erben Anspruch darauf, vom Erbfall an 30 Tage
lang in bisheriger Höhe Unterhalt zu beziehen und die Wohnung samt Haushaltsgegenständen zu
benutzen.

c) Erbrechtliche und güterrechtliche Lösung

Gem. § 1931 Abs. 3 BGB bleibt die Vorschrift des § 1371 BGB neben der Regelung in § 1931 BGB   20
unberührt. Wird der gesetzliche Güterstand der Zugewinngemeinschaft durch den Tod eines
Ehegatten beendet, so sieht § 1371 BGB zwei Regelungsfolgen vor, die nebeneinander Anwendung finden:

■ die sog. erbrechtliche Regelung (§ 1371 Abs. 1 BGB)

und

■ die sog. güterrechtliche Regelung (§ 1371 Abs. 2 BGB)

aa) Erbrechtliche Lösung

Bei der so genannten erbrechtlichen Lösung gemäß § 1371 Abs. 1 BGB erhöht sich der gesetz-   21
liche Erbteil (siehe II) um ein Viertel. Es handelt sich hierbei um eine pauschale Regelung ohne
Rücksicht darauf, bei welchem der Ehegatten und ob überhaupt ein Zugewinn in der Ehe statt-

gefunden hat. Umfangreiche Berechnungen oder sogar Rechtsstreitigkeiten über die Bemessung des tatsächlichen Zugewinns werden so vermieden. Die erbrechtliche Regelung ist – sofern der Erblasser den Ehegatten nicht testamentarisch vom Erbe ausgeschlossen hat oder der Ehegatte das Erbe ausschlägt – der Regelfall.

> **Beispiel 1:**
>
> Ehegatten leben im gesetzlichen Güterstand und haben zwei Kinder. Verstirbt ein Ehegatte, kommt es für den überlebenden Ehegatten zunächst neben den Kindern zu einer Erbquote in Höhe von einem Viertel. Zusätzlich erhält der Ehegatte nach der erbrechtlichen Lösung ein weiteres Viertel zur Abgeltung des Zugewinnausgleichs. Insgesamt erhält der Ehegatte damit die Hälfte des Nachlasses.

> **Beispiel 2:**
>
> Ehegatten leben kinderlos im gesetzlichen Güterstand. Der Ehemann verstirbt und hinterlässt neben der Ehefrau noch seinen Vater. Hier kommt es für den überlebenden Ehegatten zunächst neben dem Schwiegervater zu einer Erbquote in Höhe von 1/2. Zusätzlich erhält der Ehegatte nach der erbrechtlichen Lösung ein weiteres Viertel zur Abgeltung des Zugewinnausgleichs. Insgesamt erhält der Ehegatte damit 3/4 des Nachlasses.

> **Beraterhinweis:**
>
> *Die Erhöhung des Erbteils im Rahmen der erbrechtlichen Lösung führt dazu, dass es sich nachfolgend um einen einheitlichen Erbteil handelt. Die separate Ausschlagung des zusätzlichen Viertels ist nicht möglich, § 1950 BGB.*

bb)   Güterrechtliche Lösung

22   Unter Umständen kann sich der Erbteil des Ehegatten nach der so genannten güterrechtlichen Lösung bestimmen.

(1)   Der Ehegatte ist weder Erbe noch Vermächtnisnehmer

23   Wird der Ehegatte weder Erbe noch Vermächtnisnehmer, also in keiner Weise durch den Erblasser bedacht, findet § 1371 Abs. 2 BGB Anwendung.

Der überlebende Ehegatte wird nicht Erbe, wenn er entweder

- durch Testament von der Erbfolge ausgeschlossen worden ist,
- als Erbe die Erbschaft ausgeschlagen hat (vgl. §§ 1942 ff. BGB),
- einen Erbverzicht (vgl. §§ 2346 ff. BGB) erklärt hat,
- die Voraussetzungen für die Scheidung der Ehe gegeben waren und der Erblasser die Scheidung beantragt oder ihr zugestimmt hatte, § 1931 BGB,
- dem Ehegatten gemäß § 2335 der Pflichtteil durch den Erblasser entzogen wurde oder
- der überlebende Ehegatte nach den Regeln des § 2339 erbunwürdig ist.

Der Ehegatte kann in diesem Fall den sog. kleinen Pflichtteil – das ist der Pflichtteil berechnet auf Basis des Vermögens des Erblassers nach Abzug des Zugewinnausgleichs – geltend machen und darüber hinaus den exakt zu bestimmenden Zugewinnausgleich entsprechend dem ehelichen Güterrecht beanspruchen.

Der Zugewinn wird in § 1373 BGB als der Betrag definiert, um den das Endvermögen (§ 1375 BGB) eines Ehegatten das Anfangsvermögen (§ 1374 BGB) übersteigt.

24   Das Anfangsvermögen kann niemals negativ sein. D. h. jeder Ehegatte hat beim Eintritt in den gesetzlichen Güterstand (Eheschließung) zumindest ein Anfangsvermögen von null, auch wenn

die Verbindlichkeiten die aktiven Vermögenswerte übersteigen (vgl. § 1374 Abs. 1 2. HS). Dem Wesen des Zugewinnausgleichs entsprechend stellen Vermögensmehrungen eines Ehegatten, die sich während der Dauer der Zugewinngemeinschaft aufgrund von Schenkungen oder Erbschaften ergeben, keine im Rahmen des Zugewinnausgleichs ausgleichspflichtigen Vermögensmehrungen dar. Demzufolge werden sie gem. § 1374 Abs. 2 BGB dem Anfangsvermögen hinzugerechnet.

Endvermögen ist das Vermögen, das einem Ehegatten nach Abzug der Verbindlichkeiten bei der Beendigung des Güterstandes (z.B. Tod eines Ehegatten) gehört (vgl. § 1375 Abs. 1 S. 1 BGB). Anders als beim Anfangsvermögen können ausnahmsweise auch insoweit Verbindlichkeiten abgezogen werden, als sie die aktiven Vermögenswerte übersteigen (vgl. § 1375 Abs. 1 S. 2 BGB). Insbesondere, wenn der andere Ehegatte in Benachteiligungsabsicht Teile seines Vermögens Dritten zugewendet hat und deshalb Ansprüche gegen Dritte nach §1390 Abs. 1 S. 1 BGB bestehen, können auch die aktiven Vermögenswerte übersteigende Verbindlichkeiten abgezogen werden.

Aus Sinn und Zweck des Zugewinnausgleichs folgert die h. M., dass nur ein echter Wertzuwachs als Zugewinn qualifiziert werden kann. Ein lediglich aufgrund von Kaufkraftschwund des Geldes eingetretener nominaler Wertzuwachs des Anfangsvermögens ist daher als sog. unechter Zugewinn nicht unter den Ehegatten ausgleichspflichtig und kann infolgedessen bei der Berechnung der Ausgleichsforderung herausgerechnet werden. Für die Erbschaftsteuer ist der unechte Zugewinn aufgrund von Kaufkraftschwund des Geldes zwingend herauszurechnen (vgl. H 11 Abs. 3 ErbStR).   25

Es besteht für die Eheleute die Möglichkeit, das jeweilige Anfangsvermögen in einem Verzeichnis festzustellen. Dieses Verzeichnis besitzt im Verhältnis der Ehegatten zueinander die Vermutung der Richtigkeit (vgl. § 1377 Abs. 1 BGB). Ist solch ein Verzeichnis nicht vorhanden – was in der Praxis die Regel sein dürfte – wird gem. § 1377 Abs. 3 BGB vermutet, dass das Endvermögen eines Ehegatten seinen Zugewinn darstellt. Diese Vermutung ist aber durch die Vorlage von Urkunden (wie z. B. Grundbuchauszüge, Bilanzen, Vermögensaufstellungen, etc.) widerlegbar. Für die Erbschaftsteuer gilt die Vermutung des § 1377 Abs. 3 BGB aufgrund von § 5 Abs. 1 S. 3 ErbStG nicht.

🛑 Beraterhinweis:

Ein Wahlrecht hinsichtlich des sog. großen Pflichtteils – das ist der Pflichtteil, berechnet auf Basis des Vermögens des Erblassers ohne Abzug des Zugewinnausgleichanspruchs – besteht zugunsten des überlebenden Ehegatten nicht.

(2)   Der Ehegatte ist Erbe oder Vermächtnisnehmer

Wurde der überlebende Ehegatte durch den Erblasser nicht vom Erbe ausgeschlossen, kommt es also zur gesetzlichen Erbfolge, so kommt ohne weiteres die erbrechtliche Lösung zur Anwendung. Der überlebende Ehegatte kann jedoch gemäß § 1371 Abs. 3 BGB die Erbschaft ausschlagen und stattdessen den kleinen Pflichtteil sowie den güterrechtlichen Zugewinnausgleich wählen. Dieses Wahlrecht besteht nicht, wenn bereits zu Lebzeiten zwischen den Ehegatten ein Erb- oder Pflichtteilsverzicht vereinbart wurde.   26

🛑 Beraterhinweis:

Die Beratung des Mandanten mit einer Empfehlung zur Wahl der güterrechtlichen Lösung kann selbstverständlich nur nach genauer Berechnung der beiden Alternativen erfolgen. Grundvoraussetzung für eine Besserstellung durch die güterrechtliche Lösung ist regelmäßig ein hoher Zugewinn des überlebenden Ehegatten.

> **Beispiel:**

Die Ehegatten A und B haben vor 15 Jahren ohne jegliches Vermögen geheiratet und den Güterstand der Zugewinngemeinschaft nicht ausgeschlossen. Aus der Ehe sind zwei Kinder hervorgegangen. A hat durch unternehmerische Aktivität im Laufe der Ehejahre einen Vermögenszuwachs in Höhe von 700.000 Euro erzielt, der auf einem ausschließlich ihm gehörenden Konto liegt. Daneben sind die Ehegatten gemeinschaftlich Eigentümer eines Wertpapierdepots mit einem Wert in Höhe von 200.000 Euro. Ehemann A verstirbt, ohne ein Testament errichtet zu haben.

> **Lösung:**

Da B – neben den Kindern – Erbe nach A wird, steht es ihr frei, entweder die erbrechtliche oder durch Ausschlagung die güterrechtliche Lösung zu beanspruchen.

Die erbrechtliche Lösung führt zu dem Ergebnis, dass B neben den beiden Kindern den Ehegattenerbteil von 1/4 zuzüglich der pauschalen Erhöhung von 1/4 erhält. In den Nachlass gefallen sind die erwirtschafteten 700.000 Euro und die Hälfte des gemeinsamen Depots, also insgesamt 800.000 Euro. Die Hälfte davon, also 400.000 Euro kann B nach der erbrechtlichen Lösung verlangen.

Die güterrechtliche Lösung führt für B zu dem Ergebnis, dass ihr nach Ausschlagung der Erbschaft zunächst ein Zugewinnanspruch in Höhe von 350.000 Euro zusteht. In der Folge ergibt sich der kleine Pflichtteil in Höhe von 1/8 des verbleibenden Nachlasses, also 1/8 aus 450.000 = 56.250 Euro. Insgesamt erhält B demnach 406.250 Euro. Sie steht sich somit nach der güterrechtlichen Lösung um 6.250 Euro besser.

27

Schaubild: Ehegattenerbrecht

d)　Erbschaftsteuerliche Aspekte der Zugewinngemeinschaft

Verstirbt ein Ehegatte, ergibt sich für den überlebenden Ehegatten grundsätzlich ein erbschaft-　28
steuerpflichtiger Erwerb von Todes wegen.

aa)　Steuerfreistellung der fiktiven Zugewinnausgleichsforderung bei der Erbschaft- und Schenkungsteuer bei Tod eines Ehegatten

Durch den Tod des Partners wird der Ehegatte Mit- oder Alleinerbe. Das im Rahmen des Nach-　29
lasses dem überlebenden Ehegatten zufallende Vermögen stellt eine Bereicherung im Sinne des
Erbschaftsteuergesetzes dar und führt zur Steuerpflicht.

(1)　Zugewinnausgleichsfreibetrag

Ausgenommen von der Steuerpflicht wird allerdings der Vermögensanfall beim überlebenden　30
Ehegatten in Höhe des Betrages, der zivilrechtlich als Zugewinn auszugleichen gewesen wäre,
wenn zum Zeitpunkt des Todes ein Antrag auf Scheidung der Ehe anhängig gewesen wäre, § 5
Abs. 1 ErbStG. Es handelt sich hierbei also um eine begrenzte Steuerfreistellung in Höhe des Betrags der fiktiven Zugewinnausgleichsforderung.

Haben die Ehegatten bei Eingehung der Ehe kein Verzeichnis über das Anfangsvermögen ange-
fertigt, gilt für die Erbschaftsteuer die zivilrechtliche Vermutung des § 1377 Abs. 3 BGB nicht,
nach der das Anfangsvermögen in Höhe von 0 Euro angenommen wird.

Der vorerwähnte Zugewinnausgleichsfreibetrag ist nur zu gewähren, wenn der Zugewinn nicht
nach § 1371 Abs. 2 BGB ausgeglichen wird, das heißt immer dann, wenn die erbrechtliche Lösung
des Zugewinnausgleichs zugrunde liegt. In den Fällen der güterrechtlichen Lösung liegt in Bezug
auf den Zugewinnausgleichanspruch schon gar kein steuerpflichtiger Erwerb vor. Zur Unterscheidung zwischen erbrechtlicher und güterrechtlicher Lösung siehe S. 33 ff.

(2)　Berechnung des fiktiven Zugewinnausgleichs

Ergibt sich bei der Berechnung des fiktiven Zugewinnausgleichs, dass dieser nach zivilrechtlichen　31
Maßstäben höher als sein Steuerwert anzunehmen ist, gilt höchstens der dem Steuerwert des
Nachlasses entsprechende Betrag als steuerfrei, § 5 Abs. 1 S. 5 ErbStG.

bb)　Steuerfreiheit des Zugewinnausgleichs in allen anderen Fällen

Mit § 5 Abs. 2 ErbStG stellt der Gesetzgeber klar, dass der Ausgleich des Zugewinns in den Fäl-　32
len

- in denen der Güterstand zu Lebzeiten der Ehegatten beendet wird oder
- in denen der überlebende Ehegatte im Fall der Beendigung des Güterstandes durch Tod weder
  Erbe noch Vermächtnisnehmer des Verstorbenen geworden ist,

keinen Besteuerungstatbestand für die Erbschaft- und Schenkungsteuer erfüllt.

cc)　Teilweiser Ausschluss der rückwirkenden Vereinbarung der Zugewinngemeinschaft

In § 5 Abs. 1 S. 4 ErbStG wird die zivilrechtlich mögliche rückwirkende Vereinbarung über die　33
Begründung der Zugewinngemeinschaft für das Steuerrecht ausgeschlossen. Den Einwand der
Verfassungswidrigkeit der Vorschrift hat der BFH zunächst verworfen. Zur Begründung verweist
er auf die anderweitig zur Verfügung stehenden Steuergestaltungen. Die Vorschrift ist jedoch so
zu präzisieren, dass das Rückwirkungsverbot entgegen R 12 Abs. 2 S. 2 ErbStR ausschließlich den
pauschalierten erbrechtlichen Zugewinnausgleich betrifft und die steuerliche Berücksichtigung

bei Durchführung eines güterrechtlichen Zugewinnausgleichs nach § 5 Abs. 2 ErbStG unberührt lässt (FG Düsseldorf, Urteil v. 14.06.2006 – 4 K 7107/02 Erb).

Kommen die Ehegatten überein, dass der Ausgleich des Zugewinns durch Übertragung von Immobilien durchgeführt werden soll, so gilt zu beachten, dass diese – auch schon vor Inkrafttreten der Erbschaftsteuerreform 2009 – mit dem Verkehrswert anzusetzen sind.

🛑 **Beraterhinweis:**

Im Rahmen der güterrechtlichen Lösung kann auch für den Fall, dass die Vereinbarung der Gütertrennung schon lange zurückliegt, eine rückwirkende Steuerbefreiung des Zugewinnausgleichs nach der Regelung des § 173 AO unter Durchbrechung der Bestandskraft bisheriger Bescheide zur Schenkungsteuer herbeigeführt werden.

dd) „Güterstandsschaukel"

34   Die Entscheidung des BFH vom 24.08.2005, Az. II R 28/02, hat erneut eine besondere Gestaltungsvariante des ehelichen Güterrechts in den Blickpunkt des Interesses gerückt, die so genannte Güterstandsschaukel. Dabei wurden in den allgemeinen wie auch teilweise in den Fachmedien vielfach nur die steuerlichen Vorteile dargestellt, ohne dass in zureichendem Maße auch die Risiken dieses Konstrukts beleuchtet wurden.

Findet zwischen Ehegatten vereinbarungsgemäß ein freiwilliger vorzeitiger Ausgleich des Zugewinns statt, ohne dass zugleich der Güterstand geändert wird, handelt es sich hierbei um einen schenkungsteuerpflichtigen Vorgang im Sinne des § 7 Abs. 1 Nr. 1 ErbStG, da die Zugewinngemeinschaft weiter fortbesteht.

Demgegenüber sieht § 5 Abs. 2 ErbStG für die Fälle der gesetzlich normierten Beendigung des Güterstands die Steuerfreiheit vor. Wird der gesetzliche Güterstand der Zugewinngemeinschaft daher z. B. durch Scheidung oder Ehevertrag beendet, entsteht für einen der Ehegatten ein Zugewinnausgleichsanspruch. Dieser Anspruch bleibt ebenso wie die zu seiner Erfüllung übertragenen Vermögensgegenstände schenkungsteuerfrei.

Im Rahmen einer steuerlichen Gestaltung kann es sich nunmehr anbieten, die für den Zeitraum der bisherigen Zugewinngemeinschaft bereits entstandenen Vermögenszuwächse durch Auflösung der Zugewinngemeinschaft steuerfrei auszugleichen, um sofort im Anschluss erneut den Güterstand der Zugewinngemeinschaft zu vereinbaren. Diese Vorgehensweise wird als Güterstandsschaukel bezeichnet.

Sofern diese Vorgehensweise früher auf Bedenken hinsichtlich einer rechtsmissbräuchlichen Gestaltung stieß, ist dieses Thema durch die Rechtsprechung inzwischen zugunsten der Steuerpflichtigen geklärt und über die vorerwähnte Unterscheidung zwischen Beendigung des gesetzlichen Güterstandes im Gegensatz zu einer bloßen Vereinbarung über den Zugewinnausgleich klaren Regeln unterworfen.

🛑 **Beraterhinweise:**

Wesentlicher Inhalt einer vertraglichen Vereinbarung sollte die konkrete Ermittlung der nach § 1378 Abs. 3 Satz 1 BGB entstehenden Ausgleichsforderung sein, damit es auch tatsächlich zu einer Beendigung des Güterstands kommt.

Hingegen bedarf es einer Wartephase für den Rückwechsel nach Beendigung der Zugewinngemeinschaft zum Ausschluss des Verdachts des Gestaltungsmissbrauchs u. E. nicht. Immerhin wurde im vorgenannten Urteil die Aufhebung und Neubegründung der Zugewinngemeinschaft in einer notariellen Urkunde vorgenommen.

Schließlich sei noch auf die Möglichkeit der rückwirkenden Vereinbarung der Zugewinngemeinschaft auf den Zeitpunkt der Eheschließung (die zunächst unter Vereinbarung der Gütertrennung geschlossen wurde) hingewiesen. Auch auf diesem Weg lässt sich zum aktuellen Stichtag ein steuerfreier Ausgleich des – nach bisherigem Güterstand gar nicht entstandenen – Zugewinns vornehmen. Maßgabe für diese extreme Variante ist allerdings die betragsmäßige Angemessenheit der Ausgleichsforderung.

Die Finanzverwaltung hat sich mittlerweile der Ansicht der Rechtsprechung angeschlossen und sieht – entgegen R 12 Abs. 2 Satz 3 ErbStR – in der rückwirkenden Vereinbarung einer Zugewinngemeinschaft regelmäßig keine Schenkung mehr.

ee)   „Fliegender Zugewinnausgleich"

Im Gegensatz zu der Gestaltungsform „Güterstandsschaukel" ergibt sich bei dem so genannten   35
„fliegenden Zugewinnausgleich" eine schenkungsteuerliche Problematik.

Grundlage dieser Vereinbarung zwischen Eheleuten sind folgende Merkmale:

Die Ehegatten vereinbaren während bestehender Zugewinngemeinschaft und ohne Aufhebung dieses Güterstandes den Ausgleich des Zugewinns zum aktuellen Stichtag durch Vertrag. Hierdurch sind dann alle vergangenheitsbezogenen Ansprüche abgegolten.

Im Ergebnis führt dieses Konstrukt zum Anfall von Schenkungsteuer, da trotz des beabsichtigten Ausgleichs des bisherigen Zugewinns der gesetzliche Güterstand nicht beendet wird und somit die Voraussetzungen des § 5 Abs. 2 ErbStG nicht vorliegen.

2.   Gütertrennung

Da im Fall des Güterstandes der Gütertrennung ein Ausgleich des Zugewinns zwischen den Ehe   36
gatten nicht stattfindet, verbleibt es beim Tod eines Ehegatten für den anderen bei der Regelung des § 1931 Abs. 1 BGB, wonach der überlebenden Ehegatte 1/4 des Nachlasses erbt. Die Regelung des fiktiven Zugewinnausgleichs nach § 1371 BGB ist somit nicht anwendbar.

Zu beachten ist in diesem Fall § 1931 Abs. 4 BGB. Sind neben dem Ehegatten ein oder zwei Kinder gesetzliche Erben, ist die Erbquote des Ehegatten und jedes Kindes die gleiche. Im Ergebnis erhält der Ehegatte also neben einem Kind ½ und neben zwei Kindern ⅓ des Nachlasses. Sind neben dem Ehegatten mehr als zwei Kinder gesetzliche Erben, erhält der Ehegatte zumindest immer ¼ Erbquote.

> **Beispiel 1:**

Ehemann M verstirbt; er hinterlässt seine Ehefrau F und seinen Sohn S. M und F haben durch Ehevertrag Gütertrennung vereinbart. Ein Testament ist nicht vorhanden. Wie hoch ist der Erbteil der F?

Gem. § 1931 Abs. 4 BGB erben F und der Sohn je ½ des Nachlasses.

> **Beispiel 2:**

Wie in Beispiel 1. Nur hat M zwei Töchter, T 1 und T 2, und einen Sohn S. Wie hoch ist der Erbteil der F?

Bei drei Abkömmlingen gilt wieder die allgemeine Regelung des § 1931 Abs. 1 BGB. Mithin erben die F und die Kinder jeweils ¼.

2

3. Gütergemeinschaft

a) Grundlagen

37 Die ehevertraglich vereinbarte Gütergemeinschaft führt dazu, dass im Falle des Todes eines Ehegatten vorab eine Auseinandersetzung des Gesamtguts zu erfolgen hat. Der sich nach den §§ 1475, 1476 BGB ergebende Gesamtüberschuss befindet sich zunächst hälftig ohnehin im Eigentum des überlebenden Ehegatten. Die andere Hälfte fällt gemäß § 1482 BGB in den Nachlass. Die Erbquote bestimmt sich ohne Besonderheiten nach § 1931 Abs. 1 und 2 BGB.

Von dieser Betrachtung des Gesamtguts ausgeschlossen sind das Vorbehaltsgut sowie das Sondergut, das immer im Alleineigentum eines Ehegatten steht.

Unter Sondergut fallen Gegenstände, die nicht durch Rechtsgeschäft übertragen werden können, wie z. B. der Nießbrauch.

Unter das Vorbehaltsgut fallen die Gegenstände, die

- durch Ehevertrag zum Vorbehaltsgut eines Ehegatten erklärt sind,
- ein Ehegatte durch Erbschaft oder Schenkung erwirbt, wenn der Erblasser oder der Schenker bestimmt hat, dass der Erwerb Vorbehaltsgut sein soll,
- die Ersatz für ein Vorbehaltsgut sind.

b) Schenkungsteuer durch Vereinbarung der Gütergemeinschaft

aa) Grundlagen

38 Mit der Vereinbarung der Gütergemeinschaft – unabhängig davon, ob dies bei Begründung der Ehe oder erst später geschieht – erhält einer der Ehegatten eine Bereicherung insoweit, als das beiderseitige Vermögen zum Gesamtgut und damit zu gesamthänderischem Vermögen der Ehegatten wird.

Während das Zivilrecht hierfür keine Schenkung annimmt, löst dieser Sachverhalt nach § 7 Abs. 1 Nr. 4 ErbStG als Schenkung unter Lebenden Schenkungsteuer aus, soweit die maßgeblichen Freibeträge überschritten werden.

bb) Bereicherung

39 Die Bereicherung tritt für den weniger vermögenden Ehegatten in maximal der Hälfte des Betrages ein, den der andere Partner als Mehrwert einbringt. Hierzu sind in einem ersten Schritt die beiden Vermögen mit ihren Verkehrswerten gegenüberzustellen. Ergibt sich bei dem Vergleich eine Differenz, so sind nachfolgend die steuerlichen Werte unter Beachtung von Steuerbefreiungen und den Regeln zur Wertermittlung gemäß § 10 ErbStG zu ermitteln. Der steuerpflichtige Erwerb entspricht jedoch höchstens dem Verkehrswert.

cc) Mangelnde Schenkungsabsicht unbeachtlich

40 Nicht ausgeschlossen wird die schenkungsteuerliche Problematik durch den Umstand, dass dem vermögenderen Ehegatten bei Begründung der Gütergemeinschaft der Wille zur schenkweisen Zuwendung fehlt (BFH, Urt. v. 02.03.1994, Az. II R 59/92). Insofern kann – mit Ausnahme der durch § 13 Abs. 1 Nr. 4a ErbStG steuerfrei gestellten Übertragung des Familienwohnheims – auch

bereits gemeinsam erarbeitetes Vermögen durch Einbringung in die Gemeinschaft zu einer steuerlichen Belastung führen.

4.   Fortgesetzte Gütergemeinschaft

Haben die Ehegatten durch Ehevertrag vereinbart, dass die Gütergemeinschaft nach dem Tod   41
eines Ehegatten zwischen dem überlebenden Ehegatten und den gemeinsamen Abkömmlingen fortgesetzt wird, handelt es sich nach § 1483 Abs. 1 S. 1 BGB um die so genannte „fortgesetzte Gütergemeinschaft".

Hierdurch wird die bisherige Gütergemeinschaft zwischen dem überlebenden Ehegatten und denjenigen gemeinsamen Abkömmlingen fortgeführt, die im Rahmen der gesetzlichen Erbfolge als Erben berufen sind. In der Folge wird der Anteil des verstorbenen Ehegatten am Gesamtgut kein Nachlassbestandteil, so dass allein Vorbehalts- und Sondergut die Erbmasse bilden.

Dem überlebenden Ehegatten steht es frei, die Fortsetzung der Gütergemeinschaft sofort abzulehnen, § 1484 BGB. Ferner besteht für ihn die Möglichkeit, auch zu einem späteren Zeitpunkt noch die Aufhebung zu verlangen. Hierzu bedarf es entweder eines notariell zu beurkundenden Vertrages zwischen dem Ehegatten und den maßgeblichen Abkömmlingen oder einer Erklärung gegenüber dem Nachlassgericht.

Ohne weiteres endet die fortgesetzte Gütergemeinschaft, wenn der überlebende Ehegatte wieder heiratet, eine Lebenspartnerschaft eingeht oder stirbt, §§ 1493, 1494 BGB.

Bei Auseinandersetzung der fortgesetzten Gütergemeinschaft haben die gemeinsamen Abkömmlinge alleinigen Anspruch an derjenigen Hälfte des Gesamtgutes, die dem vorverstorbenen Ehegatten zustand. Die andere Hälfte fällt an den überlebenden Ehegatten oder dessen Erben.

🛈 Beraterhinweis:

Es wird deutlich, welche Probleme die fortgesetzte Gütergemeinschaft aufwerfen kann. Dabei ist erschwerend zu beachten, dass eine Auseinandersetzung des Gesamtgutes zum einen zwischen den gemeinschaftlichen Abkömmlingen und dem überlebenden Ehegatten und ferner den nicht gemeinschaftlichen Abkömmlingen stattzufinden hat.

E.   Das Erbrecht in der eingetragenen gleichgeschlechtlichen Lebenspartnerschaft

I.   Grundlagen

Mit dem Lebenspartnerschaftsgesetz (nachfolgend LPartG) wurde zum 01.08.2001 eine neue   42
rechtliche Grundlage für gleichgeschlechtliche Beziehungen geschaffen. Danach steht es den Partnern frei, eine behördlich anerkannte und eingetragene Partnerschaft auf Lebenszeit einzugehen.

II.   Erbrechtliche Bestimmungen

43   Das LPartG regelt die erbrechtlichen Beziehungen der Partner zueinander in § 10. Die Vorschrift entspricht im Wesentlichen dem Erb- und Pflichtteilsrecht eines Ehegatten.

Die Regelung kommt zur Anwendung, wenn zum Zeitpunkt des Todesfalls die Lebenspartnerschaft besteht.

> **⚠ Beraterhinweis:**
> *Lagen im Zeitpunkt des Todes die Voraussetzungen der Aufhebung der Partnerschaft vor und hatte der Erblasser diese beantragt oder ihr zugestimmt, kommen ausschließlich die erbrechtlichen Regelungen des BGB zur Anwendung.*

Der überlebende Lebenspartner ist zum gesetzlichen Erben berufen. Dabei entspricht der Umfang des Erbes demjenigen eines Ehegatten nach den §§ 1933, 1931 Abs.2 BGB. Neben Verwandten der ersten Ordnung erbt der Lebenspartner daher zu ¼, neben Verwandten der zweiten Ordnung oder Großeltern zu ½. Der Lebenspartner wird Alleinerbe, wenn weder Verwandte der ersten noch der zweiten Ordnung noch Großeltern vorhanden sind. Eine Erhöhung des Erbteils kann sich bei Vereinbarung einer Ausgleichsgemeinschaft (dazu nachfolgend) ergeben.

III.   Gewillkürte Erbfolge

44   Den Lebenspartnern steht es frei, entsprechend den Bestimmungen des allgemeinen Erbrechts zu testieren. Sie können sich ganz oder teilweise als Erben einsetzen oder aber vom Erbe ausschließen. Daneben besteht die Möglichkeit, dass die Lebenspartner wie Eheleute ein gemeinschaftliches Testament errichten. Die §§ 2266 bis 2273 BGB gelten insoweit entsprechend.

IV.   Der Einfluss des gewählten Vermögensstandes auf das Erbrecht der Partner

45   Zwischen Ehegatten gilt, soweit nichts anderes vereinbart wurde, der gesetzliche Güterstand der Zugewinngemeinschaft. Die Begrifflichkeit des Güterstandes kennt das LPartG nicht, regelt diesen inhaltlich allerdings unter dem Begriff des Vermögensstandes. Anders als in der Ehe gilt hier jedoch, dass es einen gesetzlichen Vermögensstand nicht gibt. Die Lebenspartner haben daher bei Eingehen der Partnerschaft eine Erklärung darüber abzugeben, welchen Vermögensstand sie annehmen möchten.

1.   Ausgleichsgemeinschaft

46   Die Ausgleichsgemeinschaft entspricht der Zugewinngemeinschaft. Wollen die Lebenspartner eine solche Ausgleichsgemeinschaft gründen, haben sie dies gegenüber dem Standesamt schriftlich oder zu Protokoll zu erklären. Sofern die Lebenspartner bei Begründung der Partnerschaft keine Erklärung darüber abgeben, dass sie die Ausgleichsgemeinschaft wählen, sind sie verpflichtet, einen Lebenspartnerschaftsvertrag abzuschließen, in dem sie ihre vermögensrechtlichen Verhältnisse abweichend regeln.

Haben die Lebenspartner sich auf die Bildung einer Ausgleichsgemeinschaft geeinigt, gelten im Wesentlichen die Bestimmungen der Zugewinngemeinschaft entsprechend. Bei der Beendigung des Vermögensstandes kommt es zu einem Ausgleich des erzielten Vermögensüberschusses. In der Folge findet § 1371 Abs. 1 BGB Anwendung, so dass sich der gesetzliche Erbteil in der Regel um ein Viertel erhöht. Damit kommen auch für die Lebenspartnerschaft die Alternativen der erbrechtlichen wie güterrechtlichen Lösung in Betracht (vgl. zum Ehegattenerbrecht, § 2 D.). Es gilt:

- erbrechtlich:

    Der Lebenspartner als gesetzlicher Erbe kommt in den Genuss der Erhöhung des gesetzlichen Erbteils um ein Viertel.

- güterrechtlich:

    Ist der überlebende Lebenspartner nicht gesetzlicher Erbe, steht ihm der Überschussausgleich des Vermögenszuwachses zu.

2.   Vermögenstrennung

Wählen die Lebenspartner den Weg eines Lebenspartnerschaftsvertrages, können sie die Trennung der jeweiligen Vermögen vereinbaren. Erbrechtlich führt dies zur ausschließlichen Anwendung des § 10 LPartG. Das bedeutet eine Erhöhung oder Veränderung des Erbteils des überlebenden Lebenspartners erfolgt nicht.   47

3.   Vermögensgemeinschaft

Zulässig ist auch eine Vereinbarung der Lebenspartner darüber, dass gemeinschaftliches Vermögen gebildet wird. Auch hier ergeben sich keine Besonderheiten, so dass erneut ausschließlich § 10 LPartG Anwendung findet.   48

V.   Pflichtteil

Wie den Ehegatten steht auch dem überlebenden Lebenspartner ein Pflichtteil und eventuell Pflichtteilsergänzungsanspruch zu, wenn er von der Erbfolge ganz oder teilweise ausgeschlossen wurde.   49

VI.   Voraus

Der überlebende Lebenspartner kann auch den so genannten Voraus im Sinne des § 1932 BGB beanspruchen. Damit erhält er die Haushaltsgegenstände sowie die Geschenke, die das Paar bei Begründung der Partnerschaft erhalten hat (vgl. Ausführungen zum Ehegattenerbrecht § 2 D.).   50

Tritt der überlebende Partner allerdings neben Abkömmlinge des Verstorbenen, erhält er den Voraus jedoch nur insoweit, als dieser zur Führung eines angemessenen Haushalts notwendig wäre.

VII.   Erbunwürdigkeit, Erbvertrag

51   Nicht in das LPartG übernommen hat der Gesetzgeber die zivilrechtlichen Regelungen über die Erbunwürdigkeit und den Erbvertrag.

VIII.   Erbschaftsteuer

52   Die Normen des Erbschaftsteuergesetzes sind durch die Erbschaftsteuerreform 2009 jetzt auch auf die Lebenspartnerschaft angepasst worden, was im Ergebnis zu einer Gleichstellung des Lebenspartners mit dem Ehegatten führt. Damit erhöht sich der persönliche Freibetrag von 5.200 Euro auf 500.000 Euro und der Versorgungsfreibetrag in Höhe von 256.000 Euro findet erstmals Anwendung.

F.   Exkurs: Sondererbfolge nach der Höfeordnung

I.   Zivilrechtliche Rechtslage

1.   Gesetzliche Grundlagen

53   Nach Art. 64 Abs. 1 EGBGB bleiben die landesgesetzlichen Vorschriften über das Anerbenrecht in Ansehung landwirtschaftlicher und forstwirtschaftlicher Grundstücke nebst deren Zubehör von den Regelungen des bürgerlichen Gesetzbuches unberührt. Mit dieser Öffnungsklausel hat der Gesetzgeber die Grundlage dafür geschaffen, dass im Bereich des land- und forstwirtschaftlichen Vermögens ein Sonderrecht für die Erbfolge gilt, das von dem Erbrecht des bürgerlichen Gesetzbuchs abweicht und – soweit neben dem Hof noch weiteres, nicht hofgebundenes Vermögen vorhanden ist – auch parallel zum gesetzlichen Erbrecht nach BGB bestehen kann. Die Begründung für die Akzeptanz eines solchen Sonderrechts liegt in dem Schutz von land- und forstwirtschaftlichem Vermögen vor einer Zersplitterung, wie sie bei der gesetzlichen Erbfolge nach dem BGB eintreten würde.

Sonderregelungen für land- und forstwirtschaftliche Grundstücke finden sich in der Höfeordnung, die für Hamburg und die Länder Niedersachsen, Schleswig-Holstein und Nordrhein-Westfalen gilt, den Landesanerbengesetzen der Länder Baden-Württemberg, Bremen, Hessen und Rheinland-Pfalz sowie dem Landgutrecht des BGB und den Grundstücksverkehrsgesetzen, die für Bayern, Saarland und die neuen Bundesländer gelten.

2.   „Hof"

54   Wesensmerkmal der Sondererbfolge nach der Höfeordnung – die an dieser Stelle exemplarisch für die Sondererbfolge für land- und forstwirtschaftliches Vermögen stehen soll – ist, dass eine Wirtschaftseinheit des Erblassers, nämlich der „Hof" im Sinne der Höfeordnung, geschlossen an nur einen Erben fällt. Ein „Hof" im Sinne der Höfeordnung ist eine land- und forstwirtschaftliche Besitzung, die im Alleineigentum einer natürlichen Person oder im gemeinschaftlichen Ei-

gentum von Ehegatten steht und einen Wirtschaftswert von mindestens 10.000 Euro aufweist (sog. „geborener Hof") oder alternativ mindestens einen Wirtschaftswert von 5.000 Euro hat und durch Erklärung des Eigentümers zu einem Hof im Sinne der Höfeordnung erklärt worden ist (sog. „Antragshof"). Im letzten Fall entsteht der „Hof" erst mit Eintragung des Hofvermerks im Grundbuch (§ 1 Abs. 1, S. 3 HöfeO). Wirtschaftswert ist der nach den steuerlichen Bewertungsvorschriften festgestellte Wirtschaftswert im Sinne des § 46 Bewertungsgesetzes.

3.   Erbrecht der Höfeordnung

Das Erbrecht der Höfeordnung richtet sich grundsätzlich nach Ordnungen. Hiernach erben in der folgenden Reihenfolge: 55

- Kinder
- Ehegatten
- Eltern
- Geschwister

Die Bestimmung der Erbfolge innerhalb einer Ordnung bleibt grundsätzlich dem Erblasser überlassen. Trifft er keine ausdrückliche Bestimmung, dann wird derjenige Miterbe Hoferbe, dem die Bewirtschaftung überlassen ist. Hat der Erblasser den Hof noch selbst bewirtschaftet und keine ausdrückliche Bestimmung des Hoferben getroffen, dann wird derjenige Hoferbe, hinsichtlich dessen der Erblasser durch Ausbildung sowie Art und Umfang der Beschäftigung auf dem Hof hat erkennen lassen, dass er den Hof übernehmen soll. Ist auch hiernach kein Hoferbe identifizierbar, gilt – entsprechend der örtlichen Gepflogenheit – das Ältesten- oder Jüngstenrecht.

4.   Wirtschaftsfähigkeit des Erben

Voraussetzung für die Hoferbeneigenschaft ist jedoch stets, dass der in Betracht kommende Erbe wirtschaftsfähig ist. Das setzt voraus, dass er nach Person und Ausbildung zur Bewirtschaftung des Hofs geeignet ist. Von dieser Voraussetzung ausgenommen sind Erben, denen die Wirtschaftsfähigkeit allein aufgrund ihres Alters fehlt und die Ehegatten des Erblassers (vgl. §§ 6 Abs. 6, 7 Abs. 1 S. 2 HöfeO).   56

5.   Abfindung der Geschwister

Der Hoferbe hat die nicht nachfolgeberechtigten Geschwister abzufinden. Hierbei ist der Abfindungsbetrag – ebenfalls zum Schutze der Wirtschaftsfähigkeit des Hofes – der Höhe nach begrenzt, er beträgt das 1,5-fache des zuletzt festgestellten steuerlichen Wirtschaftswertes. Nur dann, wenn der Hoferbe den Hof innerhalb eines Zeitraums von 20 Jahren veräußert oder der Hof innerhalb dieses Zeitraums außerordentlich hohe Gewinne erwirtschaftet, können die weichenden Erben eine Ergänzung ihrer Ausgleichsbeträge verlangen. Der Hoferbe ist zur Auskunft verpflichtet.   57

6. Trennungsprinzip

58 Zu beachten ist, dass die Hofnachfolge getrennt von der Erbfolge in das nicht hofgebundene Vermögen ist. Für das nicht hofgebundene Vermögen gelten die Anordnungen des Erblassers oder – wenn testamentarische Verfügungen nicht vorgenommen worden sind – die gesetzliche Erbfolge nach BGB.

! Beraterhinweis:

Will der Eigentümer eines Hofs im Sinne der Höfeordnung die Sondererbfolge nach der Höferordnung ausschließen, kann er dies, indem er gegenüber dem Landwirtschaftsgericht eine Aufhebungserklärung abgibt. Das Landwirtschaftsgericht ersucht dann seinerseits das Grundbuchamt um Eintragung des Löschungsvermerks. Mit Löschung des Hofvermerks im Grundbuch verliert die Besitzung die Eigenschaft als Hof; der Eigentümer ist frei, abweichend von der Höfeordnung zu testieren.

II. Steuerliche Hinweise

59 In steuerlicher Hinsicht wird der Hoferbe wie jeder andere Erbe behandelt. Hinterlässt ein Erblasser mehrere Erben und bestimmt er einen seiner Erben zum Hoferben, so wird – sofern in der Hoferbenbestimmung kein Vorausvermächtnis liegt – der Hoferbe entsprechend seiner Erbquote am Gesamtnachlass besteuert. Bewertungsrechtliche Vorteile in Bezug auf den übernommenen Hof kommen damit – wie bei jeder Teilungsanordnung (vgl. dazu § 7 C.) – allen Erben gleichermaßen und nicht allein dem Hoferben zugute (vgl. BFH Urt. v. 01.04.1992, Az. II R 21/89).

§ 3   Erbfolge nach Gesellschaftsrecht

A.   Sondererbfolge in einen Personengesellschaftsanteil

I.   Grundsätze

Im Unterschied zu Kapitalgesellschaften (AG, GmbH, KGaA) sind Anteile an Personengesellschaf- 1
ten nicht ohne weiteres vererblich. Der Grund hierfür besteht in dem strukturellen Unterschied
zwischen den beiden Gesellschaftstypen. Während die Kapitalgesellschaft weitgehend unabhängig von den Gesellschaftern operieren kann – je nach Rechtsform mehr oder weniger ausgeprägt
– und die kapitalistische Beteiligung des Gesellschafters im Vordergrund der Beteiligung steht,
ist die Personengesellschaft – jedenfalls im Grundsatz - durch die persönliche Verbundenheit
der Gesellschafter geprägt, sichtbar an dem nach dem Grundtypus vorgesehenen persönlichen
Einsatz und der persönlichen Haftung der Gesellschafter. Dies hat den Gesetzgeber veranlasst, die
Anteile an einer Personengesellschaft - anders als die der Kapitalgesellschaft – nicht von vorneherein für vererblich zu erklären. Gleichwohl gibt es – je nach Form der Personengesellschaft –
Unterschiede, die auf den Grad der persönlichen Verbundenheit und der persönlichen Haftung
zurückzuführen sind. Die Rechtsfolgen beim Tod eines Gesellschafters hat der Gesetzgeber für
die zivilrechtliche Gesellschaft bürgerlichen Rechts (GbR), die Offene Handelsgesellschaft (OHG)
und die Kommanditgesellschaft (KG) unterschiedlich geregelt:

II.   Gesellschaft bürgerlichen Rechts

1.   Grundsatz: Auflösung der Gesellschaft bei Tod eines Gesellschafters

Der Tod des Gesellschafters einer GbR führt im Grundsatz – soweit nämlich die Gesellschafter 2
nichts anderes geregelt haben - zur Auflösung der Gesellschaft (vgl. § 727 Abs. 1 BGB). Die Gesellschaft wird also aufgelöst und liquidiert.

Die Abwicklung erfolgt nach im Gesetz vorgegebenen Regeln (§§ 732 ff. BGB). Hiernach sind den
Gesellschaftern, im Falle ihres Todes den Erben, zunächst die Gegenstände, die sie der Gesellschaft zur Benutzung überlassen haben, zurückzugeben. Sodann ist das Gesellschaftsvermögen zu
versilbern, das heißt, in Geld umzusetzen. Aus dem Erlös sind die gemeinschaftlichen Schulden
zu berichtigen und sodann die Einlagen an die Gesellschafter zurückzuerstatten. Verbleibt nach
Rückgewähr der Einlagen noch ein Überrest, so wird dieser unter den Gesellschaftern verteilt.
Reicht das Vermögen nicht aus, um die vorhandenen Verbindlichkeiten zu bedienen und die Einlagen zurückzuerstatten, so haben die Gesellschafter persönlich in dem Verhältnis, an dem sie an
einem Verlust beteiligt sind, aufzukommen. Sie haben also den Verlust an die Gesellschaft, also
im Innenverhältnis auszugleichen (§ 735 BGB). Für ausgefallene Gesellschafter haften die übrigen
Gesellschafter.

❶ Beraterhinweis:

Der die Nachschusspflicht regelnde § 735 BGB ist nicht zwingend, er kann also abbedungen werden. In der Praxis sollte daher darauf geachtet werden, dass eine solche Abbedingung geschieht. Zwar besteht nach inzwischen gefestigter Rechtsprechung des BGH analog §§ 128 ff. HGB eine persönliche (Außen-)Haftung der Gesellschafter einer GbR für Verbindlichkeiten der Gesellschaft – und zwar im Grundsatz auch für solche aus der Zeit vor dem Beitritt zur Gesellschaft. Sollte aber eine solche Haftung – etwa aufgrund einer Vereinbarung mit dem Gläubiger oder wegen bestehenden Vertrauensschutzes - ausgeschlossen sein, so kann durch eine Abbedingung des § 735 BGB vermieden werden, dass der Gläubiger nicht doch noch eine persönliche Inanspruchnahme des Gesellschafters erreicht. Das wäre möglich, wenn er den im Innenverhältnis bestehenden Anspruch der GbR gegen den Gesellschafter nach § 735 BGB pfändet.

2. Abweichende Gesellschaftervereinbarung

3 Die nach dem Tod eines Gesellschafters verbleibenden Gesellschafter können, solange das Liquidationsverfahren noch nicht abgeschlossen ist, gemeinsam mit den Erben des verstorbenen Gesellschafters – handelnd für die Erbengemeinschaft – durch einstimmigen Beschluss die Fortsetzung der Gesellschaft beschließen und damit die Liquidation vermeiden. Möglich ist es aber auch, bereits vorab im Gesellschaftsvertrag abweichende Regelungen zu treffen. Das ist immer dann sinnvoll, wenn der Bestand der Gesellschaft von dem Bestand der Gesellschafter unabhängig sein soll, insbesondere also dann, wenn es sich um eine wirtschaftlich tätige GbR handelt.

Die häufigsten in der Praxis anzutreffenden Regelungen sind die Folgenden:

a) Fortsetzungsklausel

4 Mit einer einfachen Fortsetzungsklausel vereinbaren die Gesellschafter, dass die Gesellschaft im Falle des Todes eines Gesellschafters ohne den verstorbenen Gesellschafter fortgesetzt wird.

Formulierungsbeispiel:

„Die Gesellschaft wird nach dem Tod eines Gesellschafters nicht aufgelöst, sondern von den verbleibenden Gesellschaftern fortgesetzt."

Haben die Gesellschafter eine solche Regelung getroffen, so scheidet ein verstorbener Gesellschafter aus der Gesellschaft aus (vgl. § 736 BGB) und die Gesellschaft wird ohne ihn fortgeführt. Der Anteil am Gesellschaftsvermögen des durch Tod ausgeschiedenen Gesellschafters wächst den verbleibenden Gesellschaftern an (vgl. § 738 Abs. 1 S. 1 BGB), das gesamthänderisch gebundene Vermögen der GbR geht also ohne weiteres Rechtsgeschäft kraft Gesetzes auf die verbleibenden Gesellschafter über.

Mangels abweichender Regelungen im Gesellschaftsvertrag sind die verbleibenden Gesellschafter nach § 738 Abs. 1 S. 2 BGB verpflichtet, den Erben des durch Tod ausgeschiedenen Gesellschafters diejenigen Gegenstände herauszugeben, die der verstorbene Gesellschafter der GbR zur Benutzung überlassen hat. Darüber hinaus ist ihnen eine Abfindung zu zahlen, die dem Wert des Gesellschaftsanteils entspricht, der bei einer fiktiven Auseinandersetzung zum Zeitpunkt des Todes an den verstorbenen Gesellschafter hätte gezahlt werden müssen. Nach h.M. handelt es sich hierbei um den Verkehrswert. Diese gesetzliche Regelung ist dispositiv; abweichend hiervon können die Gesellschafter genaue Regelungen zur Berechnung der Höhe der Abfindung vorsehen oder aber eine Abfindung sogar ganz ausschließen. Diese Regelung wird zumindest im Falle des Todes eines Gesellschafters für zulässig erachtet, sofern die gesellschaftsvertragliche Regelung ohne Ausnahme für alle Gesellschafter gilt. Selbst die Geltendmachung eines Pflichtteilsergänzungsanspruchs nach § 2325 BGB soll nach der Rechtsprechung des BGH im Falle des Ausschlusses einer Abfindung beim Tod eines Gesellschafters nicht möglich sein.

b)   Einfache Nachfolgeklausel

Der Gesellschaftsvertrag der GbR kann auch eine sog. einfache Nachfolgeklausel enthalten.   5

Formulierungsbeispiel:

„Die Gesellschaft wird nach dem Tod eines Gesellschafters nicht aufgelöst, sondern von den verbleibenden Gesellschaftern gemeinsam mit den Erben des verstorbenen Gesellschafters fortgesetzt."

In diesem Falle wird die Gesellschaft zwischen den verbliebenen Gesellschaftern und den Erben des verstorbenen Gesellschafters fortgeführt und zwar ungeachtet dessen, wer die Erben des Verstorbenen und wie viele sie sind. Die Gesellschaft wird also weder aufgelöst, noch scheiden der Gesellschafter und seine Erben aus der Gesellschaft aus.

🛑 Beraterhinweis:

Zu beachten ist, dass der Erwerb der Gesellschaftsbeteiligung im Wege der sog. Sondererbfolge geschieht: Bei einer Mehrheit von Erben tritt daher nicht die ungeteilte Erbengemeinschaft an die Stelle des verstorbenen Gesellschafters, vielmehr erwirbt jeder Miterbe einen unmittelbaren eigenen, seiner Erbquote entsprechenden Gesellschaftsanteil.

c)   Qualifizierte Nachfolgeklausel

Der Gesellschaftsvertrag kann auch vorsehen, dass nur diejenigen Erben in die Gesellschaft nach-   6
folgen, die eine bestimmte „Qualifikation" vorweisen.

Formulierungsbeispiel:

„Die Gesellschaft wird nach dem Tod eines Gesellschafters nicht aufgelöst, sondern von den verbleibenden Gesellschaftern gemeinsam mit dem ältesten Erben des verstorbenen Gesellschafters fortgesetzt."

Sieht der Gesellschaftsvertrag eine solche „qualifizierte Nachfolgeklausel" vor, so wird die Gesellschaft nur mit dem oder den Erben fortgesetzt, der/die eine bestimmte Qualifikation oder Eigenschaft hat/haben. So kann – wie im Beispiel - bestimmt werden, dass nur der älteste Sohn oder die älteste Tochter nachfolgeberechtigt sind, es kann aber auch bestimmt werden, dass nur das Kind/die Kinder nachfolgeberechtigt ist /sind, das oder die eine bestimmte berufliche Qualifikation hat/haben oder ähnliches. Im Falle einer qualifizierten Nachfolgeklausel erwirbt der Erbe den Gesellschaftsanteil im Ganzen im Wege der Sonderrechtsnachfolge außerhalb des übrigen Nachlassvermögens. Es spielt daher keine Rolle, mit welcher Erbquote der nachfolgeberechtigte Erbe an dem Gesamtnachlass beteiligt ist, er erwirbt den Gesellschaftsanteil unmittelbar am Nachlass vorbei. Die Erbquote ist lediglich für den Wertausgleich zwischen den Erben maßgeblich.

3

d)   Eintrittsrecht

7   Die Gesellschafter können gesellschaftsvertraglich vereinbaren, dass im Fall des Todes eines Gesellschafters ein Dritter (Erbe, Vermächtnisnehmer oder sonstiger) berechtigt sein soll, in die Gesellschaft einzutreten (sog. Eintrittsrecht).

> **Formulierungsbeispiel:**
>
> „Die Gesellschaft wird nach dem Tod eines Gesellschafters nicht aufgelöst, sondern von den verbleibenden Gesellschaftern fortgesetzt. Den Erben des verstorbenen Gesellschafters ist, wenn sie das Steuerberaterexamen erfolgreich bestanden haben, anzubieten, in die Gesellschaft einzutreten. Macht der Betreffende von dem Eintrittsrecht Gebrauch, so tritt er in die Position des verstorbenen Gesellschafters ein; eine Abfindung wird in diesem Fall nicht gezahlt."

Das Bestimmungsrecht hinsichtlich der Person des Dritten kann entweder dem Erblasser oder den verbleibenden Gesellschaftern überlassen werden. Erklärt sich in diesem Fall der Dritte bereit, der Gesellschaft beizutreten, wird die Gesellschaft mit dem Berechtigten, andernfalls - sofern nichts anderes vereinbart wird – ohne ihn fortgesetzt.

III.   Offene Handelsgesellschaft (OHG)

1.   Grundsatz: Fortsetzung der Gesellschaft durch die verbleibenden Gesellschafter

8   Anders als bei der GbR führt der Tod eines Gesellschafters einer OHG nach den gesetzlichen Bestimmungen zum Ausscheiden des Verstorbenen aus der Gesellschaft. Eine Auflösung der Gesellschaft erfolgt nicht (§ 131 Abs. 3 Nr. 1 HGB). Einer besonderen Fortsetzungsklausel, wie sie bei der GbR zur Fortsetzung der Gesellschaft nach dem Tod eines Gesellschafters erforderlich ist, bedarf es nicht.

2.   Abweichende Vereinbarungen

a)   Nachfolgeklausel oder Eintrittsrecht

9   Im Gesellschaftsvertrag der OHG können abweichende Regelungen getroffen werden, insbesondere können die für die GbR dargestellten einfachen oder qualifizierten Nachfolgeklauseln oder das Eintrittsrecht eines Dritten vereinbart werden. Damit besteht auch bei der OHG die Möglichkeit, von vornherein vorzusehen, dass nach dem Tod eines Gesellschafters die Erben oder sonstige Personen Gesellschafter werden.

b)   Wechsel in die Kommanditistenstellung

Enthält der Gesellschaftsvertrag einer OHG eine Nachfolgeklausel, so sieht § 139 Abs. 1 HGB   10
zum Schutze der Erben vor, dass jeder Erbe sein Verbleiben in der Gesellschaft davon abhängig
machen kann, dass ihm unter Belassung des bisherigen Gewinnanteils die Stellung eines Kommanditisten eingeräumt und der auf ihn entfallende Teil der Einlage des Erblassers als seine Kommanditeinlage anerkannt wird.

Durch diese gesetzliche Regelung, die nicht abdingbar ist (§ 139 Abs. 5 HGB), soll verhindert werden, dass eine Person nur aufgrund ihrer Erbenstellung in die Stellung eines persönlich haftenden
Gesellschafters einer OHG gezwungen wird. Die verbliebenen Gesellschafter haben das Recht,
den Antrag des Erben auf Umwandlung des OHG-Gesellschaftsanteils in einen Kommanditanteil
abzulehnen. Damit wird ihrem Interesse Rechnung getragen zu verhindern, dass sie – wenn die
eintretenden Erben von dem Umwandlungsrecht Gebrauch machen - nunmehr allein die persönliche Haftung tragen. Lehnen die verbliebenen Gesellschafter den Antrag des Erben ab, so kann
dieser ohne Einhaltung einer Kündigungsfrist sein Ausscheiden aus der Gesellschaft erklären.

Der Erbe kann die ihm nach den Absätzen 1 und 2 des § 139 HGB zustehenden Rechte nur innerhalb einer Frist von 3 Monaten, nachdem er von dem Erbanfall (= Tod des Erblassers) Kenntnis
erlangt hat, geltend machen, jedoch nicht vor Ablauf der Frist für die Ausschlagung des Erbes (vgl.
§ 139 Abs. 1 S. 1, 3 HGB). Entsprechen die verbliebenen Gesellschafter dem Antrag des Erben auf
Umwandlung des Gesellschaftsanteils in einen Kommanditanteil oder scheidet der Erbe aus der
Gesellschaft aus, weil die Gesellschafter der Umwandlung nicht zugestimmt haben, so haftet der
Erbe für die bis dahin entstandenen Gesellschaftsschulden ebenso wie für Nachlassverbindlichkeiten (§ 139 Abs. 4 HGB). Damit besteht für ihn die Möglichkeit, die Haftung nach Maßgabe der
§§ 1975 ff. BGB auf den Nachlass zu beschränken, so dass er nicht mit seinem übrigen Privatvermögen haften muss.

🛑 **Beraterhinweis:**

Der Gesellschaftsvertrag kann für den Fall, dass der Erbe sein Verbleiben in der Gesellschaft von der Umwandlung des Gesell-
schaftsanteils des Erblassers in einen Kommanditanteil abhängig macht, vorsehen, dass der Gewinnanteil des Erben anders
als der des Erblassers bestimmt wird (§ 139 Abs. 5 HGB). Es empfiehlt sich in der Praxis, von dieser Möglichkeit Gebrauch zu
machen.

Das Recht des Erben, seinen Verbleib in der Gesellschaft von der Einräumung einer Stellung als
Kommanditist abhängig zu machen, besteht nicht in den Fällen, in denen eine Eintrittsklausel
vorgesehen ist, der Erbe also nicht automatisch Gesellschafter wird, sondern ihm nur das Recht
des Eintritts gewährt wird. Diese gesetzliche Regelung ist begreiflich, denn der Erbe kann im Falle
eines Eintrittsrechts abwägen und dann erst entscheiden, ob er angesichts der persönlichen Haftung tatsächlich in die Gesellschaft eintreten will oder nicht.

IV.   Kommanditgesellschaft (KG)

Bei einer KG sind die Folgen des Todes der Gesellschafter unterschiedlich geregelt, je nachdem, ob   11
es sich um persönlich haftende Gesellschafter (Komplementäre) oder Kommanditisten handelt.

1.   Tod des Komplementärs

12   Der Tod eines Komplementärs hat die gleichen Rechtsfolgen wie der Tod eines Gesellschafters einer OHG: Der verstorbene Komplementär scheidet aus der Gesellschaft aus, die Gesellschaft wird ohne ihn und ohne die Erben fortgesetzt (§ 161 Abs. 2 i.V.m. § 131 Abs. 3 Nr. 1 HGB).

Enthält der Gesellschaftsvertrag der KG eine Nachfolgeklausel, wonach die verbleibenden Gesellschafter die KG mit den Erben des verstorbenen Gesellschafters fortzusetzen haben, so kann jeder Erbe eines Komplementärs sein Verbleiben in der Gesellschaft davon abhängig machen, dass ihm unter Belassung des bisherigen Gewinnanteils die Stellung eines Kommanditisten eingeräumt und der auf ihn entfallende Teil der Einlage des Erblassers als seine Kommanditeinlage anerkannt wird (§ 161 Abs. 2 i.V.m. § 139 HGB). Die Ausführungen zur OHG (vgl. oben § 3 III.) gelten entsprechend.

2.   Tod des Kommanditisten

13   Der Tod eines Kommanditisten führt nach den Regelungen im HGB weder zur Auflösung der KG noch zum Ausscheiden des Verstorbenen bzw. seiner Erben aus der Gesellschaft. § 177 HGB sieht vielmehr vor, dass – sofern der Gesellschaftsvertrag keine andere Regelung beinhaltet - die Gesellschaft mit den Erben des verstorbenen Kommanditisten fortgesetzt wird.

Regelungsbedarf stellt sich bei der KG somit nur, wenn ein automatischer Eintritt der Erben in die Gesellschaft verhindert oder aber nur bestimmte Erben/Personen Nachfolger in der Gesellschaft werden sollen. Gesellschaftsvertragliche Regelungen empfehlen sich auch im Hinblick auf eine mögliche Zersplitterung des Gesellschaftsanteils: Da die Nachfolge in die Gesellschaft im Wege der Sonderrechtsfolge geschieht, hat jeder neu eintretende Erbe einen eigenen Gesellschaftsanteil und damit unmittelbar eigene Mitwirkungs-, Stimm- und Vermögensansprüche. Zumindest um eine unüberschaubare Stimmenvielfalt in Gesellschafterversammlungen zu verhindern, empfiehlt es sich, im Gesellschaftsvertrag zu regeln, dass sich die Erben auf einen gemeinsamen Vertreter zu verständigen haben, der ihre Rechte in Gesellschafterversammlungen gebündelt wahrnimmt. Von einer solchen Vertreterregelung wird in der Praxis vielfach Gebrauch gemacht.

V.   Steuerliche Hinweise im Zusammenhang mit Nachfolge- und Eintrittsklauseln

14   Die Besonderheit, dass die Nachfolge in Personengesellschaften – sofern eine solche gesetzlich vorgesehen oder gesellschaftsvertraglich eingeräumt ist – im Wege der Sondererbfolge geschieht, birgt in den Fällen, in denen Sonderbetriebsvermögen vorhanden ist, Fallstricke, auf die geachtet werden muss.

Wenn das Sonderbetriebsvermögen zum zivilrechtlichen Eigentum des Erblassers gehört, geht dieses – anders als der Gesellschaftsanteil an der Personengesellschaft – nicht im Wege der Sondererbfolge auf den begünstigten Miterben über, sondern fällt zunächst in die Erbengemeinschaft, wo es entweder – mangels Verfügung – verbleibt oder von der es erst in einem zweiten Schritt auf den berechtigten Erben übertragen wird. Ertragsteuerlich haben diese unterschiedlichen Schicksale des Gesellschaftsanteils einerseits und des Sonderbetriebsvermögens andererseits zur Folge, dass das Sonderbetriebsvermögen, soweit es nicht anteilig auf den qualifizierten Miterben entfällt, als noch von dem Erblasser entnommen gilt. Das hat wiederum zur Folge, dass etwaige stille Reserven in dem Sonderbetriebsvermögen aufgedeckt und versteuert werden müssten.

Unter Umständen – wenn es sich bei dem Sonderbetriebsvermögen um wesentliches Betriebsvermögen handelt – kommt es sogar zur Annahme einer Betriebsaufgabe mit der Folge, dass sämtliche stille Reserven und zwar sowohl des Sonderbetriebsvermögens als auch des Gesellschaftsanteils – aufgedeckt werden müssten (vgl. BMF-Schreiben v. 14. September 2006, BStBl I S. 253, Tz. 72-74).

🛑 **Beraterhinweis:**

Die geschilderte Gefahr wird in der Praxis häufig übersehen. Vorsicht ist z.B. bei der in der Praxis sehr beliebten „GmbH & Co. KG" geboten. Hier besteht die Gefahr der Aufdeckung stiller Reserven, wenn der Kommanditanteil aufgrund einer im Gesellschaftsvertrag der KG enthaltenen Nachfolgeklausel auf eine bestimmte Person, der Geschäftsanteil an der Komplementär GmbH (Sonderbetriebsvermögen!) aber in den allgemeinen Nachlass fällt.

Zu beachten ist auch die sechsmonatige Frist, die die Finanzverwaltung zum Eintritt in eine Gesellschaft bzw. zur Erbauseinandersetzung einräumt (vgl. BMF-Schreiben v. 14. September 2006, BStBl I S. 253, Tz.8, 9, 70).

B. Erbfolge in einen Kapitalgesellschaftsanteil (GmbH, AG)

I. Zivilrechtliche Hinweise

GmbH-Geschäftsanteile und Aktien sind übertragbar und vererblich (§ 15 Abs. 1 GmbHG, § 55 Abs. 1, 68 AktG). Beim Tod eines Gesellschafters fallen die Geschäftsanteile und Aktien daher in den Nachlass und gehen unmittelbar auf den oder die Erben über. Die Gesellschaft besteht mit dem neuen Gesellschafterbestand fort. | 15

Eine von der gesetzlichen abweichende Regelung können die Gesellschafter in der Satzung der Gesellschaft nicht treffen, so dass insbesondere ein völliger Ausschluss der Vererblichkeit oder die Regelung einer qualifizierten Nachfolgeklausel mit der Folge, dass nur bestimmte Erben in die Gesellschaft nachfolgen, nicht mit unmittelbarer dinglicher Wirkung vereinbart werden können.

In der Praxis trifft man gleichwohl – vor allem in Gesellschaftsverträgen von GmbHs - häufig Satzungsbestimmungen an, die vorsehen, dass die Geschäftsanteile verstorbener Gesellschafter eingezogen werden können, wenn nicht bestimmte Personen Erben werden. Solche Satzungsregelungen sind gemäß § 34 GmbHG bei der GmbH und gem. § 237 AktG bei der Aktiengesellschaft zulässig. In der GmbH wird zudem eine Verpflichtung für zulässig erachtet, wonach statt der Einziehung eine zwangsweise Abtretung des betroffenen Geschäftsanteils an bestimmte Personen verlangt werden kann.

II. Steuerliche Hinweise

1. GmbH-Anteile im Sonderbetriebsvermögen

16 Gehört ein Anteil an einer Kapitalgesellschaft zum steuerlichen Sonderbetriebsvermögen einer Mitunternehmerschaft, ist darauf zu achten, dass ein Gleichklang zwischen der Nachfolge in die Mitunternehmerschaft und in den Kapitalanteil der Kapitalgesellschaft erfolgt. Andernfalls sind die im Zusammenhang mit den Personengesellschaften beschriebenen Risiken einer Aufdeckung stiller Reserven zu befürchten (vgl. oben § 3 V.).

2. Ausschluss von Abfindungen

17 Vorsicht ist auch bei Regelungen geboten, die einen Ausschluss von Abfindungen für den Fall der Einziehung von Geschäftsanteilen oder Aktien im Fall des Todes eines Gesellschafters vorsehen: Nach § 3 Abs. 1 Nr. 2 S. 2 ErbStG stellt die bei den verbleibenden Gesellschaftern eintretende Werterhöhung eine schenkungsteuerpflichtige Schenkung dar.

III. Unternehmensteuergesetz 2008 – Einschränkungen für Verlustabzug

18 Schließlich ist auf eine Gefahr hinzuweisen, die durch das am 06.07.2007 in Kraft getretene und ab dem 01.01.2008 geltende Unternehmensteuerreformgesetz 2008 droht: Mit dem neu eingeführten § 8 c KStG wird die Möglichkeit des Verlustabzugs weiter als bisher eingeschränkt. Bereits dann, wenn innerhalb eines Zeitraums von 5 Jahren mehr als 25% der Anteile einer Kapitalgesellschaft übertragen werden, droht ein quotaler Verlust des Verlustabzugs. Werden innerhalb eines Zeitraums von 5 Jahren gar mehr als 50% der Anteile übertragen, so droht ein vollständiger Verlust des Verlustabzugs.

Die restriktive Neuregelung gilt jedenfalls für Anteilsübertragungen im Rahmen der vorweggenommenen Erbfolge. Sie dürfte nicht eingreifen, wenn die Kapitalanteile im Wege der Erbfolge übergehen, weil einem solchen Erwerb keine (rechtsgeschäftliche) „Übertragung" zugrunde liegt.

Fraglich und heute noch nicht geklärt ist aber die Frage, ob der neue § 8c KStG eingreift, wenn im Anschluss an einen Übergang qua Erbfolge eine Weiterübertragung erfolgt – denkbar bei der Anordnung von Vermächtnissen oder in Erfüllung einer vom Erblasser angeordneten oder freiwilligen Erbauseinandersetzung. Richtig wäre es – bereits aufgrund des im Körperschaftsteuerrecht geltenden Trennungsprinzips – der Gesellschaft in diesen Fällen den Verlustvortrag zu belassen, da sich an der die Verluste erwirtschaftenden Wirtschaftseinheit nichts geändert hat. Eindeutig ist das auf Basis des neuen Gesetzes indes nicht.

C.   Steuerliche Hinweise zur Übertragung von Betriebsvermögen

I.   Einleitung

Erstmals durch das Standortsicherungsgesetz vom 13.09.1993 (BGBl. I 1993, 1569) hat der Gesetzgeber mit Wirkung ab dem 01.01.1994 Regelungen geschaffen, mit Hilfe derer unabhängig von dem Verwandtschaftsgrad zwischen Zuwendendem und Erwerber betrieblich genutztes Vermögen für Zwecke der Erbschaft- und Schenkungsteuer begünstigt werden sollte. Die ursprünglich neu geschaffenen Regel in § 13 Abs. 2 a ErbStG ist in der Folgezeit mehrfach überarbeitet und ergänzt worden, zuletzt im Zuge der Reform des Erbschaftsteuergesetzes und des Bewertungsgesetzes, die zum 01.01.2009 in Kraft getreten ist. Die Betriebsbegünstigung ist nun in den §§ 13 a und 13 b und § 19 a ErbStG geregelt.

Die Vorschriften sehen für die Verschonung des Betriebsvermögens neben einem – bei großen Vermögen bis auf Null abschmelzenden - Abzugsbetrag in Höhe von 150.000 Euro zwei verschiedene Optionen vor, die sich im Umfang der Steuerbefreiung und in ihren Voraussetzungen unterscheiden. Nach der gesetzlichen Grundkonzeption bleiben 85% des begünstigten Vermögens außer Ansatz (Verschonungsabschlag), so dass – ungeachtet des möglicherweise zusätzlich gewährten Abzugsbetrags - nur 15% des Vermögens besteuert werden. Alternativ kann der Steuerpflichtigen eine vollumfängliche Steuerbefreiung seines Betriebsvermögens beantragen, die dann aber an erhöhte Voraussetzungen geknüpft ist. Im einzelnen gilt Folgendes:

II.   Begünstigter Erwerb

Steuerlich begünstigt sind der Erwerb von Todes wegen und lebzeitige Schenkungen.

Zum Erwerb von Todes wegen zählen (vgl. R 55 Abs. 1ErbStRiLi 2003)

- der Erwerb durch Erbanfall
- der Erwerb durch Vorerbschaft und durch Nacherbschaft (für beide Erwerbe kann die Steuervergünstigung jeweils in Anspruch genommen werden)
- der Erwerb durch Vermächtnis oder Vorausvermächtnis
- der Erwerb durch Schenkung auf den Todesfall
- der Erwerb durch Übergang des Anteils an einer Personengesellschaft auf die überlebenden Mitgesellschafter (Anwachsungserwerb) oder
- der Erwerb begünstigter Anteile an einer Kapitalgesellschaft auf Grund gesellschaftsvertraglicher Übertragungsverpflichtung (§ 3 Abs. 1 Nr. 2 Satz 2 ErbStG)
- der Erwerb durch Vertrag zu Gunsten Dritter (§ 3 Abs. 1 Nr. 4 ErbStG)
- der Erwerb von Betriebsvermögen durch eine vom Erblasser angeordnete Stiftung (§ 3 Abs. 2 Nr. 1 ErbStG) oder
- der Erwerb infolge Vollziehung einer vom Erblasser angeordneten Auflage oder in Folge Erfüllung einer vom Erblasser gesetzten Bedingung (§ 3 Abs. 2 Nr. 2 ErbStG)

3

🛈 Beraterhinweis:

Enthält ein Gesellschaftsvertrag einer Personengesellschaft eine so genannte qualifizierte Nachfolgeklausel (vgl. § 3 A. II. c) wird dies nach Verwaltungsauffassung erbschaftsteuerlich wie ein Erwerb durch Erbanfall behandelt. Der qualifizierte Nachfolger kann also den erbschaftsteuerlichen Vorteil in Anspruch nehmen, nicht aber die nicht qualifizierten Miterben (vgl. R 55 ErbStR 2003).

III. Begünstigtes Vermögen

21 § 13 b ErbStG regelt, welche Betriebsvermögen von den steuerlichen Vergünstigungsvorschriften profitieren können. Dazu gehören insbesondere

- ◾ inländische oder im EU/EWR Raum belegene Betriebsvermögen, d.h. das gesamte einem Gewerbebetrieb dienende Vermögen und zwar dann, wenn der Betrieb als Ganzes oder ein Teilbetrieb oder ein Anteil an einer Mitunternehmerschaft im Sinne des § 15 Abs. 1 Nr. 2. und Abs. 3 oder §18 Abs.4 EStG übertragen wird,

- ◾ inländisches oder im EU/EWR Raum belegenes Vermögen eines Freiberuflers, das dem Vermögen eines Gewerbebetriebs gleichsteht,

- ◾ inländisches oder im EU/EWR Raum belegenes land- und forstwirtschaftliches Vermögen im Sinne des § 168 Abs. 2 BewG oder selbst bewirtschaftete Grundstücke im Sinne von § 159 BewG,

- ◾ Anteile an einer Kapitalgesellschaft, wenn die Kapitalgesellschaft zur Zeit der Entstehung der Steuer Sitz und Geschäftsleitung im Inland hat und der Erblasser oder Schenker am Nennkapital dieser Gesellschaft zu mehr als 25% unmittelbar beteiligt war,

- ◾ Grundstücke oder Grundstückteile gehören dann zu begünstigten Betriebsvermögen, wenn sie Betriebsgrundstücke im Sinne des § 99 BewG sind (vgl. hierzu BFH, Urteil vom 14.02.2007, II R 69/05, DStR 2007, 669).

🛈 Beraterhinweise:

Bei Anteilen an Kapitalgesellschaften mit einer unmittelbaren Beteiligung von weniger als 25% kann durch eine sog. Poolregelung die Begünstigung herbeigeführt werden. Danach werden die Anteile anderer Gesellschafter mitgezählt, wenn sich die Gesellschafter untereinander vertraglich verpflichten, über die Anteile nur einheitlich zu verfügen oder ausschließlich zur Anteilsübertragung an diese Gesellschafter befugt sind und das Stimmrecht gegenüber den sonstigen Gesellschaftern lediglich einheitlich ausgeübt werden kann.

Zu beachten ist, dass im Hinblick auf die Bewertung einer GmbH-Beteiligung als „wesentlich" das Erbschaftsteuerrecht von dem Ertragsteuerrecht abweicht: Während das Erbschaftsteuerrecht von einer wesentlichen Beteiligung ausgeht, wenn der Übergeber zu mehr als 25% an der GmbH beteiligt ist, sieht § 17 Abs. 1 Satz 1 EStG eine wesentliche Beteiligung bereits als gegeben an, wenn der Veräußerer innerhalb der letzten 5 Jahre vor der Veräußerung am Kapital der Gesellschaft unmittelbar oder mittelbar zu mindestens 1% beteiligt war.

22 Begünstigen will der Gesetzgeber dem Grunde nach jedoch nur „produktiv" eingesetztes Vermögen. Deshalb darf - abhängig vom Umfang der angestrebten Steuerbefreiung - das übergehende Betriebsvermögen nur in einem begrenzten Umfang aus Verwaltungsvermögen bestehen. Bei der anteiligen Optionslösung dürfen nicht mehr als 50% Verwaltungsvermögen vorhanden sein und bei der vollumfänglichen Steuerbefreiung sogar nicht mehr als 10%. Werden diese Grenzwerte überschritten, entfällt die steuerliche Vergünstigung insgesamt.

Zum schädlichen Verwaltungsvermögen im Sinne von § 13 b Abs. 2 ErbStG gehören insbesondere

■ Dritten zur Nutzung überlassene Grundstücke, grundstücksgleiche Rechte und Bauten, es sei denn, der Erblasser oder Schenker kann sowohl im überlassenden als auch im nutzenden Betrieb einen einheitlichen geschäftlichen Betätigungswillen durchsetzen oder er überlässt den Vermögensgegenstand als Gesellschafter einer Personengesellschaft unter gewissen Umständen zur Nutzung,

■ Anteile an Kapitalgesellschaften bei einer unmittelbaren Beteiligung von nicht mehr als 25%,

■ Beteiligungen an Gesellschaften, deren Verwaltungsvermögen mehr als 50% beträgt,

■ Wertpapiere sowie vergleichbare Forderungen,

■ Kunstgegenstände, Edelmetalle etc.

Verwaltungsvermögen, das weniger als zwei Jahre zum Betrieb gehört, ist von der Begünstigung stets ausgenommen.

IV.   Voraussetzungen des Verschonungsabschlags

Damit der Verschonungsabschlag entweder in Höhe von 85% (§§ 13 a Abs.2, 13 b Abs. 4 ErbStG) oder in Höhe von 100% (§13 a Abs. 8 ErbStG) in Anspruch genommen werden kann, müssen das Lohnsummenkriterium und die Behaltensfrist eingehalten werden.   23

1.   Erhalt der Lohnsumme

Das übernommene Vermögen muss nach dem Willen des Gesetzgebers „nach dem Gesamtbild der wirtschaftlichen Verhältnisse" in einem vergleichbaren Umfang fortgeführt werden. Daher ist der Verschonungsabschlag vom Erhalt der Lohnsumme abhängig. Gem. § 13a Abs. 1 ErbStG darf – um den Verschonungsabschlag in Höhe von 85% zu erhalten - die Lohnsumme des Betriebs innerhalb von 7 Jahren nach dem Erwerb insgesamt 650% der Ausgangslohnsumme nicht unterschreiten. Wird der Verschonungsabschlag in Höhe von 100% begehrt, erhöht sich die Lohnsummenfrist auf 10 Jahre und die Soll-Lohnsumme auf insgesamt 1000% der Ausgangslohnsumme. Ausgangslohnsumme ist die durchschnittlichen Lohnsumme der letzten 5 Wirtschaftsjahre vor Entstehung der Steuer.   24

Kann die Lohnsumme nicht eingehalten werden, vermindert sich der Verschonungsabschlag rückwirkend in dem selben prozentualen Umfang, wie die Lohnsumme die Ausgangslohnsumme unterschreitet.

> Beispiel:

Der Wert der kumulierten Lohnsummen eines Betriebes beträgt nach 7 Jahren (Regelverschonung) insgesamt 585% der Ausgangslohnsumme. Sie liegt damit 65 Prozentpunkte unterhalb der Soll-Lohnsumme von insgesamt 650%. Das entspricht einem Anteil von 1/10. Der Verschonungsabschlag von 85% verringert sich somit entsprechend auf 76,5%.

Das Lohnsummenerfordernis gilt nicht für Betriebe mit bis zu 10 Beschäftigten oder wenn die Ausgangslohnsumme des Betriebes null beträgt.

3

2.   Behaltensfrist

25   Die Verschonung setzt ferner voraus, dass das begünstigte Vermögen über einen gewissen Zeitraum im Betrieb erhalten bleibt. Innerhalb dieser Frist darf keine Weiterveräußerung oder Aufgabe des Betriebs erfolgen. Die Behaltensfrist beträgt bei der Regelverschonung grundsätzlich 7 Jahre (§ 13a Abs. 5 ErbStG); bei der vollumfänglichen Verschonung 10 Jahre. Innerhalb dieses Zeitraums ist es insbesondere schädlich, wenn der Erwerber

- den erworbenen Vermögenswert veräußert oder aufgibt oder

- wesentliche Betriebsgrundlagen veräußert, in das Privatvermögen überführt oder anderen betriebsfremden Zwecken zuführt oder

- Entnahmen tätigt, die die Summe seiner Einlagen und der ihm zuzurechnenden Gewinne seit dem Erwerb um mehr als 150.000 € übersteigen, wobei Verluste unberücksichtigt bleiben oder

- Anteile an einer Kapitalgesellschaft verdeckt in eine Kapitalgesellschaft einlegt oder die Kapitalgesellschaft aufgelöst, ihr Nennkapital herabgesetzt oder ihr Vermögen übertragen wird oder

- im Fall des § 13b Abs. 1 Nr. 3 S. 2 ErbStG die Verfügungsbeschränkung oder die Stimmrechtsbündelung aufgehoben wird.

Wird gegen die Behaltensfrist verstoßen, entfällt der Verschonungsabschlag, soweit gegen das Vermögensverhaftungsgebot verstoßen wurde, und es erfolgt eine entsprechende Nachversteuerung. Der Steuerpflichtige hat die Nachversteuerungstatbestände innerhalb eines Monats gegenüber dem Finanzamt anzuzeigen.

> **Beispiel:**
> Wird der Betrieb im dritten Jahr nach seinem Erwerb veräußert bleibt der Verschonungsabschlag nur zu 3/7 bzw. 3/10 erhalten.

Im Falle der Veräußerung von Teilbetrieben oder wesentlichen Betriebsgrundlagen wird von einer Nachversteuerung abgesehen, wenn sie nicht auf eine Einschränkung des Betriebs abzielt und der Veräußerungserlös im betrieblichen Interesse verwendet wird (Reinvestitionsklausel).

V.   Abzugsbetrag

26   Anstatt des bisherigen Freibetrags in Höhe von 225.000 € sieht das Gesetz nun einen sog. gleitenden Abzugsbetrag (§ 13 a Abs. 2 ErbStG) vor, der insbesondere Kleinbetriebe entlasten soll. Danach bleibt der nach Anwendung des Verschonungsabschlags verbleibende Teil des Vermögens grundsätzlich in Höhe von 150.000 € steuerfrei. Wird der Abzugsbetrag überschritten, verringert sich der Abzugsbetrag um 50% des übersteigenden Betrags. Der Abzugsbetrag kann innerhalb von 10 Jahren für von derselben Person anfallende Erwerbe nur einmal berücksichtigt werden. Außerdem ist auch der Abzugsbetrag von der Einhaltung der Behaltensfrist abhängig.

VI.   Steuerklassenprivileg

Zusätzlich zu den vorgenannten Vergünstigungen gewährt § 19a ErbStG beim Übergang von 27
Betriebsvermögen auf natürliche Personen ein Steuerklassenprivileg: Erfolgt der Erwerb durch
Personen der Steuerklasse II oder III, dann ist von der tariflichen Erbschaftsteuer ein Entlastungs-
betrag in Abzug bringen. Dieser Entlastungsbetrag entspricht der Höhe nach 88% des Unter-
schiedsbetrages zwischen der tariflichen Erbschaftsteuer und der Erbschaftsteuer, die sich bei
Zugrundelegung der Steuerklasse I ergeben würde.

VII.   Bewertung des Betriebsvermögens

Die Bewertung des Betriebsvermögens richtet sich nach dem Bewertungsgesetz und wurde im 28
Zuge der vorgenannten Reform komplett neu gestaltet. Grundlage für die steuerliche Bewertung
von Betriebsvermögen jeglicher Art ist nunmehr der gemeine Wert. Der gemeine Wert von Anteilen an einer Kapitalgesellschaft, einer Personengesellschaft oder einem Unternehmen wird grundsätzlich durch das vereinfachten Ertragswertverfahren ermittelt, es sei denn der gemeine Wert
lässt sich aus zeitnahen Verkäufen oder anderen anerkannten und üblichen Verfahren herleiten.

Nach dem vereinfachten Ertragswertverfahren wird der zukünftig nachhaltig erzielbare Jahres-
ertrag, der sich aus den bereinigten Betriebsergebnissen der letzten drei Jahre ergibt, mit einem
Kapitalisierungsfaktor (Basiszinssatz zzgl. 4,5%) multipliziert. Nicht betriebsnotwendiges Vermögen, Beteiligungen an anderen Gesellschaften und innerhalb der letzten zwei Jahre eingelegte
Wirtschaftsgüter werden zusätzlich zu dem Ertragswert mit ihrem gemeinen Wert angesetzt.

§ 4 Pflichtteilsrecht

A. Grundlagen

I. Personenkreis der Pflichtteilsberechtigten

1   Durch die Regeln des Pflichtteilsrechts in den §§ 2303 ff. BGB wird die freie Verfügung des Erblassers über seinen Nachlass eingeschränkt.

- Abkömmlinge,
- Eltern,
- Ehegatte sowie
- Lebenspartner des Erblassers (bei eingetragener Lebenspartnerschaft)

haben über das Pflichtteilsrecht auch dann am Nachlass teil, wenn sie durch letztwillige Verfügung von der gesetzlichen Erbfolge ausgeschlossen wurden, also nach dem Willen des Erblassers eigentlich leer ausgehen sollten. Damit verhindert der Gesetzgeber, dass das Familienerbrecht gänzlich zugunsten der Testierfreiheit aufgehoben werden kann. Insoweit steht ein familiärer Versorgungsgedanke im Mittelpunkt.

❶ Beraterhinweise:

Geschwister des Erblassers sind entgegen einer weit verbreiteten Ansicht nicht pflichtteilsberechtigt.

Die Eltern des Erblassers sind dann nicht mehr pflichtteilsberechtigt, wenn Abkömmlinge des Erblassers vorhanden sind, diese verdrängen als Erben 1. Ordnung die Eltern als Erben 2. Ordnung, §§ 2303, 2309 BGB.

Auch das außerhalb einer Ehe geborene Kind (nichteheliches Kind) ist Pflichtteilsberechtigter im Verhältnis zu seinem Vater. Im umgekehrten Fall gehört der Vater zu den pflichtteilsberechtigten Eltern des Kindes. Die Vaterschaft muss allerdings durch Anerkennung oder gerichtliche Feststellung begründet sein.

II. Rechtliche Stellung des Pflichtteilsberechtigten

2   Der Pflichtteilsberechtigte ist kein Erbe. Sein Anspruch auf den Pflichtteil ist schuldrechtlicher Natur und richtet sich gegen die Erben. Dabei steht dem Pflichtteilsberechtigten kein Herausgabeanspruch zur Seite, auf dessen Grundlage er auf den Nachlass zugreifen könnte. Er kann allein Zahlung des berechneten Betrages von den Erben verlangen. Der Anspruch entsteht zum Zeitpunkt des Erbfalls, § 2317 Abs. 1 BGB. Der Anspruch ist übertragbar und vererblich, § 2317 Abs. 2 BGB.

III.   Umfang und Berechnung des Pflichtteilsanspruchs

1.   Pflichtteilsquote

Die Höhe des Pflichtteilsanspruchs richtet sich nach dem Gesamtwert des Nachlasses und beträgt   3
die Hälfte des gesetzlichen Erbteils, § 2303 Abs. 1 S. 2 BGB.

> **Beispiel:**
>
> Der verwitwete Erblasser E verstirbt und hinterlässt zwei Söhne. Testamentarisch hat er sein gesamtes Vermögen seinem Bruder zukommen lassen.

> **Lösung:**
>
> Die Söhne sind als Abkömmlinge gesetzliche Erben des E. Da die Söhne von der Erbfolge ausgeschlossen wurden, steht ihnen ein Pflichtteilsanspruch zu. Dieser besteht in Höhe der Hälfte des gesetzlichen Erbteils, also 1/2 von jeweils 1/2. Damit haben die Söhne jeweils Anspruch auf Auszahlung des Pflichtteils in Höhe von jeweils 1/4 gegenüber dem Bruder des E.

Es ist also vorrangig immer erst festzustellen, wie die gesetzliche Erbfolge nach dem Erblasser aussieht und wie der Wert des Nachlasses ist.

2.   Erb- und Pflichtteilsverzicht

Haben Erben bereits auf Ihren Erbteil verzichtet, werden sie bei der Berechnung des gesetzlichen   4
Erbteils nicht einbezogen, § 2310 BGB. Der Verzicht auf den Pflichtteil hingegen beeinflusst diese Berechnung nicht. Ebenso wird die Berechnung nicht durch die Personen beeinflusst, welche die Erbschaft ausgeschlagen haben oder für erbunwürdig erklärt wurden.

> **Beispiel:**
>
> Der ledige Erblasser E hinterlässt drei Töchter, A, B und C. Die Töchter B und C wurden durch Testament vom Erbe ausgeschlossen.
>
> a)   B hat bereits zu Lebzeiten des E auf ihren Erbteil verzichtet.
>
> b)   B hat auf ihren Pflichtteil verzichtet.

> **Lösung a):**
>
> Der gesetzliche Erbteil der drei Töchter wäre ohne weiteres jeweils 1/3. Durch den Erbverzicht der B ändert sich diese Quote auf 1/2. Mit dem Testament wurde C enterbt und ist daher pflichtteilsberechtigt. Die Hälfte Ihres gesetzlichen Erbteils beträgt somit 1/4.

> **Lösung b):**
>
> Durch den Pflichtteilsverzicht ändert sich die gesetzliche Erbquote von 1/3 nicht. Der Pflichtteilsanspruch der C beträgt daher 1/6.

3. Ehegatten

5   Das Thema des Ehegattenerbrechts wird ausführlich in § 2. D. behandelt. Nachfolgend werden daher allein die Grundlagen der Pflichtteilsquote dargestellt.

a) Zugewinngemeinschaft

Leben die Ehegatten im gesetzlichen Güterstand der Zugewinngemeinschaft, bestimmt sich die Pflichtteilsquote danach, ob der überlebende Ehegatte Erbe oder Vermächtnisnehmer geworden ist.

Liegt diese Konstellation vor, beträgt der Pflichtteil neben Verwandten 1. Ordnung 1/4 und neben Verwandten 2. Ordnung 3/8.

Ist der überlebende Ehegatte weder Erbe noch Vermächtnisnehmer, beträgt seine Pflichtteilsquote neben Verwandten 1. Ordnung 1/8 und neben Verwandten 2. Ordnung 1/4, siehe hierzu auch §§ 1931, 1371 BGB. Die geringere Pflichtteilsquote wird allerdings durch den Anspruch auf Zugewinnausgleich ergänzt.

Sofern keine Verwandten der 1. oder 2. Ordnung vorhanden sind, beträgt die Pflichtteilsquote des Ehegatten 1/2.

b) Gütertrennung

Haben die Ehegatten Gütertrennung vereinbart, ergibt sich der Pflichtteil in Höhe von 1/2 des Betrages, der sich als gesetzlicher Erbteil aus § 1931 Abs. 4 BGB ergibt. Danach steht dem Ehegatten ein Pflichtteil in Höhe von 1/4 neben einem Kind, 1/6 neben zwei Kindern und 1/8 neben drei oder mehr Kindern des Erblassers zu.

Sofern keine Verwandten der 1. oder 2. Ordnung vorhanden sind, beträgt die Pflichtteilsquote des Ehegatten 1/2.

4. Nachlasswert

6   Die Berechnungsgrundlagen des dem Pflichtteil zugrunde liegenden Nachlasswertes ergeben sich aus § 2311 BGB. Es hat eine auf den Zeitpunkt des Erbfalls abzustellende Wertermittlung zu erfolgen.

🛈 **Beraterhinweise:**

Soweit sich nach diesem Zeitpunkt Wertsteigerungen oder – minderungen im Nachlass ergeben, bleiben diese ohne Berücksichtigung.

Gleiches gilt für den Fall, dass der Erblasser selbst in seiner Verfügung Wertbestimmungen hinsichtlich des Nachlasses getroffen haben sollte.

Hiervon zu unterscheiden sind die Fälle, bei denen sich im Nachhinein eine andere, richtige Wertermittlung aufgrund neu bekannt gewordener Tatsachen auf den Zeitpunkt des Todes ergibt.

Der Wertermittlung zugrunde zu legen sind bei Grundstücken und Gegenständen die Verkehrswerte, bei Forderungen der Nominalwert oder bei Wertpapieren ein mittlerer Tageskurs. Befinden sich im Nachlass Beteiligungen an Personen- oder nichtnotierten Kapitalgesellschaften, ist grundsätzlich der Verkehrswert, in den damit auch stille Reserven einfließen müssen, zu ermitteln. Zu beachten ist jedoch der etwaige Vorrang gesellschaftsrechtlicher Bewertungs- und Abfindungsregeln beim Tod des Gesellschafters (Erblassers). Siehe hierzu ausführlich § 3.

Der Nachlasswert ist zu kürzen um ihn belastende Verbindlichkeiten wie etwa:

■ Darlehensschulden
■ Steuerschulden
■ Voraus der überlebenden Ehegatten
■ Zugewinn des überlebenden Ehegatten
■ Kosten der Beerdigung
■ Kosten der Nachlassverwaltung

❶ Beraterhinweis:

Der Wert des Nachlasses wird nicht gemindert durch die vom Erblasser verfügten Auflagen und Vermächtnisse, die Erbschaftsteuer für die Erben sowie die Kosten einer ggf. angeordneten Testamentsvollstreckung.

5.　Auskunftsanspruch

a)　Nachlassverzeichnis

Als ein in der Praxis regelmäßig auftretendes Problem erweist sich die Beschaffung der notwendigen Informationen, aus denen sich der Geldanspruch des Pflichtteilsberechtigten ermitteln lässt. Die Erben sind insoweit allerdings verpflichtet, dem Pflichtteilsberechtigten alle Auskünfte über den Bestand des Nachlasses genauso zu geben, wie über den Wert der einzelnen Nachlassgegenstände, § 2314 Abs. 1 Satz 1 BGB. Dazu ist ihm durch die Erben ein Nachlassverzeichnis vorzulegen.

7

❶ Beraterhinweise:

Ist die Person des Pflichtteilsberechtigten gegenüber den Erben – jedenfalls hinsichtlich des Nachlassverzeichnisses – von Misstrauen geprägt, kann seine persönliche Hinzuziehung bei der Aufstellung des Nachlassverzeichnisses verlangt werden, § 2314 Abs. 1 S. 2 BGB.

Ferner besteht ein Anspruch auf Aufnahme des Verzeichnisses durch einen Notar, § 2314 Abs. 1 S. 3 BGB. Zu beachten ist allerdings, dass diese Maßnahme Kosten verursacht, die wiederum in den Nachlass fallen, diesen insoweit mindern und damit auch der Anspruch des Pflichtteilsberechtigten anteilig gemindert wird.

b)　Ergänzungspflichtige Zuwendungen

Neben dem tatsächlichen Wert des Nachlasses zum Zeitpunkt des Todes des Erblassers besteht für den Pflichtteilsberechtigten ein Anspruch auf Auskunft über alle ergänzungspflichtigen Zuwendungen, § 2325 ff. BGB. Der Pflichtteilsberechtigte kann als Ergänzung seines Pflichtteils den Betrag verlangen, um den sich der Pflichtteil erhöht, wenn der verschenkte Gegenstand dem Nachlass hinzugerechnet wird.

Der Auskunftsanspruch erstreckt sich auf den Wert und den Zeitpunkt der Zuwendung sowie die Person des Empfängers.

! Beraterhinweis:

Steht der Pflichtteilsberechtigte vor dem Problem, dass ihm die verlangten Auskünfte von den Erben nicht oder nicht vollständig gegeben werden, kann er seinen Anspruch gerichtlich durchsetzen. Dies geschieht im Wege der Stufenklage, die dem Pflichtteilsberechtigten in der ersten Stufe die verlangten Auskünfte verschafft und dann in der zweiten Stufe unmittelbar auch den Zahlungsanspruch durchsetzt.

6. Verjährung des Pflichtteilsanspruchs

8 Der Pflichtteilsanspruch verjährt in drei Jahren von dem Zeitpunkt an, in welchem der Pflichtteilsberechtigte von dem Eintritt des Erbfalls und von der ihn beeinträchtigenden Verfügung Kenntnis erlangt, ohne Rücksicht auf diese Kenntnis in 30 Jahren von dem Eintritt des Erbfalls an, § 2332 Abs. 1 BGB. Damit stellt das Gesetz auf die positive Kenntnis ab, da auch erst ab diesem Zeitpunkt der Pflichtteilsberechtigte seine Rechte durchsetzen kann.

! Beraterhinweis:

Erhebt der Pflichtteilsberechtigte Klage gegen die Erben auf Auskunftserteilung, so hemmt dies die Verjährung des Pflichtteilsanspruchs nicht. Anders verhält es sich, wenn der zunächst unbezifferte Pflichtteilsanspruch in Form der Stufenklage rechtshängig gemacht wird.

B. Ausschluss vom Pflichtteilsanspruch

I. Ausschlussgründe

9 Unter folgenden Voraussetzungen sind Pflichtteilsansprüche gegenüber den Erben ausgeschlossen:

- Der Erblasser hat dem Pflichtteilsberechtigten den Pflichtteil entzogen, §§ 2333, 2334, 2335 BGB,
- der Pflichtteil wurde durch den Erblasser aufgrund der Verschwendungssucht oder Überschuldung des Erben beschränkt, § 2338 BGB,
- der Pflichtteilsberechtigte hat sich als unwürdig erwiesen und der Pflichtteilsanspruch wurde angefochten, §§ 2345, 2339 BGB,
- es liegt ein Pflichtteilsverzicht vor, § 2346 Abs. 2 BGB.

II. Sonderfall: Ausschlagung der Erbschaft

10 Ein weiterer Grund für den Wegfall des Pflichtteilsanspruchs ist die Ausschlagung der Erbschaft durch den Pflichtteilsberechtigten. Denn damit entzieht er sich dem Personenkreis, der durch Verfügung von Todes wegen von der Erbschaft ausgeschlossen wurde, § 2303 Abs. 1 S. 1 BGB.

1.   Ausnahmen vom Pflichtteilsverlust

Unter bestimmten Voraussetzungen allerdings verliert der Pflichtteilsberechtigte trotz Ausschlagung seinen Anspruch nicht:

a)   Beschränkter Erbteil

Wurde der Pflichtteilsberechtigte zwar Erbe mit einem größeren Erbteil als der ihm zustehende Pflichtteil, ist dieses Erbe jedoch durch Anordnungen des Erblassers beschränkt, so kann das Erbe ausgeschlagen und der Pflichtteil beansprucht werden, § 2306 BGB. Als Beschränkungen kommen die Einsetzung eines Nacherben, die Ernennung eines Testamentsvollstreckers oder eine Teilungsanordnung in Betracht genauso wie ein Vermächtnis oder eine Auflage. Unter die Regelung des § 2306 BGB fällt ebenfalls die Thematik, dass der Pflichtteilsberechtigte nur als Nacherbe eingesetzt wurde.

b)   Ausschließliches Vermächtnis

Ist der Pflichtteilsberechtigte nur mit einem Vermächtnis bedacht, führt auch in diesem Fall die Ausschlagung nicht zum Verlust des Pflichtteilsanspruchs, § 2307 Abs. 1 BGB.

c)   Ehegatten bei Zugewinngemeinschaft

Spezielle Regeln gelten auch bei Ehegatten, die im Güterstand der Zugewinngemeinschaft gelebt haben. Hier kann der überlebende Ehegatte die Erbschaft ausschlagen und im Anschluss den güterrechtlichen Zugewinn sowie daneben den kleinen Pflichtteil beanspruchen. (siehe hierzu ausführlich § 2 D. III.)

2.   Die taktisch motivierte Ausschlagung der Erbschaft

Die Fälle der sogenannten taktischen Ausschlagung der Erbschaft lassen sich – je nach Verwandtschaftsverhältnis zum Erblasser – in zwei Fallgruppen differenzieren:

a)   Die taktische Ausschlagung durch den Ehegatten

Zu dieser Sonderproblematik wird unter D. III am Ende im Gesamtkontext des Ehegattenerbrechts ausführlich Stellung genommen.

b)   Die taktische Ausschlagung durch dritte Personen

Pflichtteilsberechtigte, die nicht Ehegatten sind, können sich verschiedenen Fallgestaltungen gegenüber sehen:

aa)   Pflichtteilsberechtigter erhält beschwertes Erbe

Wird eine pflichtteilsberechtigte Person durch Verfügung des Erblassers zum Erben eingesetzt, kann sich die Situation ergeben, dass – nach Feststellung des Nachlasswertes sowie der Pflichtteilsquote des Pflichtteilsberechtigten – der Wert des Erbteils zwar rechnerisch höher liegt als der Pflichtteil dieser Person, das Erbe jedoch durch Auflagen, Vermächtnisse, Nacherben, Testamentsvollstreckung oder Teilungsanordnung belastet wird.

Erscheinen dem Erben in dieser Konstellation die ihm auferlegten Beschränkungen als unannehmbar, so steht es ihm frei, seinen Erbteil auszuschlagen und statt dessen den Pflichtteil zu beanspruchen, § 2306 Abs. 1 S. 2 BGB.

bb)   Pflichtteilsberechtigter erhält nur Vermächtnis

Pflichtteilsberechtigte, die nicht als Erben sondern als Vermächtnisnehmer eingesetzt sind, sind gleichfalls berechtigt, dieses Vermächtnis auszuschlagen und anstelle dessen den Pflichtteil zu verlangen, § 2307 Abs. 1 S. 2 BGB.

cc)   Pflichtteilsberechtigter erhält beschwertes Erbe und Vermächtnis

Schließlich ist der Sachverhalt möglich, dass der Pflichtteilsberechtigte sowohl einen beschwerten Erbteil als auch ein Vermächtnis erhält. Dann steht es ihm zunächst einmal frei, unabhängig voneinander das Ausschlagungsrecht in Bezug auf die einzelnen Zuwendungen anzuwenden.

❗ Beraterhinweis:

Vorsicht ist geboten, wenn der Pflichtteilsberechtigte seinen Erbteil und das Vermächtnis ausschlägt. Dann nämlich ist die Reihenfolge der Ausschlagungserklärungen für die nachfolgenden Ansprüche ganz entscheidend. Wenn in diesem Fall nicht zuerst der Erbteil und erst anschließend das Vermächtnis ausgeschlagen wird, verliert der Pflichtteilsberechtigte einen Teil seiner Ansprüche.

❯ Beispiel:

Der verwitwete Erblasser E hinterlässt zwei Söhne, A und B. Der A ist mit einer Erbquote von 9/10 und B von 1/10 testamentarisch eingesetzt. Der Nachlasswert beträgt 300.000 Euro in Form von Barvermögen. Daneben ist zugunsten des B ein Vermächtnis über ein Gemälde im Wert von 25.000 Euro ausgesprochen. Schließlich hat E die Testamentsvollstreckung ausschließlich zulasten des Erbteils von B angeordnet.

💡 Lösung:

Ohne Ausschlagungen durch die Erben erhielte der A Barvermögen in Höhe von 270.000 Euro, der B 30.000 Euro sowie das Gemälde im Wert von 25.000 Euro.

Da der Erbteil des B durch die Testamentsvollstreckung beschwert ist und er gleichzeitig auch Vermächtnisnehmer ist, kann er beide Zuwendungen getrennt voneinander ausschlagen. Seine Pflichtteilsquote beträgt ¼. Dies entspricht (300.000 + 25.000) x ¼ = 81.250 Euro. Geht er nun so vor, dass zuerst der Erbteil ausgeschlagen wird, so steht ihm das Gemälde zu und daneben ein Pflichtteilsrestanspruch in Höhe von 56.250 Euro. Die anschließende Ausschlagung des Vermächtnisses würde schließlich den vollen Pflichtteilsanspruch in Höhe von 81.250 Euro entstehen lassen.

Die umgekehrte Ausschlagungsreihenfolge hätte zur Folge, dass ihm statt des Gemäldes ein Restpflichtteilsanspruch in Höhe von 51.250 Euro zusteht. Wenn er anschließend jetzt auch noch den Erbteil ausschlägt, hat er keinen weiteren Pflichtteilsanspruch mehr, da er freiwillig auf den unbelasteten Nachlass der 30.000 Euro Barvermögen verzichtet hat. Dies führt zu einer Anrechnung auf den Pflichtteilsrestanspruch, § 2307 Abs. 1 BGB.

C.   Pflichtteilsergänzungsanspruch

I.   Zuwendungen an Dritte

Über den Pflichtteilsanspruch hinaus kann sich für den Pflichtteilsberechtigten noch die Situati-   12
on ergeben, dass der Erblasser innerhalb der letzten zehn Jahre vor dem Erbfall Schenkungen an
Dritte bewirkt hat. Damit wurde der Wert des Nachlasses und in der Folge auch der Pflichtteilsanspruch gemindert.

Um diese Zuwendungen auszugleichen, hat der Pflichtteilsberechtigte einen Anspruch auf Ausgleich des Zuwendungswerts in Geld in Höhe seiner Pflichtteilsquote. Dieser Anspruch besteht
gegenüber den Erben. Lässt sich dieser Anspruch nicht durchsetzen, kann der Pflichtteilsberechtigte auch direkt gegen den Beschenkten auf Herausgabe des Geschenks oder – sofern das Ge-
schenk nicht mehr vorhanden ist – auf Herausgabe des Wertes in Geld vorgehen.

II.   Zuwendungen an Ehegatten

Der Pflichtteilsergänzungsanspruch wird ebenfalls durch Zuwendungen an Ehegatten ausgelöst.   13
Zu beachten ist hierbei jedoch, dass die Zuwendung nicht zum Ausgleich einer Unterhaltspflicht
oder Alterssicherung bzw. als Vergütung für eine Gegenleistung geschuldet wurde.

❶ Beraterhinweis:
*Im Gegensatz zu den Zuwendungen an Dritte beginnt bei Ehegatten der Lauf der zehnjährigen Frist erst mit Auflösung der
Ehe.*

III.   Ausschlussgründe

Unter besonderen Voraussetzungen entsteht ein Pflichtteilsergänzungsanspruch nicht. Dies sind   14
im Einzelnen, § 2330 BGB:

- Die Schenkung erfolgte aufgrund einer sittlichen Verpflichtung. Dabei hat eine Einzelfallbe-
trachtung zu erfolgen, nach deren Ergebnis sich der Erblasser aufgrund der Umstände der
Schenkung nicht verweigern konnte.

- Es handelt sich um eine Anstandsschenkung. Hierunter fallen die üblicherweise zu bestimmten Anlässen gewährten Geschenke.

D.   Gesetzesentwurf zur Reform des Erb- und Verjährungsrechts

I.   Stand des Gesetzgebungsverfahrens

15   Am 30.01.2008 hat das Bundeskabinett den Entwurf eines Gesetzes zur Reform des Erb- und Verjährungsrechts beschlossen. Nachdem am 08.10.2008 eine öffentliche Anhörung vor dem Rechtsausschuss des Deutschen Bundestages stattgefunden hat, kam es im Februar 2009 zu einer weiteren Beratung über den Entwurf. Ob und in welchem Umfang der bisherige Entwurf Bestand haben wird ist derzeit ebenso wenig klar wie die Frage, wann es zur Verabschiedung des Gesetzes kommt.

Nachfolgend werden die wesentlichen Ansätze des Reformgesetzes dargestellt.

II.   Vereinheitlichung der Pflichtteilsentziehungsgründe

■ Die unter B. erwähnten Gründe der Pflichtteilsentziehung sollen eine Vereinheitlichung erfahren. Geplant ist, dass sie künftig für alle Pflichtteilsberechtigten einheitlich gelten sollen.

■ Der Schutz für den Bereich des Erblassers und der ihm nahe stehenden Personen wird erweitert, so dass auch vergleichbar nahe stehende Personen mit einbezogen werden. Daher soll eine Pflichtteilsentziehung auch dann möglich sein, wenn z. B. Stief- oder Pflegekindern nach dem Leben getrachtet wird oder sie körperlich schwer misshandelt werden.

■ Wegfallen soll der Entziehungsgrund des „ehrlosen und unsittlichen Lebenswandels". Hintergrund ist maßgeblich die Unbestimmtheit dieser Formulierung. Ersatz soll durch eine neue Regelung geschaffen werden, die bei einer rechtskräftigen Verurteilung zu einer Freiheitsstrafe von mindestens einem Jahr ohne Bewährung zur Entziehung des Pflichtteils berechtigt. Hinzukommen muss die Unzumutbarkeit für den Erblasser, den Pflichtteil aufrecht zu erhalten. Ebenso soll bei Strafen verfahren werden, die im Zustand der Schuldunfähigkeit begangen wurden.

III.   Erweiterung der Stundungsgründe

Bereits bislang steht dem pflichtteilsberechtigten Erben – wie oben erwähnt – die Möglichkeit zur Seite, unter bestimmten Voraussetzungen eine Stundung der Ansprüche durchzusetzen. In Zukunft soll die Stundung für alle Erben gleichermaßen und unter erleichterten Voraussetzungen möglich sein.

IV.   Anteilige Berechnung des Pflichtteilsergänzungsanspruchs

Die derzeit geltende Regelung zum Pflichtteilsergänzungsanspruch soll graduell Anwendung finden, das heißt je länger ein Schenkung des Erblassers zurückliegt, desto weniger wird sie berücksichtigt. Betrachtungszeitraum bleibt weiterhin die Zehnjahresfrist.

§ 5   Gewillkürte Erbfolge

Bei den gesetzlichen Regelungen zum Erbrecht handelt es sich weitgehend um dispositives, das   1
heißt durch die Beteiligten abänderbares Recht. Besonders deutlich wird dies, wenn der Erblasser
die Verteilung seines Nachlasses abweichend von der gesetzlichen Erbfolge regeln will. Dieser
letztwilligen Verfügung kommt dann Vorrang vor dem Prinzip der Familienerbfolge zu.

Dabei kann der Erblasser, um seinen letzten Willen rechtswirksam zu bekunden, zwischen den
drei Rechtsinstrumenten

- Testament,
- gemeinschaftliches Testament oder
- Erbvertrag

wählen. Die Voraussetzungen sollen nachfolgend geschildert werden.

A.   Testament

Mit dem Testament als einseitiger Willenserklärung verfügt der Erblasser darüber, wer Erbe wird   2
und wie sein Vermögen zwischen den Erben verteilt werden soll, §§ 1937, 2229 ff. BGB. Gemäß
§ 2302 BGB besteht grundsätzlich Testierfreiheit, so dass jede Verfügung über diese Testierfreiheit
nichtig ist (vgl. § 1 A).

❶ Beraterhinweis:

*Neben den persönlichen Überlegungen des Erblassers, welche Personen er testamentarisch berücksichtigen möchte, sollten
sinnvollerweise auch die jeweiligen steuerlichen Konsequenzen mit in die Betrachtung einbezogen werden. Eine frühzeitige
Einbeziehung des steuerlichen Beraters ist daher sinnvoll, um eine steuerlichen Optimierung der Gestaltung zu erreichen.*

I.   Voraussetzungen

1.   Testierfähigkeit

Eine Ausnahme vom allgemeinen Grundsatz der Geschäftsfähigkeit ab Vollendung des 18. Le-   3
bensjahres sieht § 2229 BGB vor. Hiernach besteht die Testierfähigkeit, das heißt das Recht einer
natürlichen Person, nach freiem Belieben Verfügungen von Todes wegen zu errichten, bereits mit
Vollendung des 16. Lebensjahres. Die Testierfähigkeit liegt nicht vor, wenn die entsprechende
Person wegen Geisteskrankheit oder Bewusstseinsstörungen nicht fähig ist, die Tragweite einer
Willenserklärung abzusehen. Dabei geht es um die Auswirkungen der Erklärung auf die persönlichen und wirtschaftlichen Verhältnisse.

Steht eine Person unter Betreuung, schließt dies nicht automatisch die Testierfähigkeit aus. Entscheidend ist nur, ob einer der vorgenannten Ausschlussgründe vorliegt.

! Beraterhinweis:

Entgegen den Regelungen zur Geschäftsfähigkeit kann ein Testament bereits mit Vollendung des 16. Lebensjahres aufgesetzt werden. Eine Einschränkung besteht nur insoweit, als es sich in diesem Sonderfall um ein öffentliches Testament handeln muss, also durch Niederschrift eines Notars zu errichten ist.

2.   Verstoß gegen gesetzliche Verbote

4   Verstößt eine letztwillige Verfügung gegen ein gesetzliches Verbot, hat dies gemäß § 134 BGB die Nichtigkeit der Verfügung zur Folge.

Hauptanwendungsfall ist die Regelung des § 14 Abs. 1 HeimG. Hiernach ist es unzulässig, dass sich Träger von Alten- und Pflegeheimen von Heimbewohnern Geld oder geldwerte Leistungen letztwillig versprechen lassen.

Auch Testamente und Erbverträge zugunsten des Heimträgers, dessen Leiters oder des Personals sind nichtig, wenn dieser zu Lebzeiten des Erblassers Kenntnis von der Verfügung hatte. Eine Ausnahme liegt dann vor, wenn vor dem Erbfall eine behördliche Ausnahmegenehmigung eingeholt wurde.

! Beraterhinweis:

Eine Analogie hinsichtlich der Fälle der Betreuung oder häuslichen Pflege findet nicht statt.

3.   Form

5   Bei der Form des Testaments wird – unabhängig davon, dass ein Testament immer höchstpersönlich abzufassen ist, eine Vertretung also ausgeschlossen ist – zwischen dem eigenhändigen und dem notariellen Testament unterschieden.

a)   Eigenhändiges Testament

6   Mit einem eigenhändigen Testament wird dem Verfasser ein formal relativ flexibles Mittel zur Darlegung seines letzten Willens an die Hand gegeben. Es entstehen hierfür keine Kosten und bei Änderungswünschen muss nicht jedes Mal der Notar aufgesucht werden.

Gesetzliche Vorgaben:

aa)   Eigenhändigkeit

7   Der Erblasser muss sein Testament in einer ihm geläufigen Sprache eigenhändig schreiben und auch unterschreiben, § 2247 Abs. 1 BGB. Die eigenhändige Unterschrift unter einem Computerausdruck oder einer maschinenschriftlichen Verfügung ist nicht ausreichend.

Ist der Verfasser körperlich nicht in der Lage, das Testament alleine aufzusetzen, kann er sich unterstützen lassen, z. B. durch Halten des Armes oder der Hand. Entscheidend ist, dass sein Wille körperlich selbstbestimmt umgesetzt wird. Kommt es hierdurch oder auch aufgrund der Eigenartigkeit der Handschrift des Erblassers zur Unlesbarkeit, sind diese Passagen bis hin zum ganzen Schriftstück nicht als Testament geeignet.

Obwohl nicht gesetzlich erforderlich (und damit auch nicht vom Gebot der Eigenhändigkeit erfasst), sollte dringend darauf geachtet werden, dass die Person des Verfassers eindeutig anhand des Testaments identifiziert werden kann. Der vollständige Name, Geburtstag und ggf. der Wohnsitz des Erblassers helfen, Streitigkeiten um die Zuordnung eines Testaments zu vermeiden.

Des Weiteren sollte unbedingt der Zeitpunkt der Testamentserrichtung vermerkt werden. Verfasst der Erblasser nämlich mehrere Testamente, lässt sich einfach das letzte und damit wirksame bestimmen.

bb)   Unterschrift

Mit der eigenhändigen Unterschrift dokumentiert der Verfasser seine Identität. Ist diese gewähr-   8
leistet, genügen auch unleserliche Unterschriften sowie die Verwendung des Künstler- oder Kosenamens den gesetzlichen Erfordernissen.

Daneben erfüllt die Unterschrift die Funktion, das Testament abzuschließen. Es handelt sich hierbei tatsächlich um die räumliche Begrenzung des Testaments als Endpunkt. Daher sind alle weiteren Ausführungen unterhalb dieser Unterschrift nicht wirksam, wenn nicht erneut am Ende eine Unterschrift folgt. Eine Ausnahme hiervon gilt nur dann, wenn die nachträglichen Ergänzungen das bisher Geschriebene erst verständlich werden lassen, der Wille des Erblassers also erst dadurch deutlich wird. Ergänzungen auf einem gesonderten Blatt bedürfen immer der erneuten Unterschrift.

Sind in der Ergänzung unterhalb der Unterschrift Widersprüche zum bisherigen Inhalt des Testaments erkennbar, verliert das gesamte Dokument seine Wirksamkeit.

Gelegentlich finden sich am Rand des Testaments – oberhalb der Unterschrift – Ergänzungen zum Fließtext. Diese sind grundsätzlich wirksam. Um allerdings jegliche Zweifel am Willen des Erblassers auszuschließen, sollten auch diese seitlichen Ergänzungen gesondert unterzeichnet werden. Folgen sie dem ursprünglichen Text zeitlich nach, ist auch eine Zeitangabe wichtig.

Entschließt sich der Erblasser, ein vollständig neu abgefasstes Testament zu verfassen, ist die Vernichtung bisheriger Verfügungen sinnvoll.

Für ein eigenhändiges Testament besteht nach § 2248 BGB die Möglichkeit, dieses – gegen Gebühren – in amtliche Verwahrung zu geben, damit im Todesfall die Eröffnung gewährleistet ist. Andernfalls besteht die Gefahr, dass das Testament entweder gar nicht oder von einer „falschen Person" gefunden wird.

cc)   Checkliste privatschriftliches Einzeltestament   9

Checkliste Testament	Erledigt	☑
Personalien	Vollständiger Name	
	Geburtsdatum, Geburtsort	
	Anschrift	
	Abkömmlinge	
	Güterstand (evtl. frühere Ehegatten und Güterstände)	

5

Checkliste Testament	Erledigt	☑
Form	Eigenhändig, Unterschrift, Ort, Datum	
Hinweis auf Testierfähigkeit		
Hinweis auf Testierfreiheit	Frühere Testamente sollten grundsätzlich ausdrücklich widerrufen werden	
Vermögensaufstellung	Möglichst umfassende Darstellung der Vermögenswerte zum Zeitpunkt der Testamentserrichtung (Auslandsbezüge berücksichtigen)	
	→ Konten, Depots, Schließfächer	
	→ Immobilien inkl. aller Unterlagen	
	→ Schmuck, Kunstwerke etc. nebst Unterlagen	
	→ Lebensversicherungen	
	→ Beteiligungen	
	→ betriebliche Unterlagen inkl. Gesellschaftsverträge	
	→ Aufstellung aller Verbindlichkeiten inkl. Verträge	
Benennung der Erben bzw. Ersatzerben	Möglichst genaue Bezeichnung der Personen	
Enterbungen	Möglichst genaue Bezeichnung der Personen	
Auflagen	Detaillierte Bezeichnung	
Vermächtnisse	Detaillierte Bezeichnung inkl. Bedingungen, Auflagen	
Teilungsanordnungen	Detaillierte Beschreibung	
Ernennung eines Vormunds für Kinder		
Vollmacht über den Tod hinaus	Ermöglicht schnelles Handeln des Bevollmächtigten	
Testamentsvollstreckung	Bezeichnung der Person und der Befugnisse	

b)   Notarielles Testament

10   Die Errichtung eines notariellen Testaments wird nicht zuletzt aus Gründen der Rechtssicherheit zunehmend in Anspruch genommen. Der Erblasser kommt hierbei in den Genuss einer rechtlichen Beratung, die Fehler vermeiden hilft.

Beraterhinweis:

Wird ein notarielles Testament errichtet, erstreckt sich die Beratung des Notars zunächst auf zivilrechtliche Fragen. Darüber hinaus ist aber nahezu immer auch die steuerliche Komponente der letztwilligen Verfügung im Auge zu behalten. Ob der Notar hierzu umfassend beraten kann und will, muss geklärt werden. Daneben ist die Haftung des Notars in steuerlichen Angelegenheiten wenig ausgeprägt. Die begleitende Hinzuziehung des steuerlichen Beraters erscheint daher unerlässlich.

Die Errichtung eines notariellen Testaments ist in § 2232 BGB geregelt. Dazu hat der Erblasser einen Notar aufzusuchen und diesem mündlich seinen letzten Willen darzulegen oder ein Schriftstück – hier ist keine Eigenhändigkeit erforderlich – zu überreichen, welches den letzten Willen enthält. Der Notar fertigt dann eine Niederschrift an und gibt die Urkunde anschließend in amtliche Verwahrung.

Beraterhinweis:

Während eines Auslandsaufenthaltes besteht ferner die Möglichkeit, die Errichtung des Testaments durch einen konsularischen Beamten wirksam vornehmen zu lassen, §§ 18-20, 24 KonsG.

Änderungen des Testaments erfordern die Rücknahme des bisherigen Testaments aus der amtlichen Verwahrung und die Errichtung eines neuen Testaments.

c) Nottestamente

In besonderen Notlagen kann es zu Erleichterungen hinsichtlich der Form eines Testaments kommen. Diese Nottestamente sind jedoch formell auf die Dauer von drei Monaten begrenzt, § 2252 Abs. 1 BGB. **11**

Als Notlagen kommen in Betracht:

- Eine Person befindet sich in der Gefahr zu versterben, bevor ein notarielles Testament errichtet werden kann, § 2249 Abs. 1 BGB. Dann kann ein Testament vor dem Bürgermeister unter Hinzuziehung zweier Zeugen errichtet werden. Dabei ist eine Niederschrift anzufertigen.
- An einem abgesperrten Ort oder bei Todesgefahr kann ein Testament mündlich gegenüber von drei Zeugen abgegeben werden, § 2250 BGB. Auch hier ist eine Niederschrift anzufertigen.
- An Bord eines deutschen Schiffes auf hoher See darf auch ohne Notlage durch mündliche Erklärung vor drei Zeugen ein Testament errichtet werden, § 2251 BGB.

II. Widerrufsmöglichkeiten

Sofern der Erblasser seine bisherigen testamentarischen Verfügungen nicht mehr gelten lassen will, kann er sein Testament jederzeit widerrufen, §§ 2253 ff. BGB. Die bisher eingesetzten Erben können sich hiergegen nicht wehren, da sie allenfalls eine Aussicht auf die Erbenstellung hatten. Wirksam verfügt wird jedoch erst mit dem Tod des Erblassers. **12**

Beraterhinweis:

Ein Verzicht auf das gesetzliche Widerrufsrecht ist unwirksam und kann weder einseitig noch vertraglich festgelegt werden, § 2302 BGB.

Die Widerrufsmöglichkeiten ergeben sich für den Erblasser gesetzlich wie folgt:

1. Widerrufstestament

13 Setzt der Erblasser ein Testament auf, so werden damit im Zweifel alle bisherigen Testamente widerrufen, da immer nur die aktuellste Urkunde Rechtswirkung entfalten kann, § 2254 BGB. Daher ist auch die Angabe des Zeitpunkts der Errichtung des Testaments von entscheidender Bedeutung. Das neueste Testament kann sich inhaltlich auch dahingehend erschöpfen, dass es ausschließlich den Widerruf des letzten Testaments darstellt, ohne dass neue letztwillige Verfügungen enthalten sein müssen. In diesem Fall gilt dann mit dem Widerruf die gesetzliche Erbfolge.

2. Späteres Testament

14 Errichtet der Erblasser zu einem späteren Zeitpunkt ein neues Testament und ergibt sich hieraus ein Widerspruch zu einem bisherigen Testament, gilt das ältere als widerrufen, § 2258 BGB.

❗ Beraterhinweis:

Eindeutige Formulierungen sind wesentlich für ein Testament. Erklärt der Erblasser mit seinem neuen Testament nicht ausdrücklich den Widerruf bisheriger letztwilliger Verfügungen, ist das letzte Testament auszulegen und unter Umständen als Ergänzung der bisherigen Verfügung zu deuten. Nur, wenn erkennbar die neueste Verfügung abschließend den Willen des Erblassers regelt, verbietet sich eine solche Auslegung.

3. Vernichtung oder Veränderung alter Testamente

15 § 2255 BGB ermöglicht den Widerruf eines Testaments auch durch Vernichtung der Urkunde oder eine ähnlich schlüssige Handlung. Diese kann z. B. in der Streichung des vollständigen Textes oder der Unterschrift gesehen werden. Bei Streichung einzelner Textstellen verlieren nur diese ihre Wirksamkeit, sofern der Rest der Verfügung dadurch noch vollständig bleibt.

❗ Beraterhinweis:

Die Streichung einzelner Textpassagen birgt ein gewisses Risiko in sich, da zwar nach der Auffassung des Erblassers der restliche Text seinen Willen klar definiert, ein Außenstehender das Testament aber nicht ohne Auslegung deuten kann. Es besteht daher die Gefahr der Fehldeutung bis hin zur Unverständlichkeit und damit der Unwirksamkeit der Verfügung.

4. Rückgabe des Testaments aus amtlicher Verwahrung

16 Wurde das Testament vor einem Notar errichtet und befindet sich in amtlicher Verwahrung, kann der Widerruf des Testaments dadurch wirksam herbeigeführt werden, dass die Urkunde aus der amtlichen Verwahrung zurückgegeben wird, § 2256 BGB.

⚠ Beraterhinweis:

Die Widerrufswirkung tritt nicht ein,

- *wenn die Rückgabe nicht an den Erblasser persönlich erfolgt,*
- *bei Rückgabe aus einfacher Verwahrung,*
- *bei eigenhändigen Testamenten aus amtlicher Verwahrung.*

B.   Gemeinschaftliches Testament

Ehegatten und inzwischen auch eingetragene Lebenspartner dürfen gemäß §§ 2265 ff. BGB, 10   **17**
Abs. 4 S. 1 LPartG ein gemeinschaftliches Testament errichten. Voraussetzung ist das Vorliegen
einer gültigen Ehe bzw. Lebenspartnerschaft.

I.   Grundlagen

Das gemeinschaftliche Testament enthält die jeweils letztwilligen Verfügungen jedes einzelnen
Ehegatten oder Partners. Dies geschieht hinsichtlich der jeweiligen Vermögenswerte zunächst
unabhängig von den Bestimmungen, die der andere trifft. Dokumentiert wird darüber hinaus ein
gemeinschaftlicher Testierwille.

Zu den Grundlagen im Einzelnen:

II.   Form

Zu den Anforderungen an ein notarielles Testament ergeben sich keine Besonderheiten. Hinsicht-   **18**
lich des eigenhändigen Testaments gilt es zu beachten, dass die Formvorschrift des § 2267 BGB als
gewahrt gilt, wenn einer der beiden Ehegatten oder Lebenspartner das Testament handschriftlich
anfertigt und beide dann eigenhändig unterschreiben.

III.   Wechselseitige Verfügungen

1.   Definition

Intention eines gemeinschaftlichen Testaments ist nicht zuletzt die Klärung des Versorgungsbe-   **19**
dürfnisses des überlebenden Ehegatten.

Treffen die Ehegatten bzw. Lebenspartner in ihrem gemeinschaftlichen Testament Verfügungen,
von denen anzunehmen ist, dass sie in der Annahme getroffen wurden, dass auch der andere
Ehegatte bzw. Lebenspartner eine bestimmte Verfügung getroffen hat, spricht man von wechselseitigen oder wechselbezüglichen Verfügungen, § 2270 Abs. 1 BGB. Klassisches Beispiel hierfür
ist die gegenseitige Einsetzung als Erbe.

2.   Bindungswirkung

20   Die Besonderheit der wechselseitigen Verfügungen ist der Umstand, dass diese für den länger lebenden Ehegatten oder Partner Bindungswirkung entfalten und nicht mehr ohne weiteres einseitig durch diesen geändert bzw. widerrufen werden können. Insoweit tritt demnach eine Einschränkung der Testierfreiheit ein.

🛈 **Beraterhinweise:**

Zu Lebzeiten können die Ehegatten das gemeinschaftliche Testament jederzeit widerrufen. Dies geschieht in der Form eines gemeinschaftlichen Widerrufstestaments, §§ 2253, 2254 BGB, durch gemeinschaftliche Vernichtung des bisherigen Testaments, § 2255 BGB, durch ein widersprechendes gemeinschaftliches Testament, § 2258 BGB oder durch die gemeinschaftliche Rücknahme eines öffentlichen Testaments aus der amtlichen Verwahrung, §§ 2256, 2272 BGB.

Nach dem Tod des Ehegatten oder des Lebenspartners kann der Bedachte die Bindungswirkung der Wechselbezüglichkeit nur noch aufheben, indem er entweder das ihm Zugewendete ausschlägt oder wenn ihm von vorneherein nichts zugewendet wurde, § 2271 Abs. 2 S. 1 BGB.

3.   Nichtigkeit

21   Ist eine wechselbezügliche Verfügung nichtig, erfasst diese Nichtigkeit auch die entsprechende Verfügung des Ehegatten bzw. Lebenspartners, § 2270 Abs. 1 BGB.

🛈 **Beraterhinweis:**

Nicht nur das Testament in seiner Gesamtheit, sondern auch einzelne Verfügungen können wechselseitig sein.

4.   Auslegung des Testaments

22   Häufig sind die Ausführungen der Ehegatten im Testament nicht eindeutig. Dann hat die Auslegung zu ergeben, ob es sich um wechselseitige Verfügungen handelt. Haben die Ehegatten einander gegenseitige Zuwendungen gemacht, ist im Zweifel von Wechselseitigkeit auszugehen, § 2270 Abs. 2 BGB. Die Beweislast für das Vorliegen von Wechselseitigkeit einer nicht eindeutig formulierten Verfügung liegt bei demjenigen, der Ansprüche hieraus herleitet.

5.   Inhalt der wechselbezüglichen Verfügung

23   Für eine wechselseitige Verfügung kommen nur die Erbeinsetzung, Vermächtnisse oder Auflagen in Frage, § 2270 Abs. 3 BGB.

🛈 **Beraterhinweis:**

Um die Problematik einer Auslegung des Testaments hinsichtlich der Wechselseitigkeit von Verfügungen zu vermeiden, sollte eine eindeutige Formulierung durch die Ehegatten gewählt werden.

6. Dispositives Recht

Nicht selten wünschen sich die Ehegatten bei Errichtung des Testaments, dass ein Widerruf wechselbezüglicher Verfügungen ausgeschlossen wird oder im Gegenteil, dass die Möglichkeiten eines Widerrufs erweitert werden. Dann steht es ihnen frei, dies testamentarisch zu vereinbaren.

24

a) Änderungsvorbehalt

Dabei geht es vielfach um die Möglichkeit, dass der überlebende Ehegatte frei entscheiden darf, ob er seine wechselseitige Verfügung widerrufen will, so genannter Änderungsvorbehalt.

25

🔔 **Beraterhinweis:**

Erneut ist auf die präzise Formulierung im Testament zu achten. Es muss darin eindeutig erkennbar sein, dass es dem überlebenden Ehegatten frei steht, die Wechselbezüglichkeit aufzuheben.

Die Erweiterung der Widerrufsgründe kann auch an bestimmte Ereignisse geknüpft sein. So wird gelegentlich auf das persönliche Verhalten der Schlusserben abgestellt, etwa das Ergreifen eines bestimmten Berufes oder die Pflege des überlebenden Ehegatten.

b) Wiederverheiratungsklausel

Oft sind wechselbezügliche Verfügungen der Ehegatten von der Furcht begleitet, dass mit einer eventuellen Wiederheirat des überlebenden Ehegatten der Nachlass zulasten der gemeinsamen Kinder geschmälert wird. Hintergrund dieser Befürchtung ist entweder ein vereinbarter Änderungsvorbehalt, das Anfechtungsrecht gemäß § 2079 BGB (vgl. § 10 II. 5.) oder einfach die Tatsache, dass der neue Ehegatte zumindest Pflichtteilsberechtigter wird und damit am Nachlass partizipiert.

26

Zur Lösung des Problems können so genannte Wiederverheiratungsklauseln in das Testament aufgenommen werden. Dies kann auf zwei Arten geschehen:

aa) Anordnung der Vorerbschaft

Das klassische Berliner Testament (vgl. § 5 B 3.) mit seiner Voll- und Schlusserbenanordnung kann insoweit modifiziert werden, als die Vollerbenstellung des überlebenden Ehegatten auflösend bedingt durch das Ereignis der Wiederheirat angeordnet wird. Sobald es zur (Wieder-) Heirat kommt, wird aus der Vollerben- eine Vorerbenstellung mit den gesetzlichen Verfügungsbeschränkungen. Darüber hinaus können selbstverständlich noch weitere Beschränkungen des Vorerben angeordnet werden.

27

bb) Anordnung von Vermächtnissen

Alternativ kommt in Betracht, zwar die Vollerbenstellung durch eine Wiederheirat nicht zu beseitigen, aber den Kindern bei Eintritt dieser Bedingung ein Vermächtnis zuzusprechen. Die Ehegatten sind bei der Bemessung der Höhe dieses Vermächtnisses im Testament frei. Erwogen werden kann ein fester Betrag, der Wert des gesamten noch vorhandenen Nachlasses des Vorverstorbenen oder eine spezielle Quote.

28

IV.   Das Berliner Testament

29   Eine gesetzlich besonders geregelte Art des gemeinschaftlichen Testaments stellt das so genannte Berliner Testament dar, § 2269 BGB. Mit dieser Verfügung setzen sich die Ehegatten zunächst gegenseitig zu Allein- oder Vorerben und (regelmäßig) ihre Abkömmlinge zu sog. Schlusserben oder Nacherben nach dem Tod des Letztversterbenden von ihnen ein. Hintergrund für diese Testamentsgestaltung ist die beabsichtigte Versorgung des überlebenden Ehegatten, in dem diesem der Zugriff auf das gesamte Vermögen der Eheleute ermöglicht wird. In Abhängigkeit von der unterschiedlich gestalteten Verfügungsmacht des erbenden Ehegatten lassen sich die nachfolgenden Konstellationen differenzieren:

1.   Einheitslösung

30   Wünschen die Ehegatten, dass dem Überlebenden das gesamte Vermögen uneingeschränkt zur Verfügung steht, wählen sie die Regelung einer Vollerbenstellung für den überlebenden von ihnen. Mit dem Tod des Erstversterbenden erbt zunächst der überlebende Ehegatte dessen gesamtes Vermögen. Mit dem Tod des Längerlebenden geht dann das Vermögen als Ganzes auf einen gemeinsam bestimmten Schlusserben über.

Möglich ist für diese Variante, dass Bedingungen für den Fall einer Wiederheirat des Längerlebenden getroffen werden. So können die Ehegatten z. B. vereinbaren, dass in diesem Fall die Erbauseinandersetzung mit den Schlusserben zu erfolgen hat. In Betracht kommt auch eine Herausgabepflicht des Nachlasses des Vorverstorbenen an die Schlusserben oder die Auszahlung von Vermächtnissen.

2.   Trennungslösung

31   Mit der Trennungslösung vereinbaren die Ehegatten eine Vor- und Nacherbschaft. Der Ehegatte wird nach dem Tod des anderen nicht Vollerbe, sondern lediglich Vorerbe, ein Dritter wird zum Nacherben bestimmt. Der Dritte ist gleichzeitig Ersatzerbe für den eigenen Überlebensfall.

Tritt der Erbfall ein, müssen zwei Vermögensmassen unterschieden werden. Zum einen hat der Überlebende selbstverständlich das Vermögen inne, welches bislang sein eigenes war. Insoweit besteht freie Verfügungsbefugnis. Daneben steht nunmehr noch das geerbte Vermögen des anderen Ehegatten. Diesbezüglich ist der Überlebende nach den testamentarischen Vorgaben des Vorverstorbenen in der Verfügungsbefugnis beschränkt.

Verstirbt auch der zweite Ehegatte, wird der Dritte Erbe des Gesamtnachlasses. Dabei ergibt sich sein Erbrecht als Nacherbe des Vorverstorbenen und als Vollerbe nach dem länger lebenden Ehegatten.

🛈 **Beraterhinweis:**

Da es vorkommt, dass der Dritte zeitlich zwischen den beiden Ehegatten verstirbt, sollten die Ehegatten für diesen Fall einen Schlusserben einsetzen.

Sofern es zur Wiederheirat des Überlebenden kommt, ist der neue Ehegatte im Todesfall des Überlebenden auf den Pflichtteil aus dem Vermögen des Überlebenden beschränkt.

3. Modifizierte Lösungen

In Betracht kommt ferner eine Kombination aus den vorgenannten Modellen. Zu erwähnen sind folgende Möglichkeiten: **32**

a) Vollerbschaft

Die Ehegatten setzen sich zu Vollerben ein, berücksichtigen aber die Wiederverheiratung des Überlebenden dergestalt, dass der überlebende Ehegatte nicht mehr Voll- sondern nur noch Vorerbe und ein Dritter Nacherbe sein soll. Aufschiebend bedingt durch die Wiederheirat wird also eine Vor- und Nacherbschaft angeordnet. Mit der Wiederheirat tritt dann der Nacherbfall ein. Der Tod des Längerlebenden hat die Schlusserbschaft zur Folge.

b) Nacherbschaft

Die Ehegatten setzen sich zu Vorerben ein. Ein Dritter wird Nacherbe. Fällt der Dritte vor dem Nacherbfall weg, kann entweder ein Ersatznacherbe oder ein Schlusserbe bestimmt werden. Verstirbt der Nacherbe zeitlich zwischen den Ehegatten, wird der Ehegatte Vollerbe.

4. Pflichtteilsstrafklausel

Mit einer Pflichtteilsstrafklausel soll versucht werden, einen pflichtteilsberechtigten Erben von der Geltendmachung des Pflichtteils abzubringen. Dies geschieht durch testamentarische Anordnung, dass ein Erbe, welcher seinen Pflichtteil nach dem erstversterbenden Ehegatten verlangt, auch nach dem Tod des Überlebenden auf den Pflichtteil beschränkt ist. **33**

❶ **Beraterhinweis:**

Formulierungshilfe zur Pflichtteilsstrafklausel:

„Für den Fall, dass einer unserer Abkömmlinge nach dem Tod des Zuerstversterbenden von uns gegen den Willen des Längerlebenden diesem gegenüber seinen Pflichtteil geltend macht, gilt er auch nach dem Längerlebenden als enterbt und auf seinen Pflichtteil beschränkt."

Zum Pflichtteilsrecht siehe ausführlich § 4.

V. Unwirksamkeit des gemeinschaftlichen Testaments

Gemäß §§ 2077, 2068 BGB ist ein gemeinschaftliches Testament insgesamt unwirksam, wenn die Ehe vor dem Tod des Erblassers aufgelöst wurde. Dazu bedarf es einer rechtskräftigen Scheidung oder einer Aufhebung der Ehe. Gleiches gilt für den Fall, dass im Zeitpunkt des Todes des Erblassers die Voraussetzungen für eine Scheidung der Ehe vorlagen und der Erblasser den Scheidungsantrag bereits gestellt oder der Scheidung zugestimmt hatte. Auch erfasst werden die Fälle, in denen der Erblasser zum Zeitpunkt des Todes berechtigt war, die Aufhebung der Ehe zu beantragen und diesen Antrag bereits gestellt hatte. **34**

VI.   Anfechtung des gemeinschaftlichen Testaments

35   Während zu Lebzeiten beider Ehegatten wechselseitige Verfügungen frei widerrufbar sind, gibt es nach dem Tod eines der Ehegatten – wenn sich die Ehegatten nicht das Recht der nachträglichen Abänderung eingeräumt bzw. vorbehalten haben – außerhalb der Unwirksamkeit des Testaments nur noch die Möglichkeit, dieses anzufechten, §§ 2078 ff. BGB. Anfechtbar sind sowohl wechselbezügliche Verfügungen des anderen wie auch die eigenen.

> 🛈 Beraterhinweis:
>
> *Eine Anfechtung der eigenen wechselbezüglichen Verfügungen nach dem Tod des Ehegatten gemäß § 2079 BGB kommt in Frage, wenn der überlebende Ehegatte wieder heiratet. Die Anfechtungsfrist beträgt dann ein Jahr. Gleiches gilt ab dem Zeitpunkt der Geburt eines Kindes des überlebenden Ehegatten.*

Ist die Anfechtung der wechselseitigen Verfügungen des vorverstorbenen Ehegatten wirksam, führt dies auch zur Unwirksamkeit der wechselbezüglichen eigenen Verfügungen. Umgekehrt hat auch die wirksame Anfechtung der eigenen wechselseitigen Verfügungen die Aufhebung derjenigen des anderen Ehegatten zur Folge.

Ferner ist auch eine Anfechtung durch Dritte möglich, wenn die Voraussetzungen der §§ 2078, 2079 BGB vorliegen. Häufigster Anwendungsfall ist das Anfechtungsrecht eines Pflichtteilsberechtigten, dessen Pflichtteilsberechtigung sich erst nach Errichtung des Testaments des vorverstorbenen Ehegatten ergeben hat. Der Pflichtteilsberechtigte kann sich auf diese Weise in die Stellung des „normalen" Erben bringen, also ggf. die gesetzliche Erbfolge durch Beseitigung der wechselbezüglichen Verfügung wieder herbeiführen. Ausgeschlossen ist die Anfechtung aber in den Fällen, in denen zu vermuten ist, dass der Erblasser auch bei Kenntnis der Pflichtteilsberechtigung keine andere Verfügung getroffen hätte.

VII.   Widerruf eines gemeinschaftlichen Testaments

36   Haben Ehegatten ein gemeinschaftliches Testament aufgesetzt, kommt ein Widerruf unter folgenden Bedingungen in Bedacht:

1.   Einseitige Verfügungen

37   Zunächst können einseitige Verfügungen ohne Zustimmung des anderen Ehegatten widerrufen werden, wenn es sich um die eigenen, nicht wechselseitigen Verfügungen handelt. Formal geschieht dies durch Widerrufstestament oder Vernichtung der Urkunde bzw. Streichung von Textpassagen oder des ganzen Inhalts in der letztwilligen Verfügung.

2.   Wechselbezügliche Verfügungen

38   Sollen wechselbezügliche Verfügungen widerrufen werden, kann dies nur durch beide Ehegatten gemeinsam geschehen. Für die Form des Widerrufs gelten die gleichen Grundsätze wie bei einseitigen Verfügungen.

Erklärt nur einer der Ehegatten den Widerruf einer wechselbezüglichen Verfügung – etwa aufgrund eines Widerrufsvorbehalts –, hat dies durch notariell zu beurkundende Erklärung gegenüber dem anderen zu erfolgen, §§ 2271 Abs. 1, 2296 BGB.

🛈 Beraterhinweis:

Um den notwendigen Zugang bei dem anderen auch tatsächlich nachweisen zu können, bietet sich die Zustellung durch den Gerichtsvollzieher an.

VIII. Wiederaufleben eines widerrufenen Testaments

§ 2257 BGB regelt, dass auch ein Widerruf des Widerrufs möglich ist. Voraussetzung hierfür ist, dass der Widerruf durch ein Testament erfolgt. **39**

In der Folge lebt durch den erneuten Widerruf das vorige Testament dergestalt wieder auf, als hätte es den ersten Widerruf nie gegeben.

C. Erbvertrag

Dritte Variante der Verfügung von Todes wegen ist der Erbvertrag, §§ 2274 ff. BGB. Im Unterschied zu einem Testament, bei dem es sich um eine einseitige Willenserklärung handelt, handelt es sich bei einem Erbvertrag um ein gegenseitiges Rechtsgeschäft. Daher müssen die Beteiligten geschäftsfähig sein, d.h. also das 18. Lebensjahr vollendet haben, um einen Erbvertrag wirksam schließen zu können; das Vorliegen der Testierfähigkeit genügt nicht. **40**

I. Bindungswirkung

1. Art

Der Abschluss eines Vertrages führt regelmäßig zu einer Bindung der Vertragsparteien an die getroffenen Vereinbarungen. Im Falle des Erbvertrages beschränkt das Gesetz die Bindungswirkung allerdings auf Erbeinsetzungen, Vermächtnisse und Auflagen, §§ 1941 Abs. 1, 2278 Abs. 2 BGB. Wenn auch andere Inhalte erbvertraglich vereinbart werden können, so handelt es sich hierbei nur um einseitige Rechtsgeschäfte, § 2299 Abs. 1 BGB. Der Erbvertrag muss jedoch mindestens eine vertragsmäßige Verfügung, also Erbeinsetzung, Vermächtnis oder Auflage enthalten, da es sich ansonsten nicht um einen Vertrag sondern ein Testament handelt. **41**

🛈 Beraterhinweise:

Der Vertragserbe erwirbt mit Abschluss des Vertrages ein Anwartschaftsrecht auf ein mögliches Erbe. Hierdurch wird auch ein schuldrechtlicher Anspruch auf den Erbanfall begründet. Ist ein Vermächtnis Gegenstand des Vertrages, handelt es sich nicht um eine Anwartschaft, sondern eine bloße Aussicht, die schuldrechtlich keinen Anspruch begründen kann.

Dem Vertragserben steht es trotz der vertraglichen Regelung frei, das Erbe nach den allgemeinen Regelungen des Erbrechts auszuschlagen, was insbesondere in Fällen der Nachlassüberschuldung von Bedeutung ist.

2.   Umfang

42   Die erbvertraglich getroffenen Verfügungen binden den Erblasser und beschränken ihn fortan in seiner Testierfreiheit. Einseitige Verfügungen im Erbvertrag sind jederzeit frei widerrufbar.

Der Abschluss des Erbvertrages beseitigt alle bisherigen testamentarischen Verfügungen des Erblassers insoweit, als sie die nunmehr im Erbvertrag geregelten Rechte des Bedachten beeinträchtigen würden, § 2289 Abs. 1 S. 1 BGB. Nachfolgende – das Recht des erbvertraglich Bedachten beeinträchtigende – Verfügungen von Todes wegen entfalten keine Wirksamkeit.

🛈 Beraterhinweise:

Unter beeinträchtigenden Verfügungen versteht man alle diejenigen, die im Widerspruch zu dem Recht des Bedachten stehen. Ferner werden Verfügungen erfasst, welche die Rechte des Bedachten mindern, belasten oder beschränken, wie insbesondere Auflagen oder die Anordnung der Testamentsvollstreckung.

Bei dem Erbvertrag handelt es sich um ein auslegungsfähiges Rechtsgeschäft. Die Parteien sollten daher zur Vermeidung von Missverständnissen auf exakte Formulierung achten, um spätere Probleme zu vermeiden.

II.   Vertragsparteien

43   Die Beteiligten eines Erbvertrages können – hier liegt der wesentliche Unterschied zum gemeinschaftlichen Testament – nicht nur Ehegatten oder Lebenspartner sein. In Betracht kommt jede beliebige geschäftsfähige Person.

🛈 Beraterhinweis:

Aufgrund der freien Wahl des Vertragspartners bietet sich diese Form der Erbeinsetzung insbesondere für Personen an, die ansonsten keine gegenseitige Erbenstellung eingenommen hätten, wie etwa die Partner einer nichtehelichen Lebensgemeinschaft.

Ein Erbvertrag zwischen Ehegatten oder Verlobten ist darüber hinaus auch möglich, wenn einer der Beteiligten beschränkt geschäftsfähig ist, sofern der gesetzliche Vertreter zustimmt.

III.   Form

44   Ein wirksamer Abschluss des Erbvertrages erfordert zwingend die notarielle Niederschrift unter gleichzeitiger Anwesenheit der Vertragspartner, § 2276 BGB. Es findet also grundsätzlich keine Vertretung statt. Ausnahme hiervon ist der Fall, dass ein Beteiligter ausschließlich eine einseitige Verfügung des Erblassers annimmt.

Eine amtliche Verwahrung wie bei dem notariellen Testament können die Beteiligten ausschließen, § 34 Abs. 2 BeurkG. Der Vertrag wird dann durch den Notar verwahrt. Mit Eintritt des Erbfalls ist der Vertrag dann an das Nachlassgericht zu überstellen.

Wird der Erbvertrag im Verbund mit einem Ehevertrag geschlossen, ist die Form des Ehevertrages ausreichend.

IV. Änderungsvorbehalt

Ähnlich wie bei einem gemeinschaftlichen Testament, kann auch bei einem Erbvertrag ein Ände- 45
rungsvorbehalt vereinbart werden, der die gesetzlichen Bestimmungen entweder verschärft oder
lockert.

🛑 **Beraterhinweis:**

*Die Aufnahme eines Änderungsvorbehalts in den Erbvertrag ist zwar von der Rechtsprechung bestätigt worden, jedoch
haben die Gerichte der Reichweite eines solchen Vorbehalts Grenzen gesetzt. So kann es etwa nicht zu einem Totalvorbehalt
kommen, der alle Verfügungen des Erbvertrages umfasst und dem Erblasser somit die Möglichkeit eröffnet, jederzeit einseitig
die vertraglichen Bestimmungen aufzuheben. Damit muss im Ergebnis wenigstens eine vertragsmäßige Verfügung bindend
bleiben, um eine Abgrenzung von einem Testament vornehmen zu können.*

V. Rücktrittsvorbehalt

Erbvertraglich vereinbart werden kann ferner ein Rücktrittsvorbehalt oder ein Rücktrittsrecht, 46
§ 2293 BGB. Die Rahmenbedingungen für einen solchen Vorbehalt sind zwischen den Vertragsparteien frei vereinbar.

🛑 **Beraterhinweis:**

*Hauptanwendungsfall für einen solchen Rücktrittsvorbehalt ist ein mögliches Scheitern der Beziehung zwischen den Partnern
einer nichtehelichen Lebensgemeinschaft. Gleiches gilt für Ehegattenerbverträge.*

VI. Auflösende Bedingung

Die Verfügungen eines Erbvertrages können auch unter eine auflösende Bestimmung gestellt 47
werden. Gerade in dem vorerwähnten Fall einer Partnerschaft kommt alternativ zu einem Rücktrittsvorbehalt in Betracht, den Erbvertrag unter die auflösende Bedingung der Beendigung der
Gemeinschaft zu stellen.

VII. Eingeschränkte Verfügungsfreiheit des Erblassers

Dem Erblasser steht es auch nach Abschluss eines Erbvertrages grundsätzlich frei, zu Lebzeiten 48
über sein Vermögen zu verfügen, § 2286 BGB.

Eingeschränkt wird diese Verfügungsfreiheit allerdings insoweit, als der Erblasser Schenkungen
in der Absicht vornimmt, den Vertragserben zu beeinträchtigen, § 2287 Abs. 1 BGB. In diesem
Fall steht es dem Vertragserben nach Eintritt des Erbfalls zu, von dem Beschenkten die Herausgabe nach den Vorschriften der ungerechtfertigten Bereicherung zu verlangen.

Verfügt der Erblasser in der Absicht, den Bedachten zu beeinträchtigen, über einen Gegenstand,
der erbvertraglich einem Vermächtnis unterliegt oder beschädigt oder beseitigt er diesen Gegenstand in Schädigungsabsicht, ist dem Bedachten durch die Erben der Gegenstand soweit möglich
zurückzuverschaffen oder Wertersatz zu leisten, § 2288 Abs. 1 BGB.

VIII. Beseitigung erbvertraglicher Bindungen

49   Zu Lebzeiten der Vertragspartner stehen – wenn auch nur eingeschränkt – rechtliche Mittel zur Beseitigung der Folgen eines Erbvertrages zur Verfügung.

1. Aufhebung des Erbvertrages

a) Aufhebung durch Vertrag

50   Gemäß § 2290 BGB steht es den Parteien des Erbvertrages frei, die Vereinbarungen insgesamt oder auch nur in Teilen durch eine vertragliche Regelung wieder aufzuheben. Hierzu bedarf es wie beim Abschluss des Erbvertrages der notariellen Form unter gleichzeitiger Anwesenheit der Vertragspartner. Einseitige Verfügungen können jederzeit durch den Verfügenden aufgehoben werden, §§ 2250 ff. BGB.

> ❗ Beraterhinweise:
>
> *Handelt es sich bei dem Erblasser um einen Minderjährigen, so bedarf die Aufhebung des von ihm abgeschlossenen Erbvertrages nicht der Zustimmung der gesetzlichen Vertreter, da sich der Minderjährige nur von einer Verpflichtung befreit.*
>
> *Anders ist es, wenn der Minderjährige Vertragserbe war, also sein Anwartschaftsrecht durch die Aufhebung verlieren würde.*

51   Eine Sonderform der Aufhebung stellt die übereinstimmende Rücknahme des Erbvertrages aus der amtlichen oder notariellen Verwahrung dar, § 2300 Abs. 2 BGB, wenn der Erbvertrag ausschließlich Verfügungen von Todes wegen enthält.

Die Rückgabe kann nur an alle Vertragsschließenden gemeinschaftlich und gleichzeitig erfolgen. Mit der Rücknahme aus der Verwahrung gilt der Erbvertrag vollumfänglich als widerrufen.

b) Aufhebung durch Testament

52   Beschränkt sich der Aufhebungswunsch allein auf vertragsmäßige Vermächtnisse oder Auflagen, kann der Erblasser diese Verfügungen auch durch ein eigenhändiges Testament aufheben, § 2291 BGB. Dazu ist jedoch die Zustimmung des Vertragspartners notwendig, welche zu ihrer Wirksamkeit in notarieller Form abgegeben werden muss.

> ❗ Beraterhinweis:
>
> *Solange der Vertragspartner die Zustimmung nicht erteilt hat, kann der Erblasser sein Testament mit der Aufhebungserklärung widerrufen.*

c) Aufhebung durch gemeinschaftliches Testament

53   Personen, die ein gemeinschaftliches Testament errichten können, also Ehegatten und eingetragene Lebenspartner, können durch gemeinschaftliches Testament einen zwischen ihnen geschlossenen Erbvertrag wieder aufheben, § 2292 BGB. Dazu ist es nicht notwendig, dass die Partner bereits im Zeitpunkt des Abschlusses des Erbvertrages verheiratet oder eingetragene Lebenspartner waren.

Das gemeinschaftliche Testament zum Zwecke der Aufhebung des Erbvertrages kann wiederum selber durch erneutes gemeinschaftliches Testament, durch Erbvertrag oder Aufhebungsvertrag aufgehoben werden.

🛈 **Beraterhinweis:**

Ein Aufhebungstestament ist in jeder zulässigen Form des gemeinschaftlichen Testaments zu errichten. Das Aufsetzen übereinstimmender Einzeltestamente genügt demnach nicht.

d)   Rücktritt vom Erbvertrag

Unter den Voraussetzungen der §§ 2293 ff. BGB kann der Erblasser vom Erbvertrag zurücktreten. Hierzu ist eine notarielle Beurkundung erforderlich, die Urkunde muss daraufhin dem Vertragspartner zugehen.   54

Als Gründe für einen Rücktritt kommen in Betracht:

aa)   Rücktrittsvorbehalt

Hat sich der Erblasser im Erbvertrag den Rücktritt vom Vertrag vorbehalten, § 2293 BGB, so kann er diesen gegenüber den anderen Vertragsparteien durch notarielle Beurkundung erklären.   55

bb)   Verfehlung des Bedachten

Ein Recht zum Rücktritt steht dem Erblasser ferner dann zu, wenn sich der Bedachte einer solchen Verfehlung schuldig macht, die den Erblasser auch zur Entziehung des Pflichtteils berechtigt, oder, falls der Bedachte kein Pflichtteilsberechtigter ist, zu einer Entziehung berechtigen würde, § 2294 BGB.   56

Das Rücktrittsrecht kann danach nur eine vorsätzliche körperliche Misshandlung, ein Verbrechen oder andere schwere Verfehlungen im Sinne der §§ 2333 ff. BGB begründen.

cc)   Wegfall wiederkehrender Leistungen

War der Bedachte dem Erblasser gegenüber rechtsgeschäftlich zur Erbringung wiederkehrender Leistungen verpflichtet, z. B. zur Leistung von Unterhalt oder einer Rente, kann der Erblasser von einem Erbvertrag zurücktreten, wenn die Leistungsverpflichtung vor dem Tod des Erblassers entfällt, § 2295 BGB.   57

🛈 **Beraterhinweise:**

Grundlage dieses Rücktrittsrechts ist der Umstand, dass zwischen Erbvertrag und Leistungsverpflichtung kein Gegenseitigkeitsverhältnis besteht, welches automatisch den Wegfall der Pflicht aus dem Erbvertrag bei Wegfall der Leistungspflicht bedeuten würde. Hiervon ist nur auszugehen, wenn der Erbvertrag unter der Bedingung der Leistungsverpflichtung geschlossen wurde.

Dies bedeutet demzufolge auch, dass der Rücktritt vom Erbvertrag nicht schon bei Nichterbringung der wiederkehrenden Leistungen erfolgen kann.

e)   Anfechtung

58   § 2281 BGB eröffnet bei Vorliegen bestimmter Voraussetzungen die Möglichkeit der Anfechtung des Erbvertrags. Als Anfechtungsgründe kommen in Betracht:

- Der Erblasser hat sich über Inhalt oder Bindungswirkung des geschlossenen Erbvertrages geirrt.
- Der Erblasser wurde durch Täuschung oder Drohung zum Abschluss des Erbvertrages gezwungen.
- Dem Erblasser war ein Pflichtteilsberechtigter im Zeitpunkt des Abschlusses des Vertrages nicht bekannt bzw. der Pflichtteilsberechtigte hat seinen Anspruch erst später erlangt und der Berechtigte wurde durch den Erbvertrag übergangen.

Die Anfechtung unterliegt gemäß § 2283 BGB einer Frist von einem Jahr ab Kenntnis des Anfechtungsgrundes bzw. ab Wegfall der Drohung. Dabei genügt Kenntnis der zugrunde liegenden Tatsachen und nicht rechtliche Kenntnis der Anfechtbarkeit.

Die Anfechtungserklärung ist notariell zu beurkunden und dem Vertragspartner durch Ausfertigung bekannt zu geben.

❗ Beraterhinweis:

Aus Beweisgründen bietet sich für die Übermittlung der Ausfertigung die Zustellung durch einen Gerichtsvollzieher an.

Die Anfechtung einer Verfügung zugunsten eines Dritten nach dem Tod des Vertragspartners erfolgt gegenüber dem Nachlassgericht.

f)   Unwirksamkeit

59   Haben beide Parteien im Erbvertrag vertragsmäßige Verfügungen getroffen, so bedeutet die Nichtigkeit einer dieser Verfügungen die Unwirksamkeit des ganzen Vertrages, § 2298 Abs. 1 BGB.

Vertragsmäßige Verfügungen entfallen ferner aufgrund Unwirksamkeit, wenn Ehegatten, Verlobte oder Lebenspartner einen Erbvertrag geschlossen hatten und die Ehe, das Verlöbnis oder die Lebenspartnerschaft aufgelöst wird, §§ 2279, 2077 BGB.

§ 6   Schenkungsversprechen von Todes wegen

Eine Schenkung, die mit der Bedingung verknüpft wird, dass der Beschenkte den Schenker über-   1
lebt, wird als „Schenkungsversprechen von Todes wegen" bezeichnet.

A.   Form des Schenkungsversprechens auf den Todesfall

Der Gesetzgeber wollte vermeiden, dass durch diese Art Versprechen, die in ihrer Wirkung letzt-   2
willigen Verfügungen bzw. Erbverträgen ähneln, die besonderen Formvorschriften des Erbrechts
umgangen werden, und hat daher in § 2301 Abs. 1 BGB angeordnet, dass auf solche Versprechen
die Vorschriften über Verfügungen von Todes wegen Anwendung finden. Nur wenn die Schenkung zu Lebzeiten bereits vollzogen wird, wird sie wie eine normale lebzeitige Schenkung behandelt, also auch ohne die besonderen Formvorschriften des Erbrechts für wirksam erachtet (§ 2301
Abs. 2 BGB).

Hieraus ergibt sich als Konsequenz: Da ein Schenkungsversprechen ein einseitig verpflichtender
Vertrag zwischen dem Schenker und dem/den Beschenkten ist, wird das Schenkungsversprechen
wie ein Erbvertrag bewertet. Damit gilt die Formvorschrift des § 2276 BGB, was zur Folge hat, dass
der Schenkungsvertrag nur bei gleichzeitiger persönlicher Anwesenheit der Vertragsparteien vor
einem Notar vereinbart werden kann. Eine Vertretung ist unzulässig. Genügt das Schenkungsversprechen nicht der Form des § 2276 BGB, so kann es unter Umständen – wenn es (hand-)schrift-
lich abgegeben und die Voraussetzungen des § 2247 BGB erfüllt, in ein eigenhändiges Testament
umgedeutet werden.

B.   Rechtsfolgen eines Schenkungsversprechens auf den Todesfall

Der Schenker ist an das nach § 2276 Abs. 1 BGB formgerecht abgegebene Schenkungsverspre-   3
chen gebunden. Eine Befreiung von dem Versprechen ist nur noch durch Anfechtung (§§ 2281 ff.
BGB), Aufhebung (§§ 2290 – 2292 BGB) bzw. Rücktritt (§§ 2293 ff. BGB) möglich. Ein Widerrufsrecht nach §§ 530 ff. BGB steht dem Schenker dagegen nicht zu.

Bis zum Tode des Schenkers erwirbt der Beschenkte keine gesicherte Rechtsposition, insbesondere steht ihm kein Anwartschaftsrecht zu. Verstirbt der Schenker, so hat der Beschenkte gegen
die Erben Anspruch auf Erfüllung der Schenkung und steht damit einem Vermächtnisnehmer
gleich. Umfasst die Schenkung das gesamte Vermögen oder einen Bruchteil des Vermögens des
Schenkers, so kann das Schenkungsversprechen auch als Erbeinsetzung ausgelegt werden; der
Beschenkte ist dann wie ein Erbe zu behandeln.

C. Lebzeitige Vollziehung des Schenkungsversprechens auf den Todesfall

4 Wird die Schenkung schon zu Lebzeiten des Schenkers durch Leistung des zugewendeten Gegenstandes vollzogen, so finden gem. § 2301 Abs. 2 BGB die Vorschriften über Schenkungen unter Lebenden Anwendung. Eine ursprünglich formnichtige Schenkung auf den Todesfall kann dann formwirksame (weil vom Formmangel fehlender Beurkundung durch Vollzug geheilte) Schenkung zu Lebzeiten sein.

> **Beispiel:**
>
> In einer privatschriftlichen Vereinbarung schenkt Onkel O seinem Neffen N sein Sparguthaben auf einem bestimmten Konto bei der Bank B. Die Schenkung soll „mit dem Tod des O" wirksam werden. Noch zu Lebzeiten überträgt O das Sparguthaben an N; die B nimmt die Umschreibung in ihren Unterlagen vor.
>
> Da die Schenkung in diesem Fall zu Lebzeiten des N vollzogen wurde, wird sie – ungeachtet dessen, dass ursprünglich eine (formunwirksame) Schenkung auf den Todesfall gegeben war, nach § 2301 Abs. 2 BGB wie eine lebzeitige Schenkung behandelt. Zwar wäre die Schenkung auch dann notariell zu beurkunden gewesen (§ 518 Abs. 1 BGB); allerdings wird der Formmangel durch den tatsächlichen Vollzug geheilt (§ 518 Abs. 2 BGB)

Von einem Vollzug ist erst und nur dann auszugehen, wenn der Schenker noch zu Lebzeiten alles Erforderliche getan hat, um den Rechtserwerb des Beschenkten ohne weitere Maßnahmen von selbst eintreten zu lassen. Aus Sicht des Beschenkten muss also ein Anwartschaftsrecht begründet worden sein. Vollzug ist auf jeden Fall zu bejahen, wenn der Tatbestand eines dinglichen Erfüllungsgeschäfts (§§ 929 ff., §§ 397, 398 BGB) vollständig verwirklicht worden ist. Nicht genügend ist es hingegen, wenn die Leistungsbewirkung nach dem Tod des Schenkers geschieht.

> **Beispiel:**
>
> Teilt O der Bank im vorstehenden Beispiel mit, dass er seinem Neffen das Sparguthaben mit Wirkung nach seinem Tod schenkt und bittet er um sofortige Umschreibung nach dem Nachweis seines Todes, so ist noch nicht von einem lebzeitigen Vollzug auszugehen. Denn der Vollzug der Schenkung – nämlich die Übertragung des Sparguthabens – ist gerade noch nicht erfolgt, sondern soll erst nach dem Tod des O vorgenommen werden.

D. Abgrenzung: Vertrag zugunsten Dritter auf den Todesfall

5 Abzugrenzen ist das formpflichtige Schenkungsversprechen von Todes wegen von dem nicht den erbrechtlichen Formvorschriften unterliegenden Vertrag zugunsten Dritter auf den Todesfall: Um einen solchen Vertrag zugunsten Dritter auf den Todesfall handelt es sich bei den alltäglich vorkommenden Spar- oder Lebensversicherungsverträgen, bei denen der Zuwendende mit einer Bank oder einem Versicherungsunternehmen einen Vertrag abschließt, dessen Leistung in seinem Todesfalle einem von ihm Bestimmten (dem Begünstigten) zufallen soll.

In diesem Fall wird im Verhältnis zwischen dem Zuwendenden und dem Versicherungsunternehmen (im sog. „Deckungsverhältnis"), ein echter Vertrag zugunsten Dritter i. S. v. § 331 BGB abgeschlossen, durch den der Begünstigte erst nach dem Tod des Zuwendenden einen eigenen Anspruch gegen den die Leistung Versprechenden (Bank oder Versicherungsunternehmen) erwirbt.

Ein derartiger Vertrag ist formlos möglich, unterliegt also nicht den strengen erbrechtlichen Formerfordernissen (§§ 328 ff. BGB). Im Verhältnis zwischen dem Zuwendenden und dem Empfänger der Leistung (Zuwendungs- oder Valuta-Verhältnis) liegt in derartigen Fällen regelmäßig eine Schenkung vor. Sofern diese Schenkung nicht zu Lebzeiten in der Form des § 518 BGB (notarielle Beurkundung) vereinbart ist, wird sie nach dem Tod des Schenkenden gem. § 518 Abs. 2 BGB durch Erwerb des Leistungsanspruches gegen die Bank oder das Versicherungsunternehmen wirksam. Die Erben haben somit nach dem Todesfall keinerlei Möglichkeit mehr, die Schenkung zu verhindern, sofern nicht Gründe i. S. d. §§ 528 ff. BGB vorliegen, die bereits vor dem Tod des Erblassers entstanden sein müssen.

§ 7 Die einzelnen testamentarischen Verfügungen

1 In einem Testament oder Erbvertrag kann der Erblasser die unterschiedlichsten Regelungen treffen, um seine Vermögensnachfolge individuell und persönlich zu regeln. Solche individuellen Regelungen gehen der gesetzlichen Erbfolge vor. Mit dem Prinzip der Testierfreiheit hat sich der Gesetzgeber entschieden, dem Willen des Einzelnen Vorrang vor den Anordnungen des Gesetzgebers zu geben. Inhaltliche Grenzen ergeben sich

- aus dem im Erbrecht geltenden Typenzwang (vgl. § 1 E.),
- aus dem Verbot sittenwidriger und gesetzeswidriger Verfügungen (§§ 134, 138 BGB) sowie
- aus dem zumindest im Grundsatz nicht entziehbaren Pflichtteilsrechten der nächsten Angehörigen.

Die denkbaren testamentarischen Regelungen sind vielfältig. In erster Linie wird der Erblasser in der letztwilligen Verfügung Regelungen zur Erbeinsetzung treffen. Er kann aber auch umgekehrt bestimmte Personen enterben, Testamente ändern und widerrufen, Anordnungen zur Teilung des Nachlasses treffen, Auflagen erteilen, Vermächtnisse einräumen, Testamentsvollstrecker ernennen, Entziehung des Pflichtteils anordnen (in den Grenzen der §§ 2333 ff. BGB), er kann die Errichtung von Stiftungen anordnen oder den Ausschluss der Auseinandersetzung anordnen. Möglich ist es auch, sonstige Verfügungen zu treffen, etwa Anordnungen über die Verwaltung von Kindesvermögen zu treffen, Vormünder für nicht volljährige Kinder zu benennen oder sonstige Erklärungen abzugeben, z.B. postmortale Vollmachten zu erteilen. Die wichtigsten testamentarischen Verfügungen werden nachfolgend dargestellt.

A. Erbeinsetzung

I. Zivilrechtliche Gestaltungsmöglichkeiten

2 Der Erblasser kann im Testament regeln,

- wer Erbe sein soll
- wer nicht erben soll (sog. Negativtestament)
- mit welcher Erbquote mehrere Erben erben sollen
- ob mehrere Erben einzeln oder in Gemeinschaft erben sollen
- ob Ersatzerben bestimmt werden und wenn ja wer Ersatzerben werden soll für den Fall, dass vor oder nach dem Eintritt des Erbfalls ein Erbe wegfällt (§ 2096 BGB)
- ob ein Erbe Vollerbe oder Vor- oder Nacherbe werden soll
- wer (bei gemeinschaftlichen Berliner Testament) Schlusserbe wird
- ob im Falle des Wegfalls eines Erben anstatt der Einsetzung eines Ersatzerbens eine Anwachsung bei den übrigen Erben erfolgen soll (§ 2094 BGB).

▶ Beispiel:

Eine testamentarische Verfügung zur Erbeinsetzung verschiedener Personen könnte lauten:

„Ich setze zu meinen Erben meine drei Kinder Johann, Augusta und Stefanie zu jeweils gleichen Teilen ein, ersatzweise deren Abkömmlinge. Sind Abkömmlinge nicht vorhanden und verstirbt eines meiner Kinder vor Erbanfall, soll Anwachsung eintreten."

oder

„Ich setze zu meinen Erben ein meine Kinder Johann, Augusta und Stefanie. Mein Sohn Peter und dessen Abkömmlinge sind von der Erbfolge ausgeschlossen".

II.   Steuerliche Hinweise

Die vom Erblasser bestimmte Erbeinsetzung ist maßgeblich für die erbschaftsteuerliche Besteuerung und zwar auch dann, wenn sich die Erben einvernehmlich über die testamentarische Anordnung hinwegsetzen und den Nachlass abweichend unter sich aufteilen (BFH, Urt. v. 10.11.1982, Az. II R 85-86/78). 3

Nach herrschender Meinung sind zivilrechtliche Ausgleichs- und Anrechnungspflichten nach den §§ 2050 ff., 2315 BGB zu berücksichtigen (Meincke-Michel, ErbStG § 3 Rdn. 17). Mehr- oder Minderzuteilungen, die wegen einer Anrechnungspflicht von Vorausempfängen erfolgen, führen also auch zu erbschaftsteuerlichen Mehr- oder Minderempfängen.

❯ Beispiel:

Der Nachlasswert beträgt 1.000.000 Euro. Gesetzliche Erben sind die Kinder A, B, C und D. Der Erbteil eines jeden Kindes beträgt 250.000 Euro. Der Erblasser hat dem Kind A vor dem Erbfall 200.000 Euro zum Bau eines Hauses zugewandt mit der Anordnung, dass die Schenkung beim Erbfall ausgeglichen werden soll.

Bei der Auseinandersetzung wird die Vorschenkung dem Nachlass hinzugerechnet. Die Berechnungsgrundlage für die Auseinandersetzung hat somit den Wert von 1.200.000 Euro. Die Anteile der Kinder betragen je 300.000 Euro. Dem Kind A wird die erhaltene Schenkung auf seinen Anteil angerechnet: Somit beträgt sein auch erbschaftsteuerlich zu berücksichtigender Teilungsanteil nur noch 100.000 Euro. Die Teilungsanteile der Kinder B, C und D betragen jeweils 300.000 Euro.

❶ Beraterhinweis:

Hat der Erblasser kein formgültiges Testament hinterlassen, seinen letzten Willen aber in eindeutiger – wenngleich formnichtiger – Weise kundgetan und teilen die Erben den Nachlass nach diesem Willen auf, so ist ausnahmsweise die tatsächliche Auseinandersetzung und nicht die zivilrechtliche Rechtslage für die Erbschaftsteuer maßgebend (BFH, Urt. v. 7.10.1981, Az. II. R 16/80).

B.   Vor- und Nacherbschaft

I.   Grundsatz und zeitliche Grenzen

Der Erblasser hat die Möglichkeit, verschiedene Erben dergestalt einzusetzen, dass zunächst der eine Erbe (Vorerbe) wird und sodann – bei Eintritt eines bestimmten Ereignisses oder nach Zeitablauf – ein anderer Erbe (Nacherbe) folgt (§§ 2100 ff. BGB). 4

> **Beispiel:**
>
> Der Unternehmer U ordnet an: „Ich setze meinen Sohn S zum Erben ein. S soll jedoch nur Vorerbe sein. Zum Nacherben bestimme ich mein Enkelkind E. Der Nacherbfall soll eintreten, wenn der eingesetzte Vorerbe verstirbt."

Die Vor- und Nacherbschaft ist durch die zeitliche Aufeinanderfolge verschiedener Erben nach einem Erblasser gekennzeichnet. Der Nacherbe leitet sein Recht wie der Vorerbe unmittelbar vom Erblasser als dessen Erbe und Gesamtrechtsnachfolger ab. D.h. der Nacherbe ist nicht Erbe des Vorerben. Vor- und Nacherbe bilden auch keine Erbengemeinschaft, die sich auseinandersetzen muss.

Mit der Vor- und Nacherbschaft gibt der Gesetzgeber einem Erblasser die Möglichkeit an die Hand, für seinen Nachlass mehrere Erben nacheinander zu bestimmen. Dies können auch mehr als zwei Personen sein. Der Erblasser kann also auch eine mehrstufige Vor- und Nacherbeneinsetzung vornehmen. Allerdings ist die Frist in § 2009 BGB zu beachten: Der Gesetzgeber wollte eine übermäßig lange Einflussmöglichkeit des Erblassers auf das Schicksal seines Vermögens vermeiden und hat daher vorgesehen, dass die Vor- und Nacherbschaft grundsätzlich nach Ablauf von 30 Jahren seit dem Erbfall unwirksam wird, wenn nicht zuvor die Nacherbfolge eingetreten ist (vgl. § 2109 Abs. 1 S. 1 BGB). Allerdings gilt diese zeitliche Grenze nicht,

- wenn die Nacherbfolge an den Eintritt eines bestimmten Ereignisses in der Person des Vor- oder Nacherben geknüpft wird und derjenige, in dessen Person das Ereignis eintreten soll, z. Z. des Erbfalls lebt oder

- wenn der Eintritt der Nacherbfolge an die Geburt eines Bruders oder einer Schwester des Vor- oder Nacherben geknüpft wird (§ 2109 Abs. 1 Satz 2 Nr. 1 und 2 BGB).

> **Beispiel:**
>
> Der Unternehmer U ordnet an: „Ich setze meinen Sohn S zum Erben ein. S soll jedoch nur Vorerbe sein. Zum Nacherben bestimme ich mein Enkelkind E. Auch E soll jedoch nur Vorerbe werden. Nacherbe nach meinem Enkelkind E soll mein Urenkel UE werden. Der Nacherbfall soll jeweils eintreten, wenn der zunächst eingesetzte Vorerbe verstirbt."
>
> Verstirbt in diesem Beispiel U zu einem Zeitpunkt, als E bereits geboren ist, dann bleibt die Vor- und Nacherbeneinsetzung des E und des UE auch nach dem Tod des zunächst als Vorerben eingesetzten S wirksam, selbst wenn S erst nach Ablauf von 30 Jahren nach dem Tod des U verstirbt.
>
> Lebt im Zeitpunkt des Todes des U der Enkel E noch nicht, dann wird E Vollerbe, wenn und sobald sein Vater S gestorben ist und nach dem Tod des U bereits 30 Jahre vergangen sind. Die zeitliche Verschiebung gemäß § 2109 Abs. 1 S. 2 Nr. 1 BGB greift in diesem Falle nicht, weil E zum Zeitpunkt des ersten Erbfalls noch nicht gelebt hat.

II.   Verfügungsbeschränkungen des Vorerben

5   Der Zweck der Vor- und Nacherbschaft, den Nachlass in seiner Gesamtheit zunächst dem einen, dann dem nächsten Erben zukommen zulassen, kann nur dann erreicht werden, wenn der Nachlass bei dem Vorerben in seinem wesentlichen Bestand gesichert wird. Aus diesem Grund hat der Gesetzgeber dem Vorerben Vorgaben zur Verfügung über die der Vorerbschaft unterliegenden Vermögensgegenstände gemacht und ihn Verfügungsbeschränkungen unterworfen.

Zwar ist der Vorerbe Erbe des Erblassers und insofern dessen Gesamtrechtsnachfolger mit allen Rechten und Pflichten, die hieraus erwachsen, jedoch stellt der Nachlass ein vom sonstigen Vermögen des Vorerben rechtlich getrenntes Sondervermögen dar, über das der Vorerbe grundsätzlich nur nach Maßgabe der §§ 2112 ff. BGB verfügen darf. Verstößt er gegen diese Verpflichtung, so macht er sich gegenüber dem/ den Nacherben haftbar. Allerdings ist der Haftungsmaßstab ein geringerer als im sonstigen Haftungsrecht: Der Vorerbe haftet dem Nacherben gem. § 2131 BGB nur für die Sorgfalt in eigenen Angelegenheiten (diligentia quam in suis).

Die Beschränkungen, denen der Vorerbe nach dem Gesetz unterworfen ist, sind die Folgenden:

1.   Verfügungen über Grundstücke

§ 2113 Abs. 1 BGB schränkt die Verfügung über zum Nachlass gehörende Grundstücke und Rechte an solchen Grundstücken ein. Nimmt der Vorerbe eine solche Verfügung vor, so ist diese Verfügung gegenüber dem Nacherben unwirksam (sog. relative Unwirksamkeit), sofern sie das Recht des Nacherben beeinträchtigen oder vereiteln würde.

6

Ob eine Beeinträchtigung oder Vereitelung des Nacherbenrechts zu bejahen ist, ist nach rechtlichen Gesichtspunkten und nicht nach wirtschaftlichen zu beurteilen. Nach § 2113 Abs. 3 BGB ist aber ein gutgläubiger Erwerb möglich. Demzufolge kann ein Erwerber auch gegenüber dem Nacherben wirksam erwerben, wenn er keine positive Kenntnis von der Vorerbenstellung des Veräußerers hat oder annimmt, es handele sich um einen sog. befreiten Vorerben mit nach § 2136 BGB erweiterter Verfügungsbefugnis.

Um einen solchen gutgläubigen Erwerb auszuschließen, hat das Grundbuchamt von Amts wegen bei Eintragung des Vorerben im Grundbuch gem. § 51 GBO einen sog. Nacherbenvermerk einzutragen.

2.   Unentgeltliche Verfügungen

Gem. § 2113 Abs. 2 BGB sind dem Vorerben unentgeltliche Verfügungen über zur Vorerbschaft gehörende Gegenstände verboten, es sei denn, es handelt sich um sog. Anstandsschenkungen, mit denen der Vorerbe einer sittlichen Pflicht entspricht.

7

Ob eine Verfügung als unentgeltlich zu qualifizieren ist, ist im Gegensatz zu den Verfügungen über Grundstücke nach wirtschaftlichen Gesichtspunkten zu beurteilen. Unentgeltlich ist die Verfügung demnach, wenn nach wirtschaftlichen Gesichtspunkten objektiv eine in den Nachlass zu erbringende Gegenleistung fehlt oder wenn das aus der Erbmasse erbrachte Opfer nicht gleichwertig ist und der Vorerbe subjektiv die Ungleichwertigkeit entweder kennt oder bei ordnungsmäßiger Verwaltung das Fehlen bzw. die Unzulänglichkeit der Gegenleistung hätte erkennen müssen.

3.   Verfügungen über Hypothekenforderungen, Grundschulden, Rentenschulden

Hypothekenforderungen, Grundschulden, Rentenschulden oder Schiffshypothekenforderungen kann der Vorerbe nur mit Einwilligung des Nacherben zur Auszahlung verlangen, oder aber für ihn und den Nacherben gemeinsam hinterlegen lassen (§ 2114 BGB).

8

4.   Inhaberpapiere

9   Auf Verlangen des Nacherben hat der Vorerbe zur Erbschaft gehörende Inhaberpapiere zu hinterlegen (§ 2116 BGB).

5.   Sperrvermerke

10   Der Vorerbe ist auf Verlangen des Nacherben verpflichtet, Sperrvermerke in Schuldbücher von Forderungen gegen Bund oder Land eintragen zulassen (§ 2118 BGB).

6.   Geldanlagen

11   Geld hat der Vorerbe mündelsicher – d.h. nach den Vorgaben des § 1807 BGB – anzulegen.

7.   Nachlassverzeichnis und Auskünfte

12   Auf Verlangen des Nacherben hat der Vorerbe ein Nachlassverzeichnis aufzustellen (§ 2121 BGB) und dem Nacherben im übrigen Auskunft über den Bestand der Erbschaft zu geben (§ 2127 BGB). Der Nacherbe kann – ebenso wie der Vorerbe – den Zustand der Erbschaft durch Sachverständige feststellen lassen (§ 2122 S. 2 BGB).

III.   Befreiung von den Beschränkungen

13   Der Erblasser hat – in beschränktem Umfang – die Möglichkeit, den Vorerben von den vorstehenden Beschränkungen zu befreien. Eine Befreiung von dem Verbot unentgeltlicher Verfügungen (§ 2113 Abs. 2 BGB) oder von der Verpflichtung zur Aufstellung eines Nachlassverzeichnisses sowie der Kontrollrechte des Nacherben ist indes nicht möglich (§ 2136 BGB). Will der Erblasser diese Beschränkungen nicht, kann er das Instrument der Vor- und Nacherbfolge nicht einsetzen.

> **Beispiel:**
> Der Erblasser E setzt seine Frau F zur „Vorerbin" und seine drei Kinder A, B und C zu „Nacherben" ein. Zugleich ordnet er an, dass seine Frau berechtigt sein soll, über das ihr hinterlassene Vermögen frei zu verfügen und auch unentgeltliche Verfügungen vorzunehmen.
>
> Dieses Testament enthält keine wirksame Einsetzung der F als Vorerbin. Vielmehr ist das Testament in der Weise auszulegen, dass F Vollerbin wird und den drei Kindern A, B und C jeweils ein aufschiebend auf den Tod der F bedingtes Vermächtnis auf den Überrest eingeräumt wird.

IV.   Typische Anwendungsbereiche der Vor- und Nacherbschaft

14   Das Instrument der Vor- und Nacherbfolge eignet sich insbesondere als Gestaltungsinstrument in verschiedenen Konstellationen:

1.   Absicherung des Ehegatten

Häufig wird das Instrument der Vor- und Nacherbfolge als Alternative zu einem Nießbrauch zur Absicherung des überlebenden Ehegatten eingesetzt.   15

> **Beispiel:**
>
> Ehemann E setzt seine Frau F zur befreiten Vorerbin und seine drei Kinder A, B und C als Nacherben ein. Zum Nachlassvermögen gehört insbesondere ein Mehrfamilienhaus und Wertpapiervermögen.
>
> Durch die Anordnung der Vor- und Nacherbfolge kann E erreichen, dass seiner Frau zu ihren Lebzeiten alle Nutzungen aus dem übertragenen Vermögen verbleiben, sie hat insbesondere die Mieterträge aus dem zum Nachlass gehörenden Mehrfamilienhaus, ihr stehen aber auch alle Zinsen und Dividenden aus dem Wertpapiervermögen zu. Zugleich bleibt die Substanz des Vermögens zugunsten der drei Kinder A, B und C erhalten.

2.   Vermeidung von Zwangsvollstreckungen

Die Vor- und Nacherbschaft ist auch das geeignete Instrument, um künftige Vollstreckungen in das hinterlassene Vermögen bei dem Erben zu verhindern.   16

> **Beispiel:**
>
> Der Erblasser E möchte seine beiden Söhne A und L zu seinen Erben einsetzen. L hat bereits zwei Insolvenzverfahren hinter sich und E muss befürchten, dass L auch zukünftig eine wenig glückliche Hand in geschäftlichen Dingen haben wird. E setzt daher seine beiden Söhne A und L zu Erben ein mit der Maßgabe, dass sein Sohn L nur Vorerbe wird, Nacherbe nach L sollen dessen leibliche Abkömmlinge, ersatzweise A und dessen Abkömmlinge sein.
>
> Durch die Erbeinsetzung von L nur als Vorerbe wird erreicht, dass ein Gläubigerzugriff auf das Nachlassvermögen nur im begrenzten Umfang und ohne Verlust der Substanz möglich ist (§ 2115 BGB).

3.   Testament zugunsten Menschen mit Behinderung

Häufig wird das Instrument der Vor- und Nacherbschaft auch bei Testamenten zugunsten behinderter Kinder eingesetzt, um die hinterlassenen Vermögenswerte nach dem Tod des behinderten Kindes zugunsten der übrigen Abkömmlinge des Erblassers zu sichern (vgl. dazu näher unter „Behindertentestamente", § 7 I.).   17

4.   Einflussnahme auf spätere Erbfolge

Die Anordnung der Vor- und Nacherbschaft ist schließlich auch dann ein geeignetes Instrument, wenn der Erblasser die Erbnachfolge bestimmter Personen, denen ein gesetzliches Erbrecht nach dem vorgesehenen Erben zusteht, verhindern will.   18

> **Beispiel:**
>
> Im vorstehenden Beispiel hat Sohn L zwar keine Insolvenzen hinter sich, aber ein uneheliches Kind K. Erblasser E möchte nicht, dass K Ansprüche auf das Familienvermögen erwirbt. Daher setzt er L zum Vorerben und seinen Sohn A als Nacherben ein.

Mit dieser Vor- und Nacherbenanordnung erreicht E, dass sein Vermögen seinem Sohn L zwar zur Nutznießung zur Verfügung steht, aber nach dessen Tod nicht auf K übergeht, sondern an A fällt.

V.   Steuerliche Behandlung der Vor- und Nacherbschaft

19   Die erbschaftsteuerliche Behandlung der Vor- und Nacherbschaft weicht von der zivilrechtlichen Behandlung gleich in mehrfacher Hinsicht ab.

1.   Erbschaftsteuer des Vorerben

20   Erbschaftsteuerlich wird der Vorerbe – obschon ihm faktisch lediglich die Nutzung des Nachlassvermögens bis zum Eintritt der Nacherbfolge eingeräumt wird – wie ein Vollerbe besteuert. Bemessungsgrundlage für die von ihm zu entrichtende Erbschaftsteuer ist also der gesamte Nachlass und nicht etwa nur der Wert der ihm eingeräumten Nutzung. Auch kann die Belastung mit dem Nacherbenrecht nicht als Belastung von der Bemessungsgrundlage der Erbschaftsteuer abgezogen werden.

2.   Erbschaftsteuer des Nacherben

21   Nach dem Vorerben wird der Nachlass ein weiteres Mal bei dem Nacherben der Erbschaftsteuer unterworfen und zwar mit dem Wert, den er im Zeitpunkt des Nacherbenfalles hat.

🛈 **Beraterhinweis:**

Die doppelte Besteuerung des Nachlassvermögens mit der Erbschaftsteuer zunächst beim Vor- und später erneut beim Nacherben kann – insbesondere in Fällen, in denen es dem Erblasser um die Versorgung der als Vorerben vorgesehenen Person geht – vermieden werden, wenn die begünstigte Person nicht als Vorerbe eingesetzt wird, sondern ihr statt dessen ein Nießbrauch am Nachlassvermögen eingeräumt wird oder sie durch endgültige Zuwendung einzelner Nachlassgegenstände auf andere Weise abgesichert wird.

Die zivilrechtliche Rechtslage, nach der der Nacherbe sein Erbrecht unmittelbar von dem Erblasser und nicht von dem Vorerben erlangt – er ist also Erbe nach dem Erblasser und nicht nach dem Vorerben – wird von dem Erbschaftsteuerrecht nicht nachvollzogen. Abweichend vom Zivilrecht muss der Nacherbe gem. § 6 Abs. 2 S. 1 ErbStG bei Eintritt der Nacherbfolge die Erbschaft als vom Vorerben stammend versteuern. Um den damit verbundenen möglichen Nachteil auszugleichen, der dadurch entstehen kann, dass das Verwandtschaftsverhältnis des Nacherben zum Vorerben erbschaftsteuerlich ungünstiger ist als zum Erblasser, kann der Nacherbe beantragen, dass der Versteuerung das Verwandtschaftsverhältnis des Nacherben zum Erblasser zugrunde gelegt wird (§ 6 Abs. 2 S. 2 ErbStG).

▶ **Beispiel:**

Kommt es im Beispielsfall (Rdnr. 18) zum Nacherbfall, so leitet Sohn A sein Nacherbenrecht zivilrechtlich von seinem Vater E ab. Erbschaftsteuerlich hat er den Erwerb im Grundsatz (§ 6 Abs. 2 S. 1 ErbStG) nicht nach der günstigen Steuerklasse I zu versteuern, sondern nach der ungünstigeren Steuerklasse II, denn erbschaftsteuerlich gilt sein Erwerb als ein Erwerb von dem Vorerben, also von seinem Bruder L.

Nach § 6 Abs. 2 S.2 ErbStG kann A den Antrag stellen, dass der Versteuerung des Nacherbes sein Verhältnis zu seinem Vater zugrunde gelegt wird. Die Versteuerung erfolgt dann nach der Steuerklasse I.

C. Teilungsanordnung

I. Grundsatz

Ebenso wie der Erblasser bestimmen kann, wer seine Erben sein sollen, kann er auch weiterge- 22 hend regeln, wie sich bei mehreren Erben der Nachlass auf diese Erben verteilen soll. Eine solche Anordnung wird Teilungsanordnung genannt (§ 2048 BGB).

> **Beispiel:**

Erblasser E ist Eigentümer eines selbst bewohnten Einfamilienhauses und hat daneben zwei Eigentumswohnungen und Wertpapiervermögen. Er verfügt testamentarisch:

„Ich setze zu meinen Erben meine drei Kinder A, B und C zu jeweils gleichen Teilen ein. Mein Einfamilienhaus soll A erhalten, die Eigentumswohnung in Köln soll mein Sohn B erhalten und die Eigentumswohnung in Bonn soll meine Tochter C bekommen. Das Wertpapiervermögen soll auf meine beiden Kinder B und C entfallen in dem Umfang, dass insgesamt alle drei Kinder gleichgestellt sind."

II. Varianten der Teilungsanordnung

Eine Teilungsanordnung muss nicht das gesamte Nachlassvermögen betreffen, es kann auch nur 23 in Bezug auf bestimmte Gegenstände eine Verteilung vorgegeben, in Bezug auf die übrigen Nachlassgegenstände den Erben aber das Recht eingeräumt werden, eigenständig die Verteilung vorzunehmen. Der Erblasser kann schließlich auch darauf verzichten, eine bestimmte Teilung vorzugeben, gleichwohl einem oder mehreren Erben das Recht einräumen, bestimmte Gegenstände des Nachlasses unter Anrechnung ihres Wertes zu übernehmen (sog. Übernahmerecht).

III. Wirkung der Teilungsanordnung

1. Schuldrechtliche Wirkung

Die Teilungsanordnung hat nur eine schuldrechtliche Wirkung zwischen den einzelnen Miterben. 24 Diese haben einen gegenseitigen, einklagbaren Anspruch auf eine der Teilungsanordnung entsprechende Auseinandersetzung des Nachlassvermögens. Durch die Teilungsanordnung erfolgt also keine dingliche Zuordnung von Nachlassgegenständen. Insbesondere begründet sie keine Sondererbfolge an bestimmten Nachlassgegenständen.

> **Beispiel:**

In dem vorstehenden Beispiel (Rdnr. 21) wird A also nicht unmittelbar Eigentümer des Einfamilienhauses, genauso wenig wie B und C unmittelbar Eigentümer der Wohnungen und der Wertpapiere werden. Erforderlich ist vielmehr erst der

Vollzug der Teilungsanordnung in der Weise, dass die Erben einen Erbauseinandersetzungsvertrag schließen, in dem sie die Immobilien und die Wertpapiere von der Erbengemeinschaft auf sich übertragen.

2.   Ausgleichsverpflichtung

25   Die Höhe der Erbteile und der Wert der Beteiligung des einzelnen Miterben am Nachlass bleiben durch die Teilungsanordnung unberührt. Wird daher einem Miterben durch die Teilungsanordnung ein Gegenstand zugewiesen, der den Wert der Erbquote übersteigt, ist der betroffene Erbe den Miterben gegenüber zur Ausgleichzahlung aus seinem eigenem Vermögen verpflichtet.

> **Beispiel:**
>
> Im vorstehenden Beispiel hinterlässt Erblasser E zwar das selbst bewohnte Einfamilienhaus und die beiden Eigentumswohnungen, nicht aber das Wertpapiervermögen. Er ordnet an, dass seine Tochter A das Einfamilienhaus, seine beiden anderen Kinder jeweils die beiden Eigentumswohnungen erhalten.
>
> Ist in diesem Fall der Wert des Einfamilienhauses höher als 1/3 des gesamten Nachlasses, so ist die Miterbin A ihren Geschwistern B und C gegenüber verpflichtet, einen entsprechenden Ausgleich aus dem eigenen Vermögen zu leisten.

3.   Bindung der Erben

26   Die Miterben sind an die Teilungsanordnung des Erblassers grundsätzlich gebunden, jeder Miterbe kann daher gegenüber seinen Miterben die Auseinandersetzung nach Maßgabe der Teilungsanordnung beanspruchen. Sofern aber zwischen den Miterben Einverständnis über eine andere Aufteilung des Nachlasses besteht, können sie sich über die Teilungsanordnung des Erblassers hinwegsetzen.

> **Beispiel:**
>
> Im vorstehenden Beispiel einigen sich die Geschwister A, B und C darauf, abweichend von den Anordnungen des Vaters das Einfamilienhaus an B und die beiden Wohnungen an A und C zu übertragen.
>
> Eine solche Einigung ist – wenn sich alle Miterben daran beteiligen – möglich und wirksam.

IV.   Abgrenzung zum Vorausvermächtnis

27   Grundsätzlich will der Erblasser durch eine Teilungsanordnung die Aufteilung des Nachlasses im Rahmen der Erbquoten vornehmen. Durch die Teilungsanordnung sollen somit grundsätzlich keine Wertverschiebungen gegenüber den Erbquoten eintreten. Will der Erblasser eine Ausgleichszahlungsverpflichtung aber nicht und ordnet daher an, dass ein Wertausgleich nicht erfolgen soll, so liegt insoweit, als einem Erben durch die Teilungsanordnung wertmäßig mehr zugewendet wird, als es seiner Erbquote entsprechen würde, ein Vorausvermächtnis (§ 2150 BGB) vor (vgl. zum Vorausvermächtnis: § 7 E. II. 1.).

> **Beispiel:**

Erblasser E ist Eigentümer eines Einfamilienhauses und zweier Eigentumswohnungen. Er bestimmt seine drei Kinder zu Erben zu gleichen Teilen und ordnet zugleich an, dass seine Tochter A das Einfamilienhaus, seine beiden anderen Kinder jeweils die beiden Eigentumswohnungen erhalten sollen. Ein Wertausgleich unter den Kindern soll nicht erfolgen.

Ist in diesem Fall der Wert des Einfamilienhauses höher als 1/3 des gesamten Nachlasses, so liegt in Höhe der Differenz ein Vorausvermächtnis zugunsten der Tochter A vor.

> **Beraterhinweis:**

Um Auslegungsschwierigkeiten zu vermeiden, sollte im Testament eine genaue Regelung darüber getroffen werden, ob und ggf. zu welchem Wert eine Zuweisung einzelner Nachlassgegenstände erfolgt und auf den Erbteil anzurechnen ist. Sofern Ausgleichszahlungen erfolgen sollen, empfiehlt es sich auch, die Werte der einzelnen Gegenstände bereits anzugeben und entsprechende aussagekräftige Unterlagen – z.B. Sachverständigengutachten – beizufügen.

V. Verwaltungsanordnung

Ebenso, wie der Erblasser Anordnungen zur Teilung des Nachlasses treffen kann, kann er auch Anordnungen in Bezug auf die Verwaltung des Nachlasses anordnen. Er kann beispielsweise die Art der Verwaltung vorgeben oder auch das Recht der Verwaltung einem der Erben übertragen. **28**

> **Beispiel:**

Erblasser E ist Eigentümer mehrerer Mehrfamilienhäuser und eines umfangreichen Wertpapierdepots. Er hat drei Kinder, von denen B Bankangestellter, I Immobilienfachwirt und A Hautarzt ist. Will E in diesem Falle sicherstellen, dass seine drei Kinder zu gleichen Teilen erben, zugleich aber die Verwaltung demjenigen Erben übertragen, dem er die höchste Befähigung zutraut, so kann er verfügen:

„Zu meinen Erben setze ich meine drei Söhne B, I und A zu jeweils gleichen Teilen ein. Eine Auseinandersetzung soll in den ersten 10 Jahren nach meinem Ableben nicht erfolgen. Die Verwaltung meines Immobilienvermögens soll durch meinen Sohn I, die Verwaltung meines Wertpapiervermögens soll durch meinen Sohn B vorgenommen werden."

VI. Steuerliche Behandlung der Teilungsanordnung

Die Teilungsanordnung hat grundsätzlich keine Auswirkungen auf die erbschaftsteuerliche Behandlung des Nachlasses bei den Erben. Da sie – jedenfalls im Regelfall – keine Verschiebung der Erbquoten bei den Erben bewirkt, bleibt der Anteil der Erben an dem Nachlass unverändert. Lediglich dann, wenn die Erben durch die Teilungsanordnung über die Erbquote hinaus bedacht werden und der Erblasser zugleich eine Ausgleichspflicht unter den Erben ausgeschlossen hat (in Höhe des Spitzenbetrags also ein Vorausvermächtnis vorliegt) führt dies zu einer Mehr- bzw. Minderzuwendung bei einzelnen Erben, die sich auf die Erbschaftsteuer auswirkt. **29**

Die Teilungsanordnung führt auch nicht dazu, dass etwaige Vorteile der erbschaftsteuerlichen Bewertung dem- oder denjenigen Erben zugute kommen, der oder die die bewertungsrechtlich bevorzugten Wirtschaftsgüter erhalten haben. Die bewertungsrechtlichen Vorteile kommen vielmehr allen Erben gleichermaßen zugute.

> **Beispiel:**
>
> Erblasser E ist Eigentümer einer Eigentumswohnung und eines Wertpapierdepots im Verkehrswert von je 150.000 Euro. E bestimmt seine zwei Kinder zu Erben zu je 1/2 und ordnet zugleich an, dass seine Tochter A die Eigentumswohnung und sein Sohn S das Wertpapierdepot erhalten soll.
>
> Erbschaftsteuerlich kommt der nach bisheriger Rechtslage und in der Wahlphase bestehende wirksame Bewertungsvorteil für die Eigentumswohnung (§ 146 Abs. 2-4, 7 BewG i.d.F. v. 13.12.2006) beiden Erben in gleicher Weise zugute und nicht etwa allein der Tochter T.

D.   Ausschließung der Auseinandersetzung

30   Gem. § 2044 Abs. 1 BGB kann der Erblasser im Testament die Auseinandersetzung hinsichtlich des gesamten Nachlasses oder einzelner Nachlassgegenstände ausschließen oder von der Einhaltung einer Kündigungsfrist abhängig machen.

> **Beispiel:**
>
> Erblasser E ist verheiratet und hat 4 Kinder im Alter von 10, 13, 18 und 20 Jahren. E möchte sichergestellt wissen, dass für den Fall, dass seine Kinder Erben werden, die Auseinandersetzung seines umfangreichen Vermögens unter den Kindern erst erfolgt, wenn sein jüngstes Kind 30 Jahre alt geworden ist. Er kann daher testieren:
>
> „Ich setze zu meiner alleinigen Erbin meine Ehefrau F ein. Zu den Ersatzerben bestimme ich meine 4 Kinder A, B, C, und D zu jeweils gleichen Teilen. Kommt es zur Ersatzerbfolge, so soll der Nachlass erst auseinandergesetzt werden, wenn mein jüngstes Kind das 30. Lebensjahr vollendet hat. Bis dahin soll der Nachlass gemeinschaftlich verwaltet werden."

Zu beachten ist, dass auch diese Regelung – wie die Teilungsanordnung – nur schuldrechtliche Wirkung hat. Entscheiden die Miterben daher gemeinsam, dass trotz der Verfügung des Erblassers eine Auseinandersetzung erfolgen soll, berührt der Verstoß gegen die Verfügung des Erblassers nicht die Wirksamkeit der dinglichen Verfügungsgeschäfte, da die Ausschließung der Auseinandersetzung kein gesetzliches Veräußerungsverbot darstellt.

Im Übrigen hat der Gesetzgeber auch an dieser Stelle eine dauerhafte Einflussnahmemöglichkeit des Erblassers verhindern wollen und daher eine zeitliche Grenze vorgesehen. Nach § 2044 Abs. 2 S. 1 BGB wird die Anordnung des Ausschlusses der Auseinandersetzung nach Ablauf einer Frist von 30 Jahren nach Eintritt des Erbfalls unwirksam. Diese Frist verlängert sich, wenn der Erblasser die zeitliche Dauer der Anordnung an den Eintritt eines bestimmten Ereignisses in der Person eines Miterben, oder falls eine Nacherbfolge oder ein Vermächtnis angeordnet worden ist, an den Zeitpunkt des Eintritts der Nacherbfolge oder des Anfalls des Vermächtnisses geknüpft hat.

> **Beraterhinweis:**
>
> *Will der Erblasser eine längere Bindung seiner Erben erreichen und eine Zersplitterung seines Vermögens durch die Auseinandersetzung des Nachlasses vermeiden, so empfiehlt sich die Gründung einer Familiengesellschaft (Familienpool). Sieht der Gesellschaftsvertrag eigene Regelungen zur Kündigung vor mit genau festgelegten Abfindungsregeln für den Fall der Kündigung, so kann eine dauerhafte Bindung erreicht werden.*

> **Beispiel:**
>
> Erblasser E ist verheiratet und hat 4 Kinder. Er ist Eigentümer eines großen Immobilien- und Wertpapiervermögens. E will verhindern, dass sich seine Erben nach seinem Tod auseinandersetzen und das Familienvermögen zersplittert wird.

E wird noch zu Lebzeiten eine Gesellschaft gründen und sein wesentliches Vermögen in die Gesellschaft einbringen. Zugleich wird er in dem Gesellschaftsvertrag regeln, dass die Kündigung an lange Fristen geknüpft wird und den Wert der Abfindung mit einem Abschlag versehen. Da auch dann nicht auszuschließen ist, dass sich seine Kinder einvernehmlich über seinen Willen hinwegsetzen, wird er seine Kinder bereits zu Lebzeiten in die Gesellschaft aufnehmen – sich zugleich aber den Nießbrauch vorbehalten -, um die Kinder an die Gesellschaft heranzuführen. Alternativ kann er in Betracht ziehen, einen Treuhänder zu bestimmen, der für eine bestimmte Zeit die Rechte der Erben in der Gesellschaft wahrzunehmen hat.

E.   Vermächtnis

I.   Grundsatz

Ein Vermächtnis ist die Zuwendung eines Vermögensvorteils – zumeist eines bestimmten Nach-   31
lassgegenstandes – an eine begünstigte Person (§ 1939 BGB). Der Vermächtnisnehmer ist nicht Erbe und daher nicht Gesamtrechtsnachfolger des Erblassers. Er hat vielmehr aufgrund der testamentarischen bzw. erbvertraglichen Verfügung des Erblassers lediglich einen schuldrechtlichen Anspruch gegen den mit dem Vermächtnis Belasteten auf Erfüllung des Vermächtnisses. Vermächtnis und Erbeinsetzung werden von juristischen Laien häufig gleichgesetzt, damit aber in letztwilligen Verfügungen juristisch unzutreffend verwendet. In diesem Falle ist durch Auslegung zu ermitteln, was der wirkliche Wille des Testierenden ist.

> **Beispiel:**
>
> Die Rentnerin R bestimmt zu ihrem letzten Willen Folgendes: „Ich vermache alles meiner Tochter Elfriede. Meine Enkelin Gerda erbt aber meine goldene Kette."
>
> In diesem Fall hat R ihre Tochter E als Erbin eingesetzt, auch wenn sie fälschlich das Wort „vermachen" verwendet hat. Denn ihr Testament lässt erkennen, dass sie ihrer Tochter ihren gesamten Nachlass – mit Ausnahme lediglich der Kette – als Rechtsnachfolgerin zuwenden wollte, sie also als ihre alleinige Erbin einsetzen wollte. Ihrer Enkelin G hingegen hat R das Schmuckstück als Vermächtnis zugeteilt, auch wenn sie von „erben" spricht. Der Wortlaut des Testaments zeigt nämlich, dass G allein das Schmuckstück erhalten sollte. Die Zuwendung eines einzelnen Vermögensgegenstandes ist rechtlich aber allein im Wege des Vermächtnisses und nicht im Wege der „Vererbung" möglich.

Mit dem Vermächtnis muss nicht notwendigerweise der oder die Erben des Erblassers belastet sein, dies kann auch ein Vermächtnisnehmer sein (sog. Untervermächtnis).

> **Beispiel:**
>
> Erblasser E hat umfangreiches Vermögen und unter anderem ein Ferienhaus in der Eifel. Er hat testamentarisch bestimmt:
>
> „Zu meiner alleinigen Erbin setze ich meine Ehefrau H ein. Meine drei Kinder A, B und C sind die Ersatzerben. Meinem Sohn A vermache ich das Ferienhaus in der Eifel. Meine Töchter B und C sollen aber berechtigt sein, das Ferienhaus bis zu ihrem Lebensende jeweils in den Oster- und Herbstferien uneingeschränkt und unentgeltlich allein oder gemeinsam mit ihrer Familie und/oder Freunden zu nutzen."
>
> In diesem Fall ist Erbin nach E seine Frau H. Vermächtnisnehmer in Bezug auf das Ferienhaus ist Sohn A. Untervermächtnisnehmer in Bezug auf das Ferienhaus (bzw. dessen Nutzung) sind die Töchter B und C, letztere zu Lasten des Vermächtnisnehmers A.

Gegenstand eines Vermächtnisses kann gem. § 1939 BGB jeder Vermögensvorteil sein. Hierzu gehören insbesondere einzelne bewegliche bzw. unbewegliche Sachen (z.B. Grundstücke), aber auch Rechte. Hinsichtlich Gegenstand, Ausübung und Berechtigtem eines Vermächtnisses sind vielfältige Regelungen denkbar und vom Gesetzgeber zugelassen:

II.   Vermächtnisarten

1.   Vorausvermächtnis

32   Ein Vorausvermächtnis ist ein Vermächtnis zugunsten eines Miterben (§ 2150 BGB, vgl. nachfolgend § 7 E.).

2.   Wahlweises Vermächtnis

33   Bei einem wahlweisen Vermächtnis (§ 2152 BGB) wendet der Erblasser einen bestimmten Gegenstand wahlweise zwei oder mehr Personen zu; das Bestimmungsrecht hat – sofern keine andere Anordnung erfolgt – der Beschwerte.

3.   Wahlvermächtnis

34   Von einem Wahlvermächtnis (§ 2154 BBG) wird gesprochen, wenn einem Vermächtnisnehmer wahlweise einer von mehreren Gegenständen übertragen werden soll. Im Zweifel liegt das Auswahlrecht auch in diesem Fall bei dem Beschwerten.

4.   Gattungsvermächtnis

35   Ein Gattungsvermächtnis (§ 2155 BGB) ist ein Vermächtnis, bei dem der Gegenstand nur der Gattung nach bestimmt, nicht aber individualisiert ist.

> **Beispiel:**
>
> Der Erblasser bestimmt: Ich setze meine Kinder Adam und Eva zu alleinigen Erben ein. Mein Schachfreund Rudi soll 100 Flaschen meines Bordeaux-Weines erhalten, die mein Sohn Adam zusammenstellen soll.
>
> In diesem Falle hat Erblasser E ein Gattungs- und zugleich Wahlvermächtnis angeordnet und seinem Sohn Adam die Auswahl übertragen.

5.   Zweckvermächtnis

36   Ein Zweckvermächtnis (§ 2156 BGB) ist anzunehmen, wenn mit dem Vermächtnis ein bestimmter Zweck verbunden wird, von dem die Zuwendung abhängig gemacht wird.

> **Beispiel:**
>
> Erblasserin Eleonore betreibt als Hobby den Reitsport und ist Eigentümerin eines Pferdes. Sie ordnet an:
>
> „Zu meiner alleinigen Erbin setze ich meine Tochter T ein. Sollte meine Enkelin Eva im Reitsport aktiv werden und an Turnieren teilnehmen, so soll sie mein Pferd Rilana zu Eigentum erhalten.„
>
> In diesem Fall hat die Erblasserin E das Vermächtnis mit dem Zweck verbunden, ihre Enkelin Eva im aktiven Reitsport zu unterstützen. Die Erbin T wird nach billigem Ermessen entscheiden, ob ihr das Reitpferd übereignet wird.

6.   Gemeinschaftliches Vermächtnis

Ein gemeinschaftliches Vermächtnis (§ 2157 BGB) liegt vor, wenn derselbe Gegenstand mehreren Personen vermacht ist. **37**

> **Beispiel:**
>
> Erblasser E hat umfangreiches Vermögen und unter anderem ein Ferienhaus in der Eifel. Er bestimmt testamentarisch:
>
> „Zu meiner alleinigen Erbin setze ich meine Ehefrau H ein. Meine drei Kinder A, B und C sind die Ersatzerben. Meinen drei Kindern vermache ich gemeinsam das Ferienhaus in der Eifel."

7.   Forderungsvermächtnis

Bei einem Forderungsvermächtnis (§ 2173 BGB) vermacht der Erblasser dem Vermächtnisnehmer eine ihm zustehende Forderung (etwa ein Bankguthaben, einen steuerlichen Erstattungsanspruch, einen Darlehensanspruch o.ä.) **38**

8.   Nießbrauch-, Wohnrechts- und Rentenvermächtnis

In der Gestaltungsberatung spielen insbesondere das Nießbrauchsvermächtnis (§§ 2147 ff. BGB i.V.m. §§ 1030 ff. BGB) an Grundstücken, an Kapital- und Personengesellschaftsanteilen und an verzinslichen Forderungen (z.B. Sparguthaben), ferner das Wohnrechtsvermächtnis (§§ 2147 ff. BGB i.V.m. § 1093 BGB: dingliches Wohnrecht; §§ 2147 ff. BGB i.V.m. § 31 WEG: Dauerwohnrecht) und schließlich das Rentenvermächtnis (§§ 2147 ff. BGB i.V.m. §§ 759 ff. BGB) eine große Rolle. **39**

Mit diesen Vermächtnissen werden Versorgungsbedürfnissen etwa des überlebenden Ehegatten oder einzelner Kinder oder sonstiger Personen Rechnung getragen, zugleich aber wird sichergestellt – nicht zuletzt aus steuerlichen Gründen – dass die mit dem Nutzungsrecht belasteten Gegenstände bereits denjenigen Personen zugewendet werden, für die sie endgültig bestimmt sind.

> **❶ Beraterhinweis:**
>
> *Nießbrauch-, Wohnrechts- oder Rentenvermächtnisse sind vor allem dann sinnvolle Gestaltungsinstrumente, wenn bestimmte Personen – zumeist der überlebende Ehegatte – auf Lebenszeit wirtschaftlich abgesichert werden sollen, ohne dass ihnen dauerhaft die Substanz bestimmter Vermögenswerte übertragen werden soll. Gegenüber der als Alternative auch in Betracht kommenden Vor- und Nacherbschaft, mit der wirtschaftlich ein ähnliches Ergebnis erreicht wird (bei der freilich der Bedachte als Vorerbe auch Eigentümer der Nachlassgegenstände wird), hat z. B. das Nießbrauchvermächtnis den Vorteil, dass eine zweifache Erbschaftsteuerbelastung desselben Vermögens vermieden wird.*

9. Ersatzvermächtnis

40 Der Erblasser kann auch ein Ersatzvermächtnis anordnen, für den Fall, dass der zunächst vorgesehene Vermächtnisnehmer das Vermächtnis nicht erwirbt (§ 2190 BGB), etwa wenn er vorverstorben ist oder das Vermächtnis ausschlägt.

10. Nachvermächtnis

41 Der Erblasser kann schließlich ein Nachvermächtnis anordnen, also bestimmen, dass, nachdem zunächst ein Vermächtnisnehmer erworben hat, bei Eintritt eines bestimmten Ereignisses oder in einem bestimmten Zeitpunkt ein Nachvermächtnisnehmer erwirbt (§ 2191 BGB).

> **Beispiel:**
>
> Erblasser E ist Jäger und besitzt eine große Waffensammlung. Er ordnet an:
>
> „Zu meinen Erben setze ich meine beiden Kinder S und J ein. Die Waffensammlung vermache ich meinem Sohn J, der Jäger ist. Nach dem Tod des J soll die Waffensammlung auf das Kind von J übergehen, das ebenfalls mit dem Jagdsport begonnen hat. Die Bestimmung hierüber soll J treffen."
>
> In diesem Fall ist J in Bezug auf die Waffensammlung Vorvermächtnisnehmer. Eines der Kinder des J – das nach den Grundsätzen des wahlweisen Vermächtnisses von J zu bestimmen ist – ist Nachvermächtnisnehmer.

F. Vorausvermächtnis

I. Zivilrechtliche Einordnung

1. Grundsätzliches

42 Eine besondere Art des Vermächtnisses ist das Vorausvermächtnis gem. § 2150 BGB. Durch das Vorausvermächtnis wird einem bestimmten Miterben über seinen Erbteil hinaus – also „voraus" – ein Vermögensvorteil zugewendet.

Das Vorausvermächtnis begründet einen schuldrechtlichen Anspruch des bedachten Miterben gegen die Erbengemeinschaft. Der Miterbe kann die Erfüllung des Vorausvermächtnisses aus dem ungeteilten Nachlass (§ 2059 Abs. 2 BGB) verlangen, also auch schon, bevor der Nachlass aufgeteilt ist. Hier liegt ein Unterschied zur Teilungsanordnung, deren Vollziehung nur im Rahmen der Auseinandersetzung beansprucht werden kann.

2. Abgrenzung zur Teilungsanordnung

43 Schwierig ist mitunter die Abgrenzung des Vorausvermächtnisses von der Teilungsanordnung. Der grundsätzliche Unterschied besteht darin, dass die dem Erben im Wege der Teilungsanordnung zugewendeten Vermögensgegenstände auf den Erbteil anzurechnen sind – ggf. mit einer Wertausgleichsverpflichtung -, wohingegen eine solche Anrechnung oder gar ein Ausgleich bei

dem Vorausvermächtnis nicht erfolgt, es soll dem Erben ja gerade ein besonderer Vermögensvorteil eingeräumt werden.

In der Praxis ist es bei der Auslegung von Testamenten oft schwierig festzustellen, ob eine Teilungsanordnung oder ein Vorausvermächtnis angeordnet ist. Denn häufig wird auch aus den Umständen nicht klar, ob der Erblasser eine Ausgleichspflicht anordnen wollte oder nicht.

> **Beispiel:**

> Erblasser E ist Eigentümer eines erfolgreichen Einzelunternehmens und daneben von einigem Immobilienvermögen. Außerdem ist er Jäger und besitzt eine große Waffensammlung. Er ordnet an:

> „Zu meinen alleinigen Erben setze ich meine beiden Kinder A und B ein. Das Unternehmen soll meine Tochter A erhalten. Meine Waffensammlung soll mein Sohn B erhalten."

> In diesem Beispielsfall ist unklar, ob die Zuweisung des Einzelunternehmens an A und der Waffensammlung an B jeweils Vorausvermächtnisse oder Teilungsanordnungen sind. Für die Unterscheidung zwischen Vorausvermächtnis und Teilungsanordnung ist auf die Absicht des Erblassers abzustellen, die erforderlichenfalls im Wege der Auslegung zu ermitteln ist. Wollte der Erblasser erkennbar einem Erben einen besonderen Vermögensvorteil zuwenden, so ist von einem Vorausvermächtnis auszugehen, andernfalls von einer anrechenbaren Teilungsanordnung.

> Vorliegend dürfte davon auszugehen sein, dass E – das macht der einleitende Satz seines Testaments klar – seine Kinder im Grundsatz gleich behandeln wollte. Deshalb wird die Verfügung, dass A das Unternehmen erhalten soll, als eine Teilungsanordnung angesehen werden können, denn es ist nicht davon auszugehen, dass E seine Tochter A ohne einen Hinweis im Testament gegenüber ihrem Bruder B besser stellen wollte. Hinsichtlich der Waffensammlung wird es auf den Wert dieser Sammlung ankommen. Ist der Wert angesichts der gesamten Vermögensverhältnisse nicht unbeachtlich, wird man auch insoweit von einer Teilungsanordnung ausgehen können, ist der Wert dagegen eher von untergeordneter Bedeutung, und lassen – auch außerhalb des Testaments liegende – Umstände erkennen, dass der Erblasser seinem Sohn B einen besonderen Vorteil zukommen lassen wollte, so kann auch ein Vorausvermächtnis zugunsten von B angenommen werden.

> **Beraterhinweis:**

> *Das vorstehende Beispiel macht die grundsätzliche Problematik deutlich, dass bei vielen letztwilligen Verfügungen die wahre Absicht des Erblassers nicht oder nur unklar zum Ausdruck kommt. Demzufolge ist dringend zu empfehlen, bei der Errichtung von letztwilligen Verfügungen seinen Willen unmissverständlich zum Ausdruck zu bringen und erforderlichenfalls fachliche Unterstützung von einem Anwalt oder Notar einzuholen.*

3. Vorausvermächtnis zugunsten des Vorerben

Ein Vorausvermächtnis ist auch im Falle der Vor- und Nacherbschaft möglich. Wird dem Vorerben durch Vorausvermächtnis ein Gegenstand zugewendet, kann er diesen Gegenstand endgültig, d. h. über den Eintritt des Nacherbfalles hinaus behalten und dementsprechend auch vererben. Den übrigen Nachlass muss er dagegen mit Eintritt des Nacherbfalles an den Nacherben herausgeben.

> **Beispiel:**

> Erblasser E ordnet in seinem Testament an: Ich setze zu meiner alleinigen Erbin meine Frau Diane ein. Diane soll jedoch nur Vorerbin sein, Nacherben sind unsere beiden Töchter zu gleichen Teilen. Zugleich vermache ich Diane im Wege des Vorausvermächtnisses unsere Ferienwohnung in Bayern.

In diesem Beispielsfall wird Ehefrau Diane im Falle des Ablebens von E alleinige Vorerbin und zugleich Vorausvermächtnisnehmerin in Bezug auf die Ferienwohnung in Bayern. Hinsichtlich dieser Ferienwohnung unterliegt sie nicht den Beschränkungen der Vorerbschaft, sie kann die Wohnung also frei veräußern oder sonst – auch testamentarisch – über sie verfügen.

II.   Steuerliche Folgen

45 Der durch ein Vorausvermächtnis Begünstigte erwirbt erbschaftsteuerlich zum einen aufgrund seines Erbrechts mit seiner Erbquote, zum anderen aufgrund des Vorausvermächtnisses mit dem Wert des Erwerbs. Hierbei sind ihm insofern – anders als bei der Teilungsanordnung (vgl. § 7 C., F. I.) – etwaige Vorteile der Bewertung zuzurechnen, die auf den Vermächtnisgegenstand möglicherweise entfallen.

> **Beispiel:**
>
> Erblasser E ordnet in seinem Testament an: Ich setze zu meinen Erben meine drei Kinder A, B und C ein. Im Wege des Vorausvermächtnisses soll meine Tochter C meine Eigentumswohnung in Köln erhalten.
>
> In diesem Beispiel hat C zum einen ihren 1/3 Erbanteil (ohne Berücksichtigung der Eigentumswohnung) und zudem die Eigentumswohnung als erbschaftsteuerlichen Erwerb zu versteuern. Den nach alter Rechtslage bestehenden steuerlichen Bewertungsvorteil in Bezug auf die Ferienwohnung kann sie allein in Anspruch nehmen, er kommt also nur ihr, nicht aber den Miterben A und B zugute.

G.   Gleichstellungsgelder / Abfindungszahlungen

I.   Zivilrechtliche Einordnung

46 Gleichstellungsgelder oder Abfindungszahlungen sind Zahlungen von Erben an andere Erben oder nicht zu Erben eingesetzte Personen, mit denen der Erblasser eine Gleichbehandlung der bedachten Personen erreichen möchte. Relevant ist dies meist in den Fällen, in denen er einzelne Nachlassgegenstände einer bestimmten Person zukommen lassen möchte, der Nachlass aber nicht ausreicht, um die übrigen Bedachten in gleichem Maße zu bedenken.

> **Beispiel:**
>
> Der Unternehmer U ist Eigentümer eines Einzelunternehmens im Verkehrswert von 2.000.000 Euro. Daneben ist er Eigentümer eines Einfamilienhauses mit einem Wert von 1.000.000 Euro. Er will seine beiden Kinder A und B zu Erben einsetzen, zugleich aber seiner Tochter A das Unternehmen und seinem Sohn B das Einfamilienhaus zukommen lassen. In diesem Fall wird er anordnen:
>
> „Zu meinen Erben setze ich meine beiden Kinder A und B zu jeweils gleichen Teilen ein. Meine Tochter A soll mein Einzelunternehmen und mein Sohn B mein Einfamilienhaus erhalten. Zum Ausgleich des Mehrbetrags ist meine Tochter verpflichtet, meinem Sohn B einen Ausgleich in Höhe von 500.000 Euro zu zahlen".

Der Erblasser kann – wie im vorliegenden Beispielfall – die Verpflichtung zur Zahlung eines Ausgleichs anordnen. Unterlässt er diese Anordnung, so ergibt sich die Verpflichtung zur Zahlung eines Ausgleichsbetrages in den Fällen automatisch, in denen der Erblasser eine Teilungsanordnung getroffen hat. Eine Ausgleichsverpflichtung besteht nicht, wenn der Erblasser der begünstigten Person ein Vorausvermächtnis zukommen lassen wollte (zur Abgrenzung von Teilungsanordnung und Vorausvermächtnis vgl. § 7 F. I).

Von Gleichstellungsgeldern wird gesprochen, wenn Abfindungszahlungen an Geschwister zu zahlen sind, die gegenüber den begünstigten Erben gleichgestellt werden sollen. Abfindungszahlungen sind Zahlungen, die als Wertausgleich an Erben, die aus der Erbengemeinschaft ganz ausscheiden oder an außenstehende Dritte gezahlt werden. Durch die Gleichstellungsgelder und Abfindungszahlungen werden die zivilrechtlichen Erbquoten nicht verändert.

II. Steuerliche Folgen

1. Erbschaftsteuerliche Behandlung

Abfindungszahlungen und Gleichstellungsgelder bleiben erbschaftsteuerlich unberücksichtigt. Sämtliche Erben haben daher – ungeachtet möglicher Abfindungszahlungen den gesamten erbschaftsteuerlichen Erwerb entsprechend ihrer Erbquote zu versteuern.   47

> **Beispiel:**
>
> Im vorstehenden Beispiel haben die Kinder A und B jeweils zu gleichen Teilen den Wert des gesamten Nachlasses zu versteuern. Die vom Erblasser angeordnete Verteilung und Abfindungsleistung bleiben unberücksichtigt und zwar sowohl dem Betrag nach als auch was die steuerliche Bewertung der zugedachten Vermögensteile betrifft.

2. Ertragsteuerliche Behandlung

Besonderheiten sind hinsichtlich der ertragsteuerlichen Behandlung zu beachten: Abfindungszahlungen und Gleichstellungsgelder werden ertragsteuerlich – unabhängig davon, ob Betriebsvermögen, Privatvermögen oder ein Mischnachlass vorliegt – wie Anschaffungskosten behandelt. Der die Gleichstellungsgelder/Abfindungen zahlende Miterbe hat also Anschaffungskosten, die neues Abschreibungsvolumen bedeuten. Die die Gleichstellungsgelder bzw. Abfindung erhaltenen Miterben und sonstigen Personen haben – soweit Betriebsvermögen betroffen ist – einen steuerpflichtigen Veräußerungsgewinn. Soweit Privatvermögen betroffen ist, ist ein Gewinn nur dann steuerpflichtig, wenn die Voraussetzungen der §§ 17, 23 EStG oder des § 21 UmwStG vorliegen.   48

H. Auflagen

I. Grundsätzliches

Der Erblasser kann durch Testament oder Erbvertrag den Erben oder einen Vermächtnisnehmer zu einer Leistung verpflichten, ohne einem anderen ein Recht auf die Leistung zuzuwenden (§ 1940 BGB). Wesen einer solchen Auflage ist also die Anweisung zu einer bestimmten Leistung,   49 ohne gleichzeitige Zuweisung eines schuldrechtlichen Anspruchs für den Berechtigten.

II.   Inhalt der Auflage

50   Inhalt der Auflage kann ein Tun oder Unterlassen sein. Eine Zuwendung an eine bestimmte Person oder Einrichtung kann, muss aber nicht mit einer Auflage verbunden sein. Denkbar sind auch Handlungspflichten, mit denen keine Zuwendung verbunden ist, bspw. die Auflage, jährlich das Grab des Verstorbenen zu besuchen oder einem Verein beizutreten o. ä.. Die Beispiele für eine Auflage sind vielfältig. So kann der Erblasser dem testamentarisch Bedachten z. B. die Verpflichtung auferlegen,

- das Grab des Erblassers zu pflegen,
- ein hinterbliebenes Tier lebenslang zu versorgen und in den Haushalt aufzunehmen,
- bestimmte Leistungen – auch Geldzuwendungen – an eine bestimmte Person zu erbringen,
- eine Stiftung zu errichten,
- über bestimmte Vermögensgegenstände des Nachlasses nicht oder in einer bestimmten Weise zu verfügen,
- hinterlassenes Geldvermögen in einer bestimmten Form anzulegen,
- einen bestimmten Beruf zu ergreifen oder einem bestimmten Verein beizutreten,
- eine Gesellschaft zu gründen und das Nachlassvermögen dort einzubringen. In diesem Fall kann der Erblasser auch konkrete Vorgaben zum Inhalt des abzuschließenden Gesellschaftsvertrags machen. Solche Vorgaben sind – auch wenn sie für einzelne Erben mit Belastungen verbunden sind – von den Erben als verbindlich zu beachten.

> ▶ **Beispiel** (nach BGH Urt. v.19.03.2007, II ZR 300/05):
>
> Der Unternehmer U ist Eigentümer eines Einzelunternehmens. Er hat einen Sohn und eine Tochter. In seinem Testament, in dem er seine Frau und die beiden Kindern zu Erben einsetzt, bestimmt er, dass die Erben verpflichtet sind, das Einzelunternehmen in eine Gesellschaft einzubringen, die von jedem Gesellschafter unter Einhaltung einer einjährigen Kündigungsfrist gekündigt werden kann. Im Fall einer Kündigung – gleich durch welchen Gesellschafter – soll sein Sohn das Recht erhalten, das Unternehmen als Einzelunternehmen fortzuführen.
>
> Diese Auflage ist rechtlich zulässig und von den Erben zu beachten, auch wenn sie im Ergebnis dem Sohn die Möglichkeit gibt, durch eigene Kündigung der Gesellschaft das Einzelunternehmen zu erwerben und damit faktisch die Mitgesellschafter hinauszukündigen.

III.   Abgrenzungen

51   Abzugrenzen ist die Auflage von nur unverbindlichen Wünschen und Ratschlägen des Erblassers und von Vermächtnissen zugunsten einzelner Personen oder Einrichtungen.

1.   Unverbindlicher Wunsch

52   Ob der Erblasser eine verbindliche Auflage i. S. d. § 1940 BGB oder einen nur unverbindlichen Ratschlag oder Wunsch geäußert hat, ist im Wege der Auslegung des Testaments zu erforschen.

Wenn davon auszugehen ist, dass der Erblasser ein ernsthaftes Interesse an der Erfüllung eines „Wunsches" hat und er zugleich zum Ausdruck gebracht hat, dass er die Erfüllung seines Wunsches als Verpflichtung für die mit der Auflage Beschwerten betrachtet, ist von einer Auflage, andernfalls von einem unverbindlichen Wunsch auszugehen.

> **Beispiel:**
>
> Ordnet der Erblasser an: "Meine Erben sollen mein Grab jährlich einmal besuchen", handelt es sich regelmäßig um einen – unverbindlichen – Wunsch des Erblassers.
>
> Anders dürfte es regelmäßig sein, wenn er formuliert: „Ich hinterlasse meinem Erben A ohne Anrechnung auf seinen Erbteil einen Betrag von 5.000 Euro. A ist verpflichtet, mein Grab dauerhaft zu pflegen. Der vermächtnisweise zugewandte Betrag soll ein Ausgleich für die mit der Grabpflege verbundene Mühe sein." In einer solchen Formulierung kommt zum Ausdruck, dass der Erblasser die Grabpflege als eine Verpflichtung des beschwerten Vermächtnisnehmers betrachtet; es ist von einer Auflage auszugehen.

2.   Vermächtnis

Im Unterschied zum Vermächtnis, erlangt der durch eine Auflage Begünstigte – sofern eine natürliche oder juristische Person begünstigt ist – keinen eigenen Anspruch gegen die Erben auf Durchsetzung oder Erfüllung der Auflage. Die Auflage kann vielmehr nur durch den Erben (wenn ein Vermächtnisnehmer mit der Auflage beschwert ist), den oder die Miterben sowie den- oder diejenige, dem der Wegfall des mit der Auflage zunächst Beschwerten unmittelbar zustatten käme, durchgesetzt werden (s. nachfolgend).   53

IV.   Durchsetzung der Auflage

Dem durch die Auflage Begünstigten steht kein eigener Anspruch auf Erfüllung der Auflage zu. Berechtigt, die Vollziehung einer Auflage zu verlangen, sind der Erbe, Miterbe sowie derjenige, dem der Wegfall des mit der Auflage zunächst Beschwerten unmittelbar zustatten kommen würde.   54

> **Beispiel:**
>
> Erblasser E hat seinen Bruder B in Bezug auf ein Obstgartengrundstück als Vermächtnisnehmer eingesetzt und zum Ersatzvermächtnisnehmer seine Schwester S bestimmt. Zugleich hat er B zur Auflage gemacht, von dem Ertrag der Obstbäume jährlich fünf Körbe Äpfel an ein benachbartes Kloster zu geben.
>
> Kommt in diesem Beispielsfall B seiner Verpflichtung nicht nach, kann die Ersatzvermächtnisnehmerin S die Erfüllung der Auflage beanspruchen und im Wege der Klage durchsetzen. Dem Kloster selbst steht kein Anspruch auf Erfüllung der Auflage zu.

Es steht dem Erblasser frei, testamentarisch den Kreis der Anspruchsberechtigten zur Durchsetzung der Auflage zu erweitern. Gibt er dieses Recht allerdings dem Begünstigten selbst, so würde im Wege der Auslegung nicht mehr eine Auflage sondern ein Vermächtnis angenommen werden. Insbesondere in den Fällen, in denen Geldleistungen als Auflage angeordnet sind, empfiehlt es sich, gleichzeitig einen Testamentsvollstrecker zu bestimmen, der die Erfüllung der Auflage überwacht.

> **Beispiel:**
>
> Erblasser E setzt seinen Sohn S als Alleinerben ein und macht ihm zur Auflage, die Hälfte des überlassenen Wertpapier-vermögens mündelsicher anzulegen und aus den Erträgen monatliche Zahlungen an sein behindertes Kind K zu leisten. Zugleich bestimmt er Rechtsanwalt R als Testamentsvollstrecker, der die Aufgabe hat, die Erfüllung der Auflage zu über-wachen.
>
> In diesem Beispielsfall obliegt die Erfüllung der Auflage dem S als dem Beschwerten. Kommt er seiner Verpflichtung nicht nach, ist der Testamentsvollstrecker berechtigt, den Vollzug – erforderlichenfalls gerichtlich – durchzusetzen.

V.   Typische Anwendungsbereiche der Auflage

55   Das Instrument der Auflage ist immer dann das geeignete erbrechtliche Instrument, wenn

- es dem Erblasser darum geht, den Erben oder Vermächtnisnehmer zu bestimmten Handlungen anzuhalten,

- er Zuwendungen an Tiere oder Institutionen vornehmen möchte oder

- er verhindern will, dass der Begünstigte einen eigenen Anspruch erhält, in den Dritte vollstrecken könnten.

> **Beispiel:**
>
> Erblasser E hat drei Söhne A, B und C, von denen C in Vermögensverfall geraten ist. Um zu vermeiden, dass Gläubiger in das diesem Sohn zugewendete Vermögen vollstrecken, ordnet er Folgendes an:
>
> „Zu meinen Erben setze ich meine beiden Söhne A und B zu jeweils gleichen Teilen ein. Ich mache meinen Söhnen A und B zur Auflage, 1/3 des ihnen insgesamt zugewendeten Vermögens mündelsicher anzulegen und aus den Erträgen monat-liche Beträge in Höhe von 1.000 Euro an ihren Bruder C lebenslang zu zahlen, zahlbar jeweils zum Beginn eines Monats."
>
> Die Anordnung dieser Auflage führt nicht dazu, dass C ein eigener Anspruch auf monatliche Zahlung zusteht. Gläubiger von C haben somit keine Möglichkeit, vor Ausführung der Zahlung in die Auflage zu vollstrecken.

VI.   Dauer der Auflage

56   Zu beachten ist, dass eine zeitliche Grenze für die Anordnung und Wirkung einer Auflage nicht besteht. Zeitliche Grenzen, wie sie in § 2044 BGB für den Ausschluss der Auseinandersetzung der Erbengemeinschaft, in § 2109 für das Unwirksamwerden der Nacherbschaft und in § 2162 BGB für das Vermächtnis vorgegeben sind, gibt es für die Auflage nicht. Mit der Auflage können daher dauerhaft, quasi stiftungsähnliche Wirkungen erreicht werden.

> **Beispiel:**
>
> Erblasser E ist Eigentümer eines Weinguts. Da seine drei Kinder kein Interesse an der Übernahme dieses Guts haben, vermacht er das Weingut einem Kloster, macht aber dem Kloster zur Auflage, zugunsten seiner drei Söhne und deren Abkömmlinge für einen unbegrenzten Zeitraum jährliche Deputate in Form von fünf Kisten Wein je Berechtigtem und Jahr zukommen zu lassen.

VII. Erfüllbarkeit der Auflage

Ist oder wird die Verpflichtung zur Erfüllung der Auflage dem Beschwerten unmöglich, wird er   57
von der Leistung frei (§ 275 BGB). Hat er die Unmöglichkeit zu vertreten, so ist er demjenigen,
dem der Wegfall des zunächst Beschwerten unmittelbar zustatten kommen würde, zur Herausgabe der Zuwendung verpflichtet (§ 2196 BGB).

> **Beispiel:**
>
> Vermächtnisnehmer V hat ein Wertpapiervermögen im Wege des Vermächtnisses erhalten verbunden mit der Auflage, die
> Erträge aus diesem Vermögen für die Dauer von zehn Jahren einem gemeinnützigen Verein zukommen zu lassen.
>
> Erfüllt V diese Verpflichtung nicht – etwa indem er die Wertpapiere verkauft – so kann der Ersatzvermächtnisnehmer E
> oder – wenn kein Ersatzvermächtnisnehmer bestimmt ist – der Erbe, Herausgabe verlangen, ist dann aber seinerseits
> verpflichtet, die Auflage zu erfüllen, sofern nicht der Erblasser etwas anderes angeordnet hat.

I. Behindertentestamente

Mit der Bezeichnung „Behindertentestamtent" werden Testamente und sonstige letztwillige Ver-   58
fügungen bezeichnet, die Regelungen für die besondere Situation behinderter Menschen enthalten.

I. Ausgangssituation

Behinderte Menschen, die pflegebedürftig oder in Heimen untergebracht sind, nehmen regelmäßig   59
Leistungen der staatlichen Sozialhilfe in Anspruch. Jedoch sind diese staatlichen Sozialhilfeleis-
tungen grundsätzlich nachrangig: Nach dem in § 2 SGB XII geregelten Grundsatz des Nachrangs
der Sozialhilfe erhält derjenige keine Sozialhilfe, der sich selbst helfen kann oder die erforderliche
Hilfe von anderen, insbesondere von Angehörigen oder Trägern anderer Sozialleistungen erhält.
Gem. §§ 2, 19 SGB XII hat der Pflegebedürftige seine Arbeitskraft, sein Einkommen und sein
Vermögen vorrangig einzusetzen. Kommt es zu Lebzeiten des Pflegebedürftigen nicht zu einer
Verwertung des Einkommens oder des Vermögens, etwa weil ein Zugriff aus Zumutbarkeitsge-
sichtspunkten nicht in Betracht kommt, kann der Sozialhilfeträger gemäß § 102 SGB XII, § 35
SGB II (bislang § 92c BSHG) einen Kostenerstattungsanspruch gegen die Erben geltend machen.
Bereits zu Lebzeiten gestattet §§ 93, 94 SGB XII (früher § 90 BSHG) eine Überleitung von Rechts-
ansprüchen, die dem Pflegebedürftigen zustehen. Die Überleitung ist durch einfache schriftliche
Anzeige bewirkt und umfasst jeglichen vermögenswerten Anspruch.

II. Problemlage

Vor dem Hintergrund dieser sozialrechtlichen Situation sind Eltern behinderter Kinder bestrebt,   60
ihr Vermögen zwar dem behinderten Kind zugute kommen zu lassen, es zugleich aber zum Schutze ihres behinderten Kindes und zum Schutze des Familienvermögens zu Gunsten ihrer anderen
Kinder dem Zugriff der Sozialhilfeträger zu entziehen. Für den Testamentsgestalter stellen sich
also folgende Aufgaben:

- Das behinderte Kind soll Vermögensvorteile haben, gleichwohl keine überleitbaren Vermögensansprüche erhalten. Eine unbeschränkte Erbeinsetzung oder die unbeschränkte Zuteilung von Vermächtnissen kommen also als Gestaltungen nicht in Betracht.

- Das Entstehen von Pflichtteilsansprüchen (die ebenfalls überleitbar sind) muss vermieden werden.

III. Lösungsansätze

61   Vor diesem Hintergrund werden regelmäßig zwei Gestaltungen – auch in Kombination mit Auflagen – empfohlen:

1. Vorerbenlösung

62   Das behinderte Kind wird entsprechend seiner Erbquote als Vorerbe eingesetzt, Nacherben sind die nicht behinderten Kinder. Zugleich wird Testamentsvollstreckung angeordnet mit der Maßgabe, dass der Testamentsvollstrecker zu Lebzeiten des behinderten Kindes das ihm zugewendet Vermögen verwaltet und regelmäßige Zuwendungen an das behinderte Kind, wie beispielsweise ein regelmäßiges Taschengeld, Reisen, besondere Zuwendungen wie Fernseher, Radio etc. vornimmt.

2. Vermächtnislösung

63   Zugunsten des behinderten Kindes wird ein Vermächtnis ausgesetzt, das dem Wert nach höher als der gesetzliche Pflichtteilsanspruch ist. Zugleich wird ein Nachvermächtnis ausgesetzt, das sicherstellen soll, dass nach dem Tode des behinderten Kindes die übrigen Kinder (oder eine sonstige Person oder Institution – z.B. auch die Einrichtung, in der das behinderte Kind untergebracht ist) bedacht werden soll. Auch dieses Vermächtnis ist unter Testamentsvollstreckung zu stellen, der Testamentsvollstrecker verwaltet das Vermächtnisvermögen und erbringt besondere Leistungen wie die zuvor beschriebenen an das behinderte Kind.

3. Kombinationen

64   Beide vorstehenden Gestaltungen können kombiniert werden mit Auflagen zu Lasten der übrigen Erben. Die Auflagen können beispielsweise beinhalten, dass sich der Belastete um die persönlichen Angelegenheiten des behinderten Kindes kümmern und insbesondere den dauerhaften Kontakt des behinderten Kindes zur Familie sicherstellen soll. Auch diese Auflage kann durch den Testamentsvollstrecker beaufsichtigt werden.

IV. Rechtliche Angriffsmöglichkeiten

65   Mit Testamentsgestaltungen wie den vorstehend dargestellten wird es ermöglicht, Familienvermögen zu Gunsten der eigenen Familie zu sichern und zugleich – zu Lasten der Allgemeinheit – die Sozialhilfeleistungen zu Gunsten des behinderten Kindes aufrechtzuerhalten und zu sichern. Aus diesem Grund sind Sozialhilfeträger bemüht, derartige Testamentsgestaltungen rechtlich anzugreifen.

1. Ausschlagung

Der Sozialhilfeträger könnte in Erwägung ziehen, für das behinderte Kind die – durch Testamentsvollstreckung und Nacherbschaft/Nachvermächtnis beschränkte – Erbeinsetzung auszuschlagen, statt dessen den Pflichtteilsanspruch geltend zu machen und diesen auf sich überleiten zu lassen. Indes ist das Recht, eine Erbschaft auszuschlagen, ein Gestaltungsrecht und kein Anspruch. Dieses Gestaltungsrecht kann daher nicht getrennt gemäß § 102 SGB XII (§ 92 BSHG a.F.) übergeleitet werden. Der Sozialhilfeträger kann also nicht – für das behinderte Kind als eingesetzten Erben – diese Erbschaft ausschlagen, um dann den Pflichtteilsanspruch geltend zu machen.

66

2. Sittenwidrigkeit

Auch wird argumentiert, dass eine Testamentsgestaltung wie die vorstehende sittenwidrig ist, weil die Allgemeinheit einseitig belastend sei. In zwei Entscheidungen aus dem Jahr 1990 und 1993 hat der Bundesgerichtshof indes entschieden, dass Behindertentestamente in der vorstehend genannten Art nicht sittenwidrig sind. Das Bestreben des Erblassers, seinem behinderten Kind über die gesetzlichen Sozialhilfeleistungen hinaus Zuwendungen zukommen lassen zu wollen, entspreche einer sittlichen Verantwortung der Eltern für ihre Kinder.

67

Auch die in dem entschiedenen Fall geschehene Nacherbeneinsetzung der Einrichtung, in der das behinderte Kind betreut worden war, wurde nicht als sittenwidrig angesehen. Gleichwohl ist keine absolute Gewissheit gegeben: In seiner Entscheidung vom 21.03.1990 (Az. IV ZR 169/89) hat der BGH ausdrücklich offen gelassen, ob die Sittenwidrigkeit anzunehmen wäre, wenn der Erblasser ein beträchtliches Vermögen hinterlassen hätte und der Pflichtteil des Behinderten so hoch wäre, das daraus oder sogar nur aus den Früchten seine Versorgung sicher gestellt wäre. Es bedarf also jeweils im Einzelfall einer genauen Prüfung.

§ 8   Auslegung von Verfügungen von Todes wegen

1   Nicht immer ist der Wille des Erblassers aus einer letztwilligen Verfügung eindeutig zu erkennen. Häufig lässt die Formulierung eines Testaments Raum für verschiedene Interpretationsmöglichkeiten und der Wille des Erblassers ist daher zweifelhaft. In diesem Fall muss das Testament ausgelegt werden.

A.   Auslegungsgrundsätze

2   Ziel der Auslegung einer Verfügung von Todes wegen ist die Ermittlung des wirklichen Willens des Erklärenden. Dabei ist grundsätzlich vom Wortlaut der Verfügung auszugehen, jedoch ist dieser nicht bindend (§ 133 BGB).

Wird eine einseitige Verfügung von Todes wegen (Einzeltestament, einseitige Verfügung im Erbvertrag und nicht wechselbezügliche Verfügungen in gemeinschaftlichen Testamenten) ausgelegt, ist allein der subjektive Wille des Erblassers maßgeblich, da etwaige Begünstigte keinen Vertrauensschutz genießen.

Werden jedoch Erbverträge und gemeinschaftliche Testamente ausgelegt, ist nicht allein der subjektive Wille des Erblassers maßgeblich, sondern vielmehr der erklärte, übereinstimmende Wille beider Vertragsparteien. Daher ist bei der Auslegung die objektive Erklärungsbedeutung und der Empfängerhorizont des Vertragspartners zu berücksichtigen (§ 157 BGB). Maßgeblich ist, was die Beteiligten gewollt haben und wie sie die jeweilige Erklärung des anderen verstehen konnten. Die Vertragsparteien genießen – im Gegensatz zu den Begünstigten einer einseitigen Verfügung – also Vertrauensschutz.

Die Testamentsauslegung findet ihre Grenzen in den für letztwillige Verfügungen geltenden Formvorschriften. Nur der in der Verfügung erklärte Wille ist verbindlich. Das setzt voraus, dass der ermittelte Wille des Erblassers in der Urkunde irgendwie – wenn auch nur andeutungsweise oder versteckt – zum Ausdruck gekommen sein muss (Anhalts- oder Andeutungstheorie). Eine Abweichung von der Andeutungstheorie ist nur dann zulässig, wenn das Testament eine eindeutig erkennbare Falschbezeichnung enthält.

B.   Auslegungsmethoden

I.   Erläuternde Auslegung

3   Bei der Ermittlung des wirklichen Willens des Erblassers ist zunächst vom Wortlaut auszugehen. Der Wortlaut ist jedoch nicht allein ausschlaggebend und auch nicht bindend. Bei der Auslegung sind vielmehr zusätzlich alle außerhalb der Urkunde liegenden Umstände zu berücksichtigen wie z.B. Herkunft und Verhalten des Erblassers, seine Äußerungen und Handlungen, Inhalt anderer oder früherer Schriftstücke und Verfügungen des Erblassers, soweit sie Aufschluss über den Willen des Erblassers geben können. Es geht darum herauszufinden, was der Erblasser mit seinen Worten sagen wollte. Abzustellen ist dabei stets auf den Willen des Erblassers im Zeitpunkt der Testamentserrichtung.

> **Beispiel:**
>
> Der Erblasser vermacht seinem Sohn seine „Bibliothek". Tatsächlich hat er jedoch keine Bibliothek. Er meint vielmehr seinen Weinkeller, den er zu Lebzeiten stets „meine Bibliothek" genannt hatte. In diesem Fall gilt das Gewollte und nicht das Erklärte.

II.   Ermittlung des mutmaßlichen Willen

Lässt sich der wirkliche Wille des Erblassers trotz Heranziehung aller zur Aufdeckung des Erblasserwillens möglicherweise vorhandenen Umstände nicht eindeutig ermitteln, ist zu erforschen, was der mutmaßliche Wille des Erblassers gewesen wäre. Die Auslegung eines Testaments nach dem mutmaßlichen Willen des Erblassers ist allerdings nur zulässig, wenn der Erblasser im Zeitpunkt der Testamentserrichtung eine spätere Änderung der Umstände wenigsten für möglich gehalten hat. Lassen sich hierfür keine Anhalte finden, ist das Testament ergänzend auszulegen.   4

> **Beispiel:**
>
> Der Erblasser E vermacht seinen vier Enkeln jeweils 200 Euro, damit sie sich damit „einen schönen CD-Spieler" kaufen mögen. Als E stirbt, sind CD-Spieler überholt, statt dessen IPods in Mode. In diesem Fall kann als mutmaßlicher Wille des E angenommen werden, dass er seinen Enkelkindern das Geld auch zum Erwerb von IPods vermacht hat.

8

III.   Ergänzende Auslegung

Kann durch einfache Auslegung der Erblasserwille nicht ausreichend bestimmt werden, weil die letztwillige Verfügung lückenhaft ist, kommt die ergänzende Auslegung zur Anwendung. Vom Erblasser nicht gewollte Lücken im Testament können entstehen, wenn sich zwischen der Errichtung des Testaments und dem Erbfall wesentliche Umstände verändert haben, die der Erblasser weder vorausgesehen noch bedacht hat, aber bei Kenntnis der Sachlage mit Sicherheit geregelt hätte.   5

Ziel der ergänzenden Auslegung ist es, diese Lücke im Sinne des Erblassers zu schließen. Bei der ergänzenden Auslegung wird der hypothetische Wille des Erblassers im Zeitpunkt der Testamentserrichtung ermittelt. Auch hier sind sämtliche Umstände in und außerhalb der Urkunde zu berücksichtigen, um dem Willen des Erblassers, den er mit der Verfügung zum Zeitpunkt der Testamentserrichtung zum Ausdruck bringen wollte, gerecht zu werden.

> **Beispiel:**
>
> Der Erblasser E vermacht „meinen vier Enkeln" jeweils 1.000 Euro. Als E stirbt, hat er inzwischen ein Enkelkind zusätzlich. Er hatte versäumt, sein Testament anzupassen. In diesem Fall kann – ohne Anhaltspunkte für einen anderen Willen – im Wege ergänzender Auslegung als mutmaßlicher Wille des E angenommen werden, dass er auch seinem fünften Enkelkind 1.000 Euro als Vermächtnis hinterlassen wollte.

> **Beraterhinweis:**
>
> *Auch im Rahmen der ergänzenden Auslegung findet die Andeutungstheorie Anwendung, d.h. jegliches Auslegungsergebnis muss sich auf Anhaltspunkte im Testament stützen können.*

IV.   Gesetzliche Auslegungsregelungen

6   Lässt sich der Wille des Erblassers nicht eindeutig feststellen, können zur Ermittlung der Erbenstellung die gesetzlichen Auslegungs- und Ergänzungsvorschriften herangezogen werden. Diese Auslegungsregelungen basieren auf allgemeinen Erfahrungssätzen und formulieren für häufig anzutreffende Fallgestaltungen, was der Erblasser nach der allgemeinen Lebenserfahrung gewollt haben dürfte.

Gesetzliche Auslegungsregelungen existieren z.B. für die Bestimmung der Erbenstellung oder Erbeinsetzung (§§2066 ff., 2087 ff. BGB) sowie zur Auslegung von Vermächtnissen (§§ 2148, § 2165 ff. BGB). Sie gelten für Testamente und Erbverträge gleichermaßen, finden jedoch nur Anwendung, wenn trotz individueller, erläuternder oder ergänzender Auslegungen noch Zweifel am Willen des Erblassers bestehen.

C.   Der Auslegungsvertrag

7   Sind die Bestimmungen einer letztwilligen Verfügung nicht eindeutig, können sich die Begünstigten auch vertraglich auf eine Auslegung verständigen. In einem sog. Auslegungsvertrag, der der notariellen Beurkundung bedarf, vergleichen sich die Beteiligten über die Erbenstellung. Der Auslegungsvertrag entfaltet jedoch nur schuldrechtliche Wirkung zwischen den Vertragsbeteiligten und seine Wirksamkeit setzt voraus, dass sämtliche Personen, deren erbrechtlichen Ansprüche betroffen sind, an dem Vertrag beteiligt wurden.

D.   Auslegung vor Anfechtung

8   Nach einhelliger Meinung hat die Testamentsauslegung Vorrang vor der Anfechtung einer letztwilligen Verfügung, da durch die Auslegung die Verfügung erhalten bleibt – allenfalls ergänzt wird –, während die Anfechtung die Verfügung insgesamt vernichtet.

§ 9 Nichtigkeit und Unwirksamkeit von letztwilligen Verfügungen

Testamentarische Anordnungen oder Verfügungen in Erbverträgen können von vorneherein un- 1
wirksam sein oder dies auch zukünftig werden.

A. Anfängliche Unwirksamkeit

Letztwillige Verfügungen können von Beginn an nichtig sein 2

■ wegen fehlender Testierfähigkeit,

■ wegen Mängeln bei der Errichtung, insbesondere Formmängeln, oder

■ wegen inhaltlicher Mängel.

I. Fehlende Testierfähigkeit

Nichtig ist eine letztwillige Verfügung, die von einer nicht testierfähigen Person errichtet wurde, 3
die also von einer Person errichtet wurde, die das 16. Lebensjahr noch nicht vollendet oder aber
geistes- oder bewusstseinsgestört ist (§ 2229 BGB).

> **Beispiel:**
>
> Der 14-jährige Jonas verfügt: „Ich setze zu meiner alleinigen Erbin meine Freundin Susanne ein."
>
> Die letztwillige Verfügung von Jonas ist wegen fehlender Testierfähigkeit unwirksam.

II. Fehler bei der Errichtung des Testaments

Ein Testament kann auch deswegen unwirksam sein, weil bei der Errichtung Fehler unterlaufen 4
sind.

1. Fehlende persönliche Errichtung

Gemäß § 2064 BGB kann ein Erblasser ein Testament nur persönlich errichten. Eine Vertretung 5
ist daher nicht möglich. Ein Testament, das ein Vertreter im Namen des Erblassers errichtet, ist
daher nichtig.

> **Beispiel:**
>
> Erbonkel O bevollmächtigt seinen Neffen schriftlich, für ihn ein Testament zu errichten. Neffe N verfügt daher im Namen seines Onkels Folgendes:
>
> „Ich, Onkel O, vertreten durch meinen Neffen N (Vollmacht beiliegend), bestimme zu meinem Erben meine Ehefrau T. Zum Ersatzerben bestimme ich meine Schwester S."
>
> Da dieses Testament in Vertretung errichtet wurde, ist es wegen Verstoßes gegen § 2064 BGB nichtig.

2. Verletzung von Formvorschriften

6 Nichtig ist auch ein Testament, das nicht in der dafür vorgesehenen Form, also weder zur Niederschrift eines Notars noch durch eigenhändig geschriebene und unterschriebene Erklärung errichtet wurde (§ 2231 BGB).

> **Beispiel:**
>
> Der 16-jährige Jonas bestimmt durch handschriftliches Testament: „Ich setze meine Freundin Susanne zu meiner alleinigen Erbin ein."
>
> Dieses Testament scheitert nicht an der fehlenden Testierfähigkeit, die wegen Vollendung des 16. Lebensjahres von Jonas gegeben ist, wohl aber an der fehlenden Form: Gem. § 2247 Abs. 4 BGB kann der noch nicht volljährige Jonas ein Testament nur in öffentlicher Form, d. h. zur Niederschrift eines Notars errichten. Das Testament ist somit formnichtig.

3. Verstoß gegen das Verbot der Drittbestimmung

7 Nichtig ist auch ein Testament, in dem der Erblasser unter Verstoß gegen § 2065 BGB einem Dritten das Recht einräumt, für ihn den Erben zu bestimmen oder den Gegenstand, den jemand erhalten soll.

> **Beispiel:**
>
> Onkel O verfügt handschriftlich: „Ich bestimme zu meinem letzten Willen, dass mein Neffe N berechtigt sein soll, zu bestimmen, wer Nachfolger in mein Vermögen wird."
>
> Diese Verfügung ist wegen Verstoßes gegen § 2065 BGB nichtig.

4. Bestehende Bindungen

8 Nichtig sind auch Verfügungen, die unter Verstoß gegen bereits bestehende Bindungen getroffen werden. Dies ist der Fall, wenn Ehegatten ein gemeinschaftliches Testament errichtet haben, in dem wechselseitige Verfügungen getroffen worden sind oder bei einem Erbvertrag. In diesen Fällen kann ein Ehegatte gem. § 2271 Abs. 1 S. 2 BGB seine Verfügung nicht durch eine neue Verfügung von Todes wegen einseitig aufheben. Beim Abschluss eines Erbvertrages sind die Vertragschließenden gem. § 2289 Abs. 1 BGB gebunden. Eine spätere Verfügung von Todes wegen ist unwirksam.

> **Beispiel:**
>
> Erblasser E hat mit seiner Ehefrau F ein gemeinschaftliches Testament errichtet, in dem sich die Ehegatten gegenseitig zu Erben einsetzen und zu Schlusserben ihre drei Kinder A, B und C bestimmen. Nach dem Tod der F heiratet E erneut und hat mit seiner neuen Frau ein gemeinsames Kind. Aus diesem Grund ändert er sein Testament und verfügt Folgendes:
>
> „Zu meinen Erben setze ich meine Frau N sowie meine drei Kinder A, B und C zu jeweils gleichen Teilen ein. Ersatzerbe nach meiner Frau N wird mein weiteres Kind K."
>
> Diese neue testamentarische Verfügung ist unwirksam, weil davon auszugehen ist, dass die in dem gemeinschaftlichen Testament mit der Ehefrau F vereinbarten Verfügungen wechselseitigen Charakter hatten, so dass die Verfügungen für E bindend geworden sind. Richtiges Vorgehen für E wäre gewesen, binnen Jahresfrist nach der Eheschließung mit dem

neuen Ehegatten oder binnen Jahresfrist nach der Geburt des Kindes aus dieser Ehe seine eigene wechselbezügliche Verfügung aus dem ersten gemeinschaftlichen Testament in entsprechender Anwendung des § 2281 BGB anzufechten und sodann neu zu testieren.

III. Unwirksamkeit wegen inhaltlich unwirksamer Regelungen

Nichtig sind testamentarische oder erbvertragliche Verfügungen auch dann, wenn sie inhaltlich nicht wirksam vereinbart werden können. Das ist insbesondere der Fall, wenn die letztwillige Verfügung gegen ein gesetzliches Verbot verstößt (§ 134 BGB) oder gegen die guten Sitten verstößt (§ 138 BGB). 9

1. Gesetzliche Verbote

Bestimmungen, die entgegen eines gesetzlichen Verbots vom Erblasser angeordnet werden, sind wegen Verstoßes gegen § 134 BGB nichtig. In Betracht kommen folgende Verbote: 10

a) Verstoß gegen die Höfeordnung

Gemäß § 16 Abs. 1 Höfeordnung kann der Eigentümer eines Hofes i.S.d. Höfeordnung die Erbfolge kraft Höferechts nicht durch Verfügung von Todes wegen ausschließen. Eine entsprechende Bestimmung wäre nichtig. 11

b) Verstoß gegen das Heimgesetz

Gemäß § 14 Abs. 1 und Abs. 5 Heimgesetz (HeimG) ist es dem Träger eines Heims, ebenso wie der Heimleitung, den Beschäftigten und sonstigen Mitarbeitern des Heimes untersagt, sich von oder zu Gunsten von Bewohnern des Heims neben den jeweils vereinbarten Vergütungen Geld oder geldwerte Leistungen versprechen oder gewähren zu lassen. Mit dieser Regelung soll vermieden werden, dass die Arg- und Hilflosigkeit sowie die Gutgläubigkeit der Heimbewohner zu eigenen Zwecken ausgenutzt wird. Verfügungen von Heimbewohnern, die das Verbot des § 14 HeimG missachten, sind somit unwirksam. 12

🛈 Beraterhinweis:

Verfügungen zugunsten eines Heimes oder seiner Mitarbeiter sind wirksam, wenn zuvor eine Ausnahmegenehmigung nach § 14 Abs. 6 HeimG durch die Heimaufsichtsbehörde erteilt ist.

2. Verstoß gegen das Verbot sittenwidriger Verfügungen

Nichtig ist eine letztwillige Verfügung auch dann, wenn sie gegen das Verbot sittenwidriger Rechtsgeschäfte verstößt. Sittenwidrig ist eine letztwillige Verfügung, wenn sie den guten Sitten und dem Anstandsgefühl aller billig und gerecht Denkenden widerspricht. Wann das der Fall ist, 13 ist eine Frage des Einzelfalls, die generell nur schwer zu beantworten ist, zumal die allgemeine Verkehrsanschauung zu der Frage der Sittenwidrigkeit einem allgemeinen Wandel unterliegt. Die folgenden Fallgestaltungen verdeutlichen die Grenzziehung:

a)   Übergehen gesetzlicher Erben

14   Das Übergehen gesetzlicher Erben ist nicht sittenwidrig. Es bleibt dem Erblasser auf Grund seiner Testierfreiheit überlassen, ob und wen er zum Erben einsetzt. Hierbei ist es ihm nach geltender Anschauung unbenommen, die gesetzlichen Erben ganz zu übergehen.

b)   Geliebtentestament

15   In den Fällen des sog. Geliebtentestaments, also eines Testaments, mit dem ein außereheliche(r) Liebes- oder Geschlechtspartner bedacht wird, hat sich im Laufe der Zeit ein Wandel der Anschauung ergeben. Über einen langen Zeitraum wurden Testamente zu Gunsten eines außerehelichen Liebespartners als sittenwidrig betrachtet. In der Zwischenzeit hat sich die Verkehrsanschauung geändert: Nach heutiger Rechtsprechung sind sog. Geliebtentestamente nur dann noch als sittenwidrig zu beurteilen, wenn die Erbeinsetzung ausschließlich zur Belohnung für die geschlechtliche Hingabe erfolgt. Faktisch wird dies in den seltensten Fällen oder nie nachzuweisen sein.

c)   Behindertentestament

16   Behindertentestamente (vgl. hierzu im einzelnen § 7) sind Testamente, die zu Gunsten von Behinderten Leistungen aus dem Vermögen eines Erblassers vorsehen, zugleich aber Regelungen enthalten, mit Hilfe derer Zugriffe des Sozialversicherungsträgers auf das Nachlassvermögen vereitelt werden sollen. Solche Testamente werden nach aktueller Rechtsprechung grundsätzlich nicht als sittenwidrig betrachtet.

d)   Unzulässiger Druck

17   Sittenwidrig sind solche Testamente, mit denen auf den Erben ein unzulässiger Druck ausgeübt werden soll. So sollen Testamente unwirksam sein, wenn die Erbeinsetzung davon abhängig gemacht wird, dass der vorgesehene Erbe konvertiert oder ehelos bleibt oder Priester wird.

> **Beispiel:**
> Erblasser E bestimmt seine Tochter T zur alleinigen Erbin unter der Voraussetzung, dass sie sich von ihrem Ehemann scheiden lässt.
> Eine solche Verfügung dürfte unzulässig und damit unwirksam sein, weil sie einen unzulässigen Druck auf die Entschließungsfreiheit der Tochter T bewirkt und damit gegen das Anstands- und Gerechtigkeitsgefühl aller billig und gerecht Denkenden verstößt.

B.   Nachträgliche Unwirksamkeit

Testamentarische Verfügungen können auch nachträglich unwirksam werden. Die wichtigsten   18
Fälle sind eine Unwirksamkeit

- wegen Widerrufs (§§ 2253 bis 2258 BGB)
- durch Anfechtung (§§ 2078 ff., 2281 ff. BGB – vgl. nachfolgend)
- durch Auflösung der Ehe oder des Verlöbnisses (§§ 2077, 2268, 2279 BGB)
- durch Zuwendungsverzicht (§ 2352 BGB)
- durch Wegfall des Bedachten infolge Vorversterbens (§ 1923 Abs. 1 BGB)
- durch Ausschlagung (§ 1943 ff. BGB)
- durch Erbunwürdigkeitserklärung (§§ 2344, 2342 Abs. 2 BGB) und
- durch Zeitablauf (§§ 2109, 2162, 2210, 2252 BGB).

I.   Unwirksamkeit wegen Widerrufs

Mit dem Widerruf eines Testaments kann der Erblasser die Wirkungen des zuvor errichteten   19
letzten Willens aufheben. Die Erklärungen und damit die testamentarischen Verfügungen werden
unwirksam.

II.   Unwirksamkeit durch Anfechtung

Die wirksame Anfechtung (vgl. nachfolgend, § 10) hat zur Folge, dass die angefochtenen Erklä-   20
rungen als von vorneherein nichtig und damit als unwirksam angesehen werden (§ 142 BGB).
Die wirksame Anfechtung einer letztwilligen Verfügung hat somit die Nichtigkeit der Verfügung
zur Folge.

III.   Unwirksamkeit durch Auflösung der Ehe oder des Verlöbnisses

Verfügungen von Todes wegen, mit denen der Erblasser seinen Ehegatten bedacht hat, werden   21
ipso iure unwirksam (vgl. § 2077 BGB), wenn die Ehe

- nichtig war oder
- vor dem Tod des Erblassers aufgelöst wurde oder
- im Zeitpunkt des Todes des Erblassers scheidungsreif war, sofern der Erblasser die Scheidung bereits beantragt oder ihr zugestimmt hatte oder
- im Zeitpunkt des Todes des Erblassers hätte aufgehoben werden können

  und

- nicht anzunehmen ist, dass der Erblasser die testamentarische Verfügung auch für einen der vorgenannten Fälle aufrechterhalten wollte (§ 2077 Abs. 3 BGB).

Ein gemeinschaftliches Testament im Sinne des § 2265 BGB wird in den vorgenannten Fällen ipso iure seinem gesamten Inhalt nach unwirksam (§ 2268 BGB), ein zwischen Ehegatten abgeschlossener Erbvertrag wird – sofern nicht im Wege der Auslegung von seiner Fortgeltung auszugehen ist – insgesamt unwirksam und zwar auch, soweit Dritte in dem Erbvertrag bedacht sind (§ 2279 BGB).

Mit der Anordnung der Unwirksamkeit einer testamentarischen Verfügung von Ehegatten im Falle der Scheidung trägt der Gesetzgeber dem Umstand Rechnung, dass regelmäßig davon ausgegangen werden kann, dass die Einsetzung eines Ehegatten aufgrund der mit der Eheschließung begründeten familienrechtlichen Bindung erfolgt ist. Entfällt aufgrund der Auflösung der Ehe das familienrechtliche Band, dann entfällt damit regelmäßig zugleich auch der Grund für die testamentarische Zuwendung.

> **Beraterhinweis:**
>
> *Die Auslegungsregelung des § 2077 BGB ist nach geltender Rechtsprechung auf Lebensversicherungen nicht entsprechend anwendbar. Hat also ein Ehegatte seinen Partner als Bezugsberechtigten einer auf sein Leben abgeschlossenen Lebensversicherung eingesetzt, so entfällt das Bezugsrecht nicht automatisch, wenn die Ehe geschieden wird. Allerdings können sich die Erben – sofern die eheliche Lebensgemeinschaft der Grund für die Einräumung des Bezugsrechts war – regelmäßig auf einen Wegfall der Geschäftsgrundlage berufen und von der bedachten Ehefrau Herausgabe der Versicherungssumme verlangen (vgl. BGH, Urt. v. 30.11.1994, Az. IV ZR 290/93).*

IV. Unwirksamkeit durch Zuwendungsverzicht

1. Grundsätzliches

22 Ein durch Testament eingesetzter Erbe oder Vermächtnisnehmer oder ein in einem Erbvertrag bedachter Dritter kann durch notariell beurkundeten Vertrag (§§ 2348 i.V.m. § 2352 S. 3 BGB) mit dem Erblasser auf eine Zuwendung verzichten (§ 2352 S. 1, 2 BGB). Der Verzicht hat nicht die Unwirksamkeit der gesamten testamentarischen Verfügung zur Folge, sondern lediglich, dass die Verfügung zugunsten des Verzichtenden unterbleibt so, als wäre er beim Erbfall nicht vorhanden.

Praktische Bedeutung kommt dem Zuwendungsverzicht vor allem dann zu, wenn der Erblasser eine von ihm vorgenommene testamentarische oder erbvertragliche Verfügung nicht mehr einseitig zurücknehmen kann. Das ist bei gemeinschaftlichem Testament in Bezug auf wechselbezügliche Verfügungen der Ehegatten oder bei einem Erbvertrag der Fall, wenn der Ehegatte oder einer der Vertragspartner verstorben ist (§§ 2271 Abs. 2, S.1 , 2290 Abs. 1 S. 2 BGB).

> **Beispiel:**
>
> Ehemann E und seine Frau F haben ein gemeinschaftliches Testament errichtet, in dem sie sich gegenseitig als Alleinerben und ihre drei Kinder A, B und C zu gleichen Teilen zu ihren Schlusserben bestimmt haben. Nach dem Tod der F zahlt E seinem Sohn A seinen Erbteil vorzeitig aus. Beide sind sich darüber einig, dass A nach dem Tode des E kein Erbrecht mehr haben soll.
>
> In diesem Fall ist E nach dem Tod seiner Frau wegen § 2271 Abs. 2 S. 1 BGB gehindert, einseitig die testamentarische Verfügung zugunsten seines Sohnes A aufzuheben. Daher wird er mit A einen notariell zu beurkundenden Zuwendungsverzichtsvertrag schließen, in dem A auf das testamentarische Erbrecht verzichtet.

Beraterhinweis:

Der Verzicht auf ein testamentarisches oder erbvertragliches Erbrecht setzt eine bereits vorhandene Erbeinsetzung voraus, kann also nicht – sozusagen vorsorglich – auf eine künftige Erbeinsetzung bezogen werden. Das bedeutet zugleich, dass ein einmal erklärter Zuwendungsverzicht den Erblasser nicht hindert – wenn er rechtlich dazu in der Lage ist – den Verzichtenden erneut als Erben oder Vermächtnisnehmer einzusetzen.

2. Abgrenzungen

Der Verzicht auf ein testamentarisch oder erbvertraglich eingeräumtes Erbrecht ist von dem Verzicht auf das gesetzliche Erbrecht oder auf das Pflichtteilsrecht sowie von der Ausschlagung zu unterscheiden.   23

a) Verzicht auf das gesetzliche Erbrecht

Mit einem Verzicht auf das gesetzliche Erbrecht (= Erbverzicht) verzichtet ein Verwandter oder der Ehegatte des Erblassers auf sein gesetzliches Erbrecht. Ein solcher Verzicht erstreckt sich zugleich auf das Pflichtteilsrecht (§ 2346 S. 2, 2. Halbsatz BGB).   24

Beraterhinweis:

Der Verzicht auf eine testamentarische oder erbvertragliche Erbeinsetzung bedeutet nicht zugleich auch einen Verzicht auf das gesetzliche Erbrecht und umgekehrt, wenngleich sich dies im Einzelfall im Wege der Auslegung ergeben kann. Um Auslegungsschwierigkeiten zu vermeiden, empfiehlt es sich, bei der Formulierung des Verzichts darauf zu achten, dass sein Umfang klar und deutlich erkennbar ist.

Der Verzicht auf das gesetzliche Erbrecht hat – sofern in der Verzichtsvereinbarung nichts anderes erklärt wird – Wirkung auch für die Abkömmlinge des Verzichtenden (§ 2349 BGB). Auch diese sind im Grundsatz nach einem Verzicht ihres Stammhalters von der gesetzlichen Erbfolge ausgeschlossen. Hierin liegt ein Unterschied zum Verzicht auf das testamentarisch oder erbvertraglich eingeräumte Erbrecht; dieses gilt nur für den Verzichtenden und beseitigt eigene Erbrechte der Abkömmlinge nicht.

Beraterhinweis:

Durch die Reform des Erb- und Pflichtteilsrecht könnte dieser Unterschied jedoch hinfällig werden. Der Gesetzentwurf vom 30.01.2008 sieht vor, dass § 2349 zukünftig auch im Rahmen des Zuwendungsverzichts anwendbar sein soll.

Beispiel:

Der kinderlose Erblasser E hat in einem Erbvertrag mit seinem Bruder B zu gleichen Teilen dessen Kinder A, C und D, ersatzweise deren Abkömmlinge zu seinen Erben eingesetzt. Verzichtet A in einem notariellen Zuwendungsverzichtsvertrag mit E auf sein vertragliches Erbrecht, so hat dies zwar den Ausschluss von A, nicht aber den Ausschluss seiner Kinder zur Folge, die nun Ersatzerben werden.

b)   Verzicht auf das gesetzliche Pflichtteilsrecht

25   Ein Verzicht auf das gesetzliche Erbrecht beinhaltet zugleich auch einen Verzicht auf das Pflichtteilsrecht (§ 2346 S. 2, 2. Halbsatz BGB), hat also zur Folge, dass dem Verzichtenden auch kein Pflichtteilsrecht zusteht. Andererseits muss ein Verwandter oder der Ehegatte nicht auf sein gesetzliches Erbrecht verzichten, wenn allein ein Pflichtteilsverzicht gewollt ist. Vielmehr kann der Verzicht gemäß § 2346 Abs. 2 BGB auch auf das Pflichtteilsrecht beschränkt werden.

> **Beispiel:**
>
> Unternehmer U hat zwei Kinder A und B. Im Wege der vorweggenommenen Erbfolge möchte er A sein Unternehmen übertragen. Sein übriges Vermögen soll – allerdings erst mit seinem Tod – B erhalten, den U testamentarisch zu seinem Alleinerben bestimmt.
>
> Will U sichergehen, dass A nicht nach seinem Tod Pflichtteilsrechte gegenüber B geltend macht, wird er die Übertragung des Unternehmens auf A von einem Pflichtteilsverzicht des A abhängig machen. Ein weitergehender Erbverzicht wäre zwar möglich, zur Erreichung des Zweckes aber nicht erforderlich.

c)   Ausschlagung

26   Der Verzicht auf ein gesetzliches oder testamentarisches Erbrecht geschieht im Wege eines Erbverzichtsvertrags mit dem (noch lebenden) Erblasser. Im Unterschied dazu ist die Ausschlagung einer Erbschaft erst nach dem Tod des Erblassers möglich. Erbverzicht ist daher der Verzicht auf ein künftiges, Ausschlagung der Verzicht auf eine bereits entstandenes Erbrecht.

V.   Unwirksamkeit durch Wegfall des Bedachten infolge Vorversterbens

27   Gemäß § 1923 Abs. 1 BGB kann Erbe nur werden, wer zur Zeit des Erbfalls lebt. Ist ein testamentarisch oder erbvertraglich Bedachter verstorben, bevor der Erbfall eintritt, wird die Erbeinsetzung des Vorverstorbenen unwirksam.

VI.   Unwirksamkeit durch Ausschlagung

28   Wird eine Erbschaft rechtswirksam ausgeschlagen, so gilt der Anfall an den Ausschlagenden als nicht erfolgt (§ 1953 Abs. 1 BGB). Eine Erbeinsetzung wird daher infolge der Ausschlagung wirkungslos.

VII.   Unwirksamkeit durch Erbunwürdigkeitserklärung

1.   Grundsätzliches

Der Anfall einer Erbschaft gilt als nicht erfolgt, eine Erbeinsetzung wird also unwirksam, wenn   29
ein Erbe von einem Gericht für erbunwürdig erklärt worden ist (§ 2344 Abs. 1 BGB). Die Fälle, in
denen Erbunwürdigkeit anzunehmen ist, sind abschließend in § 2339 BGB geregelt. Es sind dies
Fälle, in denen

- der testamentarisch oder erbvertraglich vorgesehene oder gesetzliche Erbe den Erblasser vorsätzlich und widerrechtlich getötet hat oder zu töten versucht hat oder

- Angriffe auf die Testierfreiheit des Erblassers unternommen hat, indem er ihn in einen Zustand versetzt hat, infolge dessen er bis zu seinem Tode unfähig war, eine Verfügung von Todes wegen zu errichten oder aufzuheben oder

- indem er ihn an der Errichtung oder Aufhebung eines Testaments gehindert, ihn arglistig getäuscht oder bedroht hat oder ein Testament gefälscht oder unterdrückt hat.

2.   Verfahren der Erbunwürdigkeitserklärung

Allein das Vorliegen einer der Gründe, die zur Erbunwürdigkeit führen können, führt nicht automa-   30
tisch zur Erbunwürdigkeit. Erforderlich ist vielmehr, dass die Erbunwürdigkeit durch gerichtliche
Anfechtung des Erbschaftserwerbs geltend gemacht wird. Eine solche Anfechtung ist erst zulässig,
nachdem die Erbschaft angefallen ist (§ 2340 Abs. 2 BGB). Anfechtungsberechtigt ist jeder, dem der
Wegfall des Erbunwürdigen – sei es auch nur mittelbar – zustatten kommt (§ 2341 BGB).

VIII.   Unwirksamkeit durch Zeitablauf

Der Gesetzgeber hat den testamentarischen Verfügungen eines Erblassers an verschiedenen Stel-   31
len im Gesetz einer zeitlichen Schranke unterworfen. Regelmäßig hat er eine längere als 30-jähri-
ge Einwirkung des Erblassers auf seine Erben oder Vermächtnisnehmer vermeiden wollen. Daher
wird:

- die Einsetzung eines Nacherben unwirksam, wenn der Nacherbfall nicht innerhalb von 30 Jahren nach dem Erbfall eintritt (§ 2109 S. 1 BGB), Ausnahme: es liegt ein Fall des § 2109 S. 2 BGB vor;

- die Zuwendung eines Vermächtnisses unwirksam, wenn es unter einer aufschiebenden Bedingung oder unter Bestimmung eines Anfangstermins angeordnet ist und die Bedingung oder der Anfangstermin nicht innerhalb von 30 Jahren nach dem Erbfall eintritt, Ausnahme: es liegt ein Fall des § 2162 Abs. 2 oder 2163 Abs. 1 BGB vor;

- die Anordnung einer Dauertestamentsvollstreckung unwirksam, wenn seit dem Erbfall 30 Jahre vergangen sind; Ausnahme: es liegt ein Fall des § 2210 S. 2 BGB vor.

Nottestamente im Sinne des § 2249 (Nottestament vor dem Bürgermeister), des § 2250 BGB (Nottestament vor 3 Zeugen) und des § 2251 BGB (Nottestament auf See) werden gemäß § 2252 BGB
unwirksam, wenn seit der Errichtung drei Monate vergangen sind und der Erblasser noch lebt.

§ 10 Anfechtbarkeit von letztwilligen Verfügungen

1 Unter bestimmten Voraussetzungen können Testamente und sonstige Verfügungen von Todes wegen angefochten werden. Anfechtungsberechtigt sind diejenigen, die durch den Fortfall der angefochtenen Verfügung einen Vorteil haben würden, und – im Ausnahmefall – auch der Verfügende selbst.

A. Anfechtung durch Dritte

I. Anfechtungsberechtigte

2 Grundsätzlich besteht ein Anfechtungsrecht erst und nur dann, wenn der testamentarisch Verfügende verstorben ist. Das Anfechtungsrecht steht in diesen Fällen denjenigen zu, denen die Aufhebung der letztwilligen Verfügung unmittelbar zustatten kommen würde (§ 2080 BGB), im Falle der Anfechtung wegen Übergehens eines Pflichtteilsberechtigten allein dem übergangenen Pflichtteilsberechtigten (§ 2080 Abs. 3 BGB). Anfechtungsberechtigt können also sein

- ein Erbe – z.B. bei Anfechtung von Vermächtniseinsetzungen oder anderen Belastungen –
- ein Ersatzerbe, der die Erbeinsetzung anfechten will,
- ein Nacherbe, der die Vorerbeneinsetzung anfechten will,
- ein Vermächtnisnehmer bei Belastungen mit Untervermächtnissen oder Auflagen,
- ein mit einer Auflage Belasteter,
- ein übergangener Pflichtteilsberechtigter (§ 2079 BGB).

II. Anfechtungsgründe

3 Die Anfechtung kann auf verschiedene Rechtsgründe gestützt werden.

1. Anfechtung wegen Inhaltsirrtums

4 War der Erblasser über den Inhalt, d. h. über die Bedeutung seiner Erklärung im Irrtum, so kann seine letztwillige Verfügung wegen Inhaltsirrtums angefochten werden (§ 2078 Abs. 1, 1. Alternative BGB).

> Beispiel:
>
> Erblasser E verfügt:" Ich setze meine drei Kinder und deren Ehegatten jeweils zu 1/6 zu meinen alleinigen Erben ein".
>
> Gelingt es den leiblichen Kindern, nach dem Tod des E nachzuweisen, dass E davon ausgegangen war, Schwiegerkinder hätten ohnehin ein gesetzliches Erbrecht und gelingt es ihnen weiter nachzuweisen, dass E bei Kenntnis der Rechtslage seine Schwiegerkinder nicht eingesetzt hätte, so können sie das Testament erfolgreich wegen Inhaltsirrtums anfechten.

2. Anfechtung wegen Erklärungsirrtums

Eine Anfechtung wegen Erklärungsirrtums (§ 2078 Abs. 1 2. Variante BGB) kommt in Betracht, 5 wenn der Erblasser eine Erklärung dieses Inhalts gar nicht abgeben wollte, wenn er sich also versprochen hat oder eine vom Notar vorgelesene Erklärung diesen Inhalts nicht hat abgeben wollen.

> **Beispiel:**
>
> Erblasser E will in seinem Testament seinem Neffen Norbert, der Jäger ist, seine Waffensammlung vermachen. Er verwechselt bei der handschriftlichen Abfassung seines letzten Willens die Namen seiner Neffen und vermacht die Waffensammlung versehentlich seinem anderen Neffen Jürgen, der kein Jäger ist und auch sonst mit dem Jagdsport und den Waffen nichts anfangen kann.
>
> Nach dem Tod des E kann sein Erbe (!) das Vermächtnis wegen Erklärungsirrtums anfechten, wenn es nicht gelingt, im Wege der Auslegung (§ 2084 BGB) zu erreichen, dass ein Vermächtnis zugunsten von Norbert angenommen wird.

3. Anfechtung wegen Motivirrtums

Abweichend von den allgemeinen Regeln des Zivilrechts ist es im Erbrecht möglich, eine An- 6 fechtung auf Irrtümer in den Beweggründen einer Erklärung zu stützen (Anfechtung wegen Motivirrtums – § 2078 Abs. 2 1. Alternative BGB). Der Grund für dieses weitergehende Recht der Anfechtung besteht darin, dass entsprechend des Grundsatzes der Privatautonomie dem wahren Willen des Erblassers im Erbrecht zum Durchbruch verholfen werden soll. Eine schützenswerte Position eines Vertragspartners, wie es sie im allgemeinen Schuldrecht gibt und weshalb dort die Anfechtung wegen Motivirrtums ausgeschlossen ist, gibt es im Erbrecht nicht. Daher soll auch ein Irrtum über die Beweggründe zur Anfechtung berechtigen.

> **Beispiel:**
>
> Erblasser E setzt in einem Testament seine Frau F zur Alleinerbin ein, vermacht aber dem L ein Vermächtnis über 100.000 Euro weil L ihm vor Jahren einmal das Leben gerettet hat. Wenn E verstirbt und F nach Abschluss erfährt, dass nicht L das Leben ihres Mannes gerettet hat, sondern dessen Zwillingsbruder Z, kann sie das Testament wegen Motivirrtums anfechten.

4. Anfechtung wegen Drohung

Anfechtbar ist auch ein Testament, zu dem der Verfügende maßgeblich durch eine Drohung be- 7 stimmt worden ist (§ 2078 Abs. 2, 2. Alternative BGB).

> **Beispiel:**
>
> Erblasser E hat in seinem Testament seinem Gärtner eine lebenslängliche Rente von monatlich 1.000 Euro vermacht. Ist er bei Abfassung seines letzten Willens von dem Gärtner bedroht worden, so können seine Erben das Testament nach seinem Tod anfechten.

5. Anfechtung wegen Übergehung eines Pflichtteilsberechtigten

8 Ein Testament oder eine sonstige letztwillige Verfügung kann angefochten werden, wenn der Verfügende eine pflichtteilsberechtigte Person übergangen hat. Denkbar sind Fälle, in denen die pflichtteilsberechtigte Person irrtümlich übersehen wurde, denkbar sind auch Fälle, in denen die pflichtteilsberechtigte Person erst nach Abschluss des Erbvertrages geboren oder pflichtteilsberechtigt wurde (§ 2079 BGB).

> **Beispiel:**
> Der allein stehende Erblasser E setzt zu seiner alleinigen Erbin eine gemeinnützige Stiftung ein. Es stellt sich nach seinem Tod heraus, dass seine Jugendfreundin ohne sein Wissen ein Kind K von ihm ausgetragen hatte, das nun Erbrechte geltend macht.
>
> K kann unter Berufung auf § 2079 BGB das Testament des E anfechten.

Zu beachten ist, dass das Anfechtungsrecht nach § 2079 BGB allein von dem Pflichtteilsberechtigten ausgeübt werden kann (§ 2080 Abs. 3 BGB). Außerdem ist eine Anfechtung wegen Übergehung eines Pflichtteilsberechtigten gemäß § 2079 S. 2 BGB ausgeschlossen, soweit anzunehmen ist, dass der Erblasser auch bei Kenntnis der Sachlage die Verfügung getroffen haben würde.

> **Beispiel:**
> Erblasser E hat neben drei ehelichen Abkömmlingen auch zwei uneheliche Kinder A und B. E weiß allerdings nur von der Existenz des A, nicht aber von der Existenz des B. Zu seinen Erben hat E allein seine leiblichen, ehelichen Abkömmlinge zu jeweils gleichen Teilen eingesetzt.
>
> B könnte nach dem Tod des E im Grundsatz gemäß § 2079 Satz 1 BGB das Testament des E anfechten. Allerdings ist aus der Tatsache, dass auch das uneheliche Kind A, von dessen Existenz E gewusst hat, nicht als Erbe eingesetzt wurde, zu schließen, dass E vermutlich auch den B nicht bei der Erbeinsetzung berücksichtigt hätte. Eine Anfechtung ist somit gemäß § 2079 S. 2 BGB ausgeschlossen.

III. Form und Frist der Anfechtung

9 Die Anfechtung erfolgt gegenüber dem Nachlassgericht in den Fällen, in denen eine Erbeinsetzung, eine Enterbung gesetzlicher Erben, die Einsetzung eines Testamentsvollstreckers oder die Aufhebung einer der vorgenannten Verfügungen oder eine Auflage angefochten werden sollen (§ 2081 BGB). In allen anderen Fällen ist die Anfechtung gegenüber dem Verfügungsbegünstigen vorzunehmen (§ 143 BGB). Dies betrifft insbesondere die Anordnung oder Aufhebung von Vermächtnissen oder die Anfechtung von Teilungsanordnungen.

Die Anfechtung kann nur binnen Jahresfrist erfolgen gerechnet ab dem Zeitpunkt, in welchem der Anfechtungsberechtigte von dem Anfechtungsgrund Kenntnis erlangt. Ausgeschlossen ist die Anfechtung, wenn seit dem Erbfall 30 Jahre verstrichen sind (§ 2082 Abs. 3 BGB).

IV.   Wirkung der Anfechtung

Die Anfechtung bewirkt die Nichtigkeit der angefochtenen Verfügung von Anfang an (§ 142   10
BGB). Allerdings führt die Anfechtung nicht zwingend zur Unwirksamkeit der gesamten Verfügung, sondern sie erfasst nur den Teil des Testaments oder der Verfügung, der angefochten wurde und auch nur dann, wenn anzunehmen ist, dass der Erblasser die Verfügung nicht oder anders getroffen hätte, hätte er die Situation richtig erkannt. Die Anfechtung führt also in vielen Fällen nur zur Teilnichtigkeit der angefochtenen testamentarischen Verfügung.

Bei Anfechtung wegen Irrtums oder Drohung werden die Verfügungen nur insoweit unwirksam, als anzunehmen ist, dass sie durch den Irrtum oder die Drohung beeinflusst sind. Bei Anfechtung wegen Übergehung eines Pflichtteilsberechtigten wird das Testament grundsätzlich insgesamt nichtig, weil eine Berücksichtigung des übergangenen Pflichtteilsberechtigten zu einer Verschiebung sämtlicher Erbquoten führt (umstritten, vgl. Palandt- Edenhofer, § 2079 BGB Rdn. 7).

An die Stelle einer infolge der Anfechtung unwirksamen testamentarischen Regelung tritt entweder ein älteres Testament, das wieder in Kraft gesetzt wird, oder – wenn es ein solches nicht gibt oder anzunehmen ist, dass der Erblasser dieses jedenfalls aufheben wollte – die gesetzliche Erbfolge. Der wahre, nicht erklärte Wille des Erblassers gelangt durch eine Anfechtung nicht zur Wirksamkeit.

> **Beispiel (von Rdnr. 4):**

Erblasser E will in seinem Testament seinem Neffen Norbert, der Jäger ist, seine Waffensammlung vermachen. Er verwechselt bei der handschriftlichen Abfassung seines letzten Willens die Namen seiner Neffen und vermacht die Waffensammlung versehentlich seinem anderen Neffen Jürgen, der kein Jäger ist und auch sonst mit dem Jagdsport und den Waffen nichts anfangen kann.

Ficht der Erbe des E nach dessen Tod das Vermächtnis wegen Erklärungsirrtums an, so führt dies nicht dazu, dass nun ein Vermächtnis der Waffensammlung zugunsten des Neffen Norbert anzunehmen ist. Unbelasteter Erbe wird vielmehr der Erbe, wenn es Norbert nicht gelingt, im Wege der Auslegung (§ 2084 BGB) zu erreichen, dass ein Vermächtnis zu seinen Gunsten angenommen wird.

B.   Anfechtung durch den Testamentserrichter

Grundsätzlich hat der Gesetzgeber ein Anfechtungsrecht des Testamentserrichters nicht vorgesehen. Hierzu besteht im Grundsatz auch kein Bedürfnis, da der das Testament Errichtende seine letztwillige Verfügung grundsätzlich jederzeit widerrufen kann (§ 2253 BGB). In den Fällen des einseitigen Testaments – gleich ob handschriftlich oder notariell beurkundet – ist daher ein Anfechtungsrecht des Testierenden ausgeschlossen. Nur in Ausnahmefällen, nämlich wenn der Testierende selbst gebunden ist – d.h. in den Fällen des Erbvertrags und des gemeinschaftlichen Testaments – hat der Gesetzgeber auch für den Verfügenden ein eigenes Anfechtungsrecht vorgesehen.

I. Anfechtung eines Erbvertrages

1. Grundsätzliches

12 Der Abschluss eines Erbvertrages führt in dem Umfang, in dem vertragsmäßige Verfügungen getroffen sind (§ 2278 BGB) zu einer Bindung der Vertragschließenden: Eine solche Verfügung kann – sei es durch Aufhebungsvertrag oder durch einseitiges oder gemeinschaftliches Testament – nur noch unter Mitwirkung beider Vertragschließenden aufgehoben oder geändert werden (§§ 2290, 2291, 2292 BGB). Der in einem Erbvertrag Verfügende ist somit – soweit er sich nicht gemäß § 2293 BGB den Rücktritt vom Erbvertrag vorbehalten hat – an die Verfügung gebunden. Gleichwohl kann er unter den Voraussetzungen der §§ 2281 ff. BGB den Erbvertrag anfechten.

2. Anfechtungsgründe

13 Die Anfechtung eines Erbvertrags kann im Wesentlichen auf dieselben Anfechtungsgründe gestützt werden, wie die Anfechtung einer letztwilligen Verfügung durch Dritte (vgl. oben).

a) Anfechtung wegen Inhaltsirrtums

14 War der Verfügende über den Inhalt, d. h. über die Bedeutung seiner Erklärung in dem Erbvertrag im Irrtum, so kann er den Vertrag wegen Inhaltsirrtums anfechten (§§ 2281 Abs. 1 i.V.m. 2078 Abs. 1, 1. Alternative BGB).

> **Beispiel:**

Der kinderlose Immobilienspekulant L schließt mit seinem Bruder B einen Erbvertrag, wonach er B als alleinigen Erben für sein Vermögen einsetzt. Hierbei geht er davon aus, dass er sich jederzeit durch einseitige Erklärung von dem Erbvertrag wieder lösen kann. Zwei Jahre später wandert sein Bruder B nach Neuseeland aus. Als L daraufhin seinem Bruder den Widerruf des Erbvertrags mitteilt, erfährt er, dass ein solcher Widerruf rechtlich nicht möglich ist.

Im vorliegenden Fall kann L – wenn er nachweist, dass er tatsächlich in Unkenntnis über die Bindungswirkung eines Erbvertrages gewesen ist – den Erbvertrag wegen Inhaltsirrtums anfechten.

b) Anfechtung wegen Erklärungsirrtums

15 Eine Anfechtung wegen Erklärungsirrtums (§§ 2281 Abs. 1 i.V.m. 2078 Abs. 1 2. Variante BGB) kommt in Betracht, wenn der Verfügende eine Erklärung dieses Inhalts gar nicht abgeben wollte, wenn er sich also versprochen hat oder eine vom Notar vorgelesene Erklärung diesen Inhalts nicht hat abgeben wollen.

> **Beispiel:**

Auf Grund eines Missverständnisses bei der Vorbereitung eines Erbvertrages setzt M zu seiner Erbin seine Ehefrau F, ersatzweise deren Mutter E ein, die er eigentlich von der Erbfolge in jedem Fall ausschließen wollte. M überhört auch bei Verlesung des Erbvertrages durch den Notar die entscheidende Passage. Erst nachdem ihm das Notariat eine Ausfertigung des Erbvertrages hat zukommen lassen, bemerkt er den Fehler.

Wenn sich F im vorstehenden Fall weigert, einer Änderung des Erbvertrages zuzustimmen, kann M den Erbvertrag wegen Erklärungsirrtums anfechten.

c)   Anfechtung wegen Motivirrtums

Eine Anfechtung kommt auch wegen Motivirrtums in Betracht (§§ 2281 Abs. 1 i.V.m. 2078 Abs. 2 1. Alternative BGB).   16

> **Beispiel 1:**
> Erblasser E setzt in einem Erbvertrag seine Frau F zur Alleinerbin ein, vermacht aber dem L ein Vermächtnis über 100.000 Euro weil L ihm vor Jahren einmal das Leben gerettet hat. Wenn E nach Abschluss des Erbvertrages erfährt, dass nicht L sein Lebensretter gewesen ist, sondern dessen Zwillingsbruder Z, kann er den Erbvertrag wegen Motivirrtums anfechten.

> **Beispiel 2:**
> Erblasser E ist begeisterter Reiter. In einem Erbvertrag mit seiner Frau setzt er seine Frau zur Alleinerbin ein. Zugleich vermacht er seiner Nichte N, einer Tochter der Schwester seiner Frau, die ebenfalls reitet, durch vertragsmäßige Verfügung sein Reitpferd. Dies geschieht in der Erwartung, dass N dem Reitsport treu bleibt.
> Entschließt sich N später, mit dem Reitsport aufzuhören, kann E den Erbvertrag im Hinblick auf das seiner Nichte zugedachte Vermächtnis anfechten.

d)   Anfechtung wegen Drohung

Anfechtbar ist auch ein Erbvertrag, zu dem der Verfügende maßgeblich durch eine Drohung bestimmt worden ist (§§ 2281 Abs. 1 i.V.m. 2078 Abs. 2 2. Alternative BGB).   17

e)   Anfechtung wegen Übergehung eines Pflichtteilsberechtigten

Der Vertragschließende eines Erbvertrages kann seine letztwillige Verfügung anfechten, wenn sich nach Abschluss des Erbvertrages herausstellt, dass er eine pflichtteilsberechtigte Person übergangen hat (§§ 2281 Abs. 1 i.V.m. 2079 BGB). Denkbar sind Fälle, in denen die pflichtteilsberechtigte Person irrtümlich übersehen wurde, denkbar sind auch Fälle, in denen die pflichtteilsberechtigte Personen erst nach Abschluss des Erbvertrages geboren wurden oder pflichtteilsberechtigt wurde.   18

> **Beispiel:**
> Ehefrau F schließt mit Ihrem Ehemann M einen Erbvertrag, in dem sich die Eheleute gegenseitig zu Erben einsetzen und zu Schlusserben ihre gemeinschaftlichen Kinder bestimmen. Nach dem Tod des vorverstorbenen M heiratet F erneut und hat mit ihrem neuen Ehemann zwei weitere Kinder. F kann in diesem Fall sowohl nach der Heirat mit dem zweiten Ehemann, als auch nach der Geburt eines jeden Kindes den Erbvertrag mit ihrem ersten Ehemann anfechten.

3. Form und Frist der Anfechtung

19 Die Anfechtung erfolgt durch eine entsprechende Erklärung gegenüber dem Anfechtungsgegner. Das ist bei zweiseitigen Verträgen der noch lebende Vertragspartner, bei einseitigen Erbverträgen der jeweils Begünstigte. Leben diese Personen jeweils nicht mehr, erfolgt die Anfechtung durch Erklärung gegenüber dem Nachlassgericht (§§ 143 Abs. 2, 2281 Abs. 2 BGB).

Die Anfechtungserklärung bedarf der notariellen Beurkundung (§ 2282 Abs. 3 BGB).

Die Anfechtung kann nur binnen Jahresfrist erfolgen, wobei die Frist im Falle einer Anfechtbarkeit wegen Drohung mit dem Zeitpunkt beginnt, in dem die Zwangslage aufhört, in allen übrigen Fällen mit dem Zeitpunkt, in welchem der Erblasser von dem Anfechtungsgrund Kenntnis erlangt (§ 2283 Abs. 1 und 2 BGB).

4. Wirkung der Anfechtung

20 Die Anfechtung des Erbvertrages bewirkt, dass der Erbvertrag – soweit die Anfechtung reicht – von Anfang an unwirksam wird. Andere, nicht unmittelbar von der Anfechtung betroffene Verfügungen bleiben daneben grundsätzlich bestehen. Nur dann, wenn anzunehmen ist, dass der Verfügende diese anderen Verfügungen ohne die unwirksame Verfügung ebenfalls nicht getroffen haben würde, ist von einer Unwirksamkeit auch dieser übrigen Verfügungen auszugeben (§ 2085 BGB). Bei einem zweiseitigen Erbvertrag, d.h. einem Erbvertrag, in dem beide Vertragsbeteiligte Verfügungen treffen, bewirkt die Nichtigkeit einer vertragsgemäßen Verfügung durch die Anfechtung allerdings die Nichtigkeit des gesamten Erbvertrags (§ 2298 BGB).

II. Anfechtung eines gemeinschaftlichen Testaments

21 Im Unterschied zu einem Erbvertrag kann ein gemeinschaftliches Testament zu Lebzeiten der Ehegatten jederzeit widerrufen werden. Der Widerruf ist durch notariell beurkundete Erklärung dem anderen Ehegatten gegenüber zuzustellen (§§ 2296 Abs. 2 i.V.m. 2271 Abs. 1 BGB). Zu Lebzeiten beider Ehegatten besteht daher kein Bedürfnis dafür, den Ehegatten zusätzlich ein Recht der Anfechtung der eigenen Erbeinsetzung oder sonstigen testamentarischen Verfügung zu geben.

Nach dem Tod eines Ehegatten ändert sich die Situation: Gemäß § 2271 Abs. 2 Satz 1 BGB endet mit dem Tod eines Ehegatten das Recht des anderen zum Widerruf. Nur dann, wenn der überlebende Ehegatte das ihm Zugewendete ausschlägt, kann er seine eigene Verfügung aufheben (§ 2271 Abs. 2 Satz 1 BGB). Ein Recht zur Anfechtung sieht das Gesetz beim gemeinschaftlichen Testament gleichwohl nicht vor. Weil aber die Rechts- und Interessenlage vergleichbar mit der Rechts- und Interessenlage beim Erbvertrag ist, besteht nach herrschender Meinung in Literatur und Rechtsprechung gleichwohl in analoger Anwendung der Anfechtungsregelungen beim Erbvertrag (§ 2281 BGB analog) das Recht für den überlebenden Ehegatten, seine Verfügung im selben Umfang anzufechten, wie das ein Vertragspartner eines Erbvertrages kann. Hiernach ist zu differenzieren:

- Einseitige Verfügungen, die nicht wechselbezüglich i.S.v. § 2270 BGB sind, können auch nach dem Tode eines Ehegatten jederzeit widerrufen werden.

■ Wechselbezügliche Verfügungen i.S.v. § 2270 BGB können in analoger Anwendung der §§ 2281 ff., 2078, 2079 BGB angefochten werden. Die Anfechtungserklärung ist gegenüber dem Nachlassgericht abzugeben und bedarf der notariellen Beurkundung (§§ 2281 Abs. 2, 2282 Abs. 3 BGB).

■ Der überlebende Ehegatte kann nach dem Ableben seines Ehegatten die Verfügungen seines vorverstorbenen Ehepartners nach den allgemeinen Regeln, d.h. nach § 2078 BGB anfechten und zwar sowohl dessen einseitige als auch die wechselbezügliche Verfügungen.

Die Wirkungen der Anfechtung sind denen der Anfechtung eines Erbvertrages vergleichbar.   22

■ Die begründete Anfechtung einer eigenen wechselbezüglichen Verfügung durch den überlebenden Ehegatten bewirkt nach § 2270 Abs. 1 BGB auch die Unwirksamkeit der wechselbezüglichen Verfügungen des anderen Ehegatten.

■ Die wirksame Anfechtung einer wechselbezüglichen Verfügung des Erstverstorbenen durch den überlebenden Ehegatten bewirkt nach § 2270 Abs. 1 BGB auch die Unwirksamkeit der eigenen wechselbezüglichen Verfügung.

■ Soweit die Anfechtung auf einzelne Verfügungen beschränkt bleibt, die nicht wechselseitig sind, werden diese einseitigen Verfügungen unwirksam.

§ 11 Annahme und Ausschlagung der Erbschaft

1 Nicht immer ist eine Erbschaft willkommen. Es sind Fälle denkbar, in denen der Bedachte von dem Verstorbenen keine Vermögenswerte übernehmen will – etwa aus persönlichen oder aus steuerlichen Gründen – z. B. zur Rettung steuerlicher Freibeträge bei den Kindern. Weitaus häufiger sind indes Fälle, in denen die Annahme der Erbschaft für den Bedachten wirtschaftlich nachteilig wäre. Das sind Fälle, in denen der Nachlass neben Vermögenswerten auch finanzielle Verbindlichkeiten oder sonstige Verpflichtungen beinhaltet, die den Wert des Aktivvermögens unter Umständen sogar übersteigen. In diesen Fällen muss es dem Erben möglich sein, seine Erbenstellung zu beseitigen.

A.   Annahme der Erbschaft

2 Das Gesetz geht davon aus, dass sich die Erben entweder aus der gesetzlichen Erbfolge oder aus einer letztwilligen Verfügung des Erblassers ergeben. In beiden Fällen ist der so bestimmte Erbe zunächst ohne seine Entscheidung oder Mitwirkung in die Erbenposition berufen worden. Einer besonderen Annahmeerklärung bedarf es hierzu nicht.

Gleichwohl steht es dem Erben frei, das Erbe ausdrücklich anzunehmen. Rechtsfolge hieraus ist, dass der vorläufige Erbe nunmehr zum endgültigen Erben wird. Die Annahme unterliegt keiner bestimmten Form und ist auch als Willenserklärung nicht empfangsbedürftig. Soll sie ausdrücklich erklärt werden, kann dies durch Erklärung gegenüber dem Nachlassgericht, einem Miterben oder einem Nachlassgläubiger erfolgen.

B.   Ausschlagung der Erbschaft

3 Das Zivilrecht sieht eine einseitig verpflichtende Willenserklärung nicht vor, so dass der Erblasser den von ihm vorgesehenen Erben die Erbschaft nicht „aufzwingen" kann. Es steht dem Erben vielmehr frei, die Erbschaft bzw. ein Vermächtnis auszuschlagen. Er beseitigt das Erbrecht damit rückwirkend auf den Zeitpunkt des Erbfalls. Wie dies zu geschehen hat, soll nachfolgend dargestellt werden.

I.   Ausschlagungsberechtigter

1.   Grundsätzliches

4 Zur Ausschlagung einer Erbschaft ist jeder Erbe berechtigt, §§ 1942 Abs. 1, 1953 Abs. 1 BGB. Dabei ist es gleichgültig, ob der Erbe sein Recht als gesetzlicher oder gewillkürter Erbe erlangt hat.

In zwei Fällen ist das Ausschlagungsrecht nicht gegeben:

- Der Fiskus ist gesetzlicher Zwangserbe für den Fall, dass kein anderer Erbe vorhanden ist. Ihm steht das Recht auf Ausschlagung selbst bei Überschuldung des Nachlasses nicht zu, §§ 1942 Abs. 2, 1936 BGB.

- Nach Annahme der Erbschaft hat der Erbe sein Recht auf Ausschlagung verloren, § 1943 BGB.

🛈 **Beraterhinweis:**

Umstritten ist, ob das Recht zur Ausschlagung einer Erbschaft auch einem Sozialhilfeempfänger zusteht, wenn durch die Annahme der Erbschaft eine Entlastung des Gemeinwesen erreicht worden wäre. Auch hier gilt indes der Grundsatz, dass sich der Erbe seine Position nicht aussuchen konnte und daher die Möglichkeit haben muss, sie auch wieder zu beseitigen. Handelt der Sozialhilfeempfänger allerdings in der Absicht, dass durch die Ausschlagung sein Sozialhilfeanspruch bestehen bleibt, kann dies zu Leistungskürzungen oder Unwirksamkeit der Ausschlagung wegen Sittenwidrigkeit führen.

2. Sonderfall Minderjährige

Wünscht der beschränkt Geschäftsfähige die Ausschlagung, bedarf er hierzu der Vertretung durch seine Eltern, § 1629 Abs. 1 S. 2 BGB. Darüber hinaus ist die Genehmigung des Vormundschaftsgerichts einzuholen, § 1643 Abs. 2 S. 1 BGB.   5

🛈 **Beraterhinweis:**

Die Pflicht zur vormundschaftlichen Genehmigung entfällt, wenn das Kind allein deshalb in die Erbenposition nachrücken würde, weil ein vertretungsberechtigter Elternteil selber seinen Erbteil ausgeschlagen hat, § 1643 Abs. 2 S. 2 BGB.

Sofern ein Minderjähriger neben vertretungsberechtigten Eltern Miterbe ist, ist eine vormundschaftliche Genehmigung wegen Befürchtung eines Interessenkonfliktes unabdingbar.

Ebenfalls immer muss das Vormundschaftsgericht entscheiden, wenn amtlich bestellte Vertreter, also etwa Vormund, Betreuer oder Pfleger, eine Ausschlagung für den Minderjährigen begleiten.

Dem Nachlassgericht ist die vormundschaftliche Genehmigung vorzulegen. Diese kann ggf. nachgereicht werden, die Ausschlagungsfrist ist dadurch – wenn jedenfalls der Antrag fristgerecht gestellt wurde – nicht gefährdet.

3. Ausschlagungsumfang

Die Ausschlagung umfasst nach § 1950 BGB grundsätzlich die Erbschaft als Ganzes, eine Teilausschlagung ist unwirksam. Eine Ausnahme hiervon macht das Gesetz in folgenden Fällen: 6

- ▪ Wird ein gesetzlicher Erbe auch durch letztwillige Verfügung zum Erben bestimmt, ist es ihm möglich, die testamentarische Erbeinsetzung auszuschlagen und die gesetzliche Erbfolge zu akzeptieren, § 1948 Abs. 1 BGB.
- ▪ Ist jemand gleichzeitig durch letztwillige Verfügung und Erbvertrag zum Erben eingesetzt, kann eine Ausschlagung auf die eine oder andere Einsetzung beschränkt werden, § 1948 Abs. 2 BGB.

Eine weitere Ausnahme ergibt sich, wenn einem Erben mehrere Erbteile anfallen. Dies ist z. B. der Fall, wenn eine entsprechende letztwillige Verfügung durch den Erblasser getroffen wurde. Dann kommt eine Teilausschlagung immer in Betracht, wenn der Erblasser dies in seinem Testament gestattet hat, § 1951 Abs. 3 BGB. Die Gestattung ist auch dann anzunehmen, wenn der Erbe gleichzeitig als Nacherbe eingesetzt ist.

🛈 **Beraterhinweis:**

Wichtig ist in diesen Fällen, dass eine entsprechende Erklärung eindeutig ist und die Beschränkung der Ausschlagung erkennen lässt.

> **Beispiel:**
>
> „Hiermit schlage ich meinen Erbteil nach dem am 01.01.2009 verstorbenen Max Muster insoweit aus, als er aus meinem am 01.01.2008 mit dem Erblasser geschlossenen Erbvertrag stammt."

II.   Frist

7   Innerhalb von sechs Wochen nach Kenntniserlangung des Erben vom Erbfall und seiner Erbenstellung kann die Ausschlagung erklärt werden, § 1944 BGB. Ist der Erbe testamentarisch berufen worden, beginnt die Frist nicht vor Verkündung des Testaments.

> **Beraterhinweise:**
>
> *Die Ausschlagungsfrist kann im Rahmen der testamentarischen Verfügungen nicht verkürzt oder gar vollständig ausgeschlossen werden. Nur so ist der Erbe vor nachteiligen Erbschaften geschützt.*
>
> *Die Ausschlagungsfrist ist gerade bei gesetzlicher Erbfolge sehr kurz bemessen. Angesichts der persönlichen Trauersituation und der nicht immer einfachen Ermittlung der Erbenstellung und der erforderlichen Handlungen ist die Frist leicht verstrichen. Darauf sollte der Berater schon im Vorfeld achten und auch aus diesem Grund zur Anfertigung von Testamenten raten.*

Bei Auslandssachverhalten – der Erblasser hatte seinen letzten Wohnsitz im Ausland oder der Erbe hielt sich bei Fristbeginn im Ausland auf, verlängert sich die Frist auf sechs Monate, § 1944 Abs. 3 BGB.

Erfolgt die Ausschlagung gegenüber einem unzuständigen Gericht, so ist die Frist gewahrt, wenn die Erklärung noch rechtzeitig an das zuständige Gericht weitergeleitet wird.

Bei geschäftsunfähigen oder beschränkt geschäftsfähigen Erben läuft die Ausschlagungsfrist erst bei Kenntnis des Vertreters von den maßgeblichen Umständen.

> **Beraterhinweis:**
>
> *Ein Nacherbe kann die Ausschlagung bereits mit Eintritt des Erbfalls erklären, § 2142 Abs. 1 BGB.*

III.   Verfahren

8   Die Ausschlagung wird durch Erklärung gegenüber dem Nachlassgericht abgegeben. Dies geschieht entweder in öffentlich beglaubigter Form, § 1945 Abs. 1, 2 BGB, oder durch Erklärung zur Niederschrift beim Gericht. Die Wirkung tritt erst mit Zugang bei Gericht ein.

> **Beraterhinweis:**
>
> *Gelegentlich kommt es vor, dass unmittelbar nach Ingangsetzung einer Ausschlagungserklärung der Erbe seine Meinung ändert und das Erbe doch annehmen will. Dann muss vor oder gleichzeitig mit der Ausschlagungserklärung ein Widerruf beim Nachlassgericht eingehen, § 130 Abs. 1 S. 2 BGB.*
>
> *Der Widerruf kann unabhängig von der Form der Ausschlagung formfrei erfolgen.*

Das Nachlassgericht ist nicht verpflichtet, den Erben über Formmängel seiner Ausschlagungserklärung aufzuklären. Einer besonderen Formulierung der Ausschlagung oder der Verwendung des Wortes „Ausschlagung" bedarf es nicht, da bei Zweifeln die allgemeinen Auslegungsregeln zum Tragen kommen.

> ! **Beraterhinweis:**
> *Die Ausschlagungserklärung kann nicht an eine Bedingung oder Befristung geknüpft werden.*

Der Erbe kann sich bei der Ausschlagung vertreten lassen. Der Vertreter bedarf dazu einer öffentlich beglaubigten Vollmacht, die ebenfalls innerhalb der Ausschlagungsfrist beim Nachlassgericht eingereicht werden muss, § 1945 Abs. 3 BGB.

Kommt es zu einem Rechtsstreit über die Wirksamkeit der Ausschlagung, so ist hierfür das Prozessgericht und nicht etwa das Nachlassgericht zuständig.

IV.   Anfechtung

Ist die Ausschlagung einmal erklärt, kann diese ausschließlich nach Anfechtungsregeln bei Vorliegen der entsprechenden Tatbestandsmerkmale wieder beseitigt werden, gleiches gilt, wenn die Erbschaft angenommen wurde, §§ 119 ff., 1954 – 1957 BGB.   9

1.   Anfechtung der Ausschlagung

Der Anfechtung der Ausschlagung liegen die vier Varianten des Irrtums zugrunde, die nachfolgend dargestellt werden.

a)   Erklärungsirrtum

Der Erklärungsirrtum umfasst Irrtümer über die Erklärungshandlung. Dieser Fall ist nur schwerlich vorzustellen, da eine notarielle Beurkundung der Ausschlagung stattfindet und der Notar verpflichtet ist, über die zu beurkundenden Willenserklärungen und deren Folge aufzuklären.   10

Von dieser Irrtumsvariante werden daher in der Regel die Fälle des Verschreibens und des Versprechens ergriffen. In diesem Zusammenhang kann es bei mehreren Erbschaften oder Erbteilen zu einem Irrtum dergestalt kommen, dass versehentlich z. B. die falsche Erbschaft ausgeschlagen wird.

b)   Inhaltsirrtum

Wusste der Ausschlagende nicht, welche rechtliche Bedeutung seine Erklärung hatte, liegt ein Inhaltsirrtum vor. Dabei ist für eine Anfechtung maßgeblich, dass der Erbe bei Kenntnis der Sach- und Rechtslage die Erklärung nicht so oder jedenfalls anders abgegeben hätte.   11

Beispielhaft lassen sich folgende Irrtumsgründe anführen:

- Der Erbe hat eine falsche Vorstellung über die Identität des Erblassers oder des Nachlasses,

> ▶ **Beispiel:**
> Der Erbe verwechselt Vater und Sohn aufgrund gleichen Vor- und Nachnamens

- der Erbe wusste in Unkenntnis der Ausschlagungsmöglichkeit nicht, dass seine Annahmeerklärung eine solche darstellte,

> **Beispiel:**
>
> Der Erbe beantragt einen Erbschein.

- der Erbe hat die Annahme durch sein schlüssiges Verhalten erklärt, dabei fehlte ihm der Wille zur Annahme.

> **Beispiel:**
>
> Der Erbe zahlt eine Verbindlichkeit an einen Nachlassgläubiger.

c)   Irrtum über verkehrswesentliche Eigenschaften

12   Irrt der Erbe sich über eine verkehrswesentliche Eigenschaft des Nachlasses und schlägt deshalb aus, berechtigt dies ebenfalls zu einer Anfechtung der Ausschlagung. Ein Anfechtungsgrund ist allerdings nur dann gegeben, wenn der Erbe ansonsten tatsächlich anders gehandelt hätte.

Von einem Irrtum vorbezeichneter Art ist immer dann auszugehen, wenn

- der Erbe fälschlicherweise annahm, der Nachlass sei überschuldet oder ihm als Erbe zustehende finanzielle Ansprüche nicht bekannt waren,

> **Beispiel:**
>
> Aufgrund der zunächst in der Wohnung des Erblassers vorgefundenen Unterlagen glaubte der Erbe, dass der Nachlass nur aus Verbindlichkeiten bestünde. Erst Wochen später stellt sich heraus, dass der Erblasser ein ausländisches Wertpapierdepot hatte, dessen Wert die Nachlassschulden bei weitem übersteigt.

- der Erbe im Irrtum über das Vorhandensein einzelner Nachlassforderungen oder -verbindlichkeiten war oder

- in Unkenntnis über die Formbedürftigkeit der Ausschlagungserklärung irrtümlich annimmt, er habe wirksam ausgeschlagen und somit die Anfechtungsfrist verstreichen lässt.

> **Beispiel:**
>
> Erblasser E hinterlässt seine Ehefrau und einen Sohn. Der Sohn erklärt aufgrund der Überschuldung des Nachlasses gegenüber seiner Mutter in einem Telefonat, er schlage die Erbschaft aus. Erkennt er später seinen Irrtum über die Formlosigkeit der Ausschlagungserklärung, kann er das Verstreichen der Ausschlagungsfrist anfechten.

Kennt der Erbe die vollständige Zusammensetzung des Nachlasses, gehen fehlerhafte Einschätzungen seinerseits über den Wert des Nachlasses oder einzelner Nachlassgegenstände zu seinen Lasten und können keine Anfechtung begründen.

2.   Anfechtung der Annahme

13   Die vorgenannten Grundsätze der Anfechtung der Ausschlagungserklärung lassen sich auch auf die Anfechtung der Annahme übertragen.

3.   Berechtigung zur Anfechtung

Sowohl der Erbe als auch der Erbeserbe sind grundsätzlich zur Anfechtung berechtigt. Damit   14
steht dem Testamentsvollstrecker sowie Nachlasspflegern und -verwaltern und Insolvenzverwaltern kein Anfechtungsrecht zu.

Soll für einen Minderjährigen die Anfechtung einer Erbschaftsannahme erklärt werden, so bedürfen die Eltern hierzu der vormundschaftlichen Genehmigung immer dann, wenn auch die Ausschlagung dieser Form unterläge.

4.   Form und Frist

Die Anfechtungserklärung wird in öffentlich beglaubigter Form oder zur Niederschrift beim   15
Nachlassgericht abgegeben, §§ 1944, 1954 BGB.

Die Anfechtungsfrist beträgt sechs Wochen ab Kenntnis des Anfechtungsgrundes, § 1954 Abs. 2
BGB.

5.   Rechtsfolge

Die Anfechtung beseitigt die angefochtene Willenserklärung. Ferner gilt die gegenteilige Erklä-   16
rung fiktiv als abgegeben.

> **Beispiel:**
> Der Erbe erklärt zur Niederschrift beim Nachlassgericht, dass er die bereits schriftlich erklärte Annahme der Erbschaft anfechte. Liegen tatsächlich Anfechtungsgründe vor, so bedarf es einer expliziten Erklärung über die Ausschlagung der Erbschaft nicht mehr.

11

V.   Hintergrund einer taktischen Ausschlagung

Der Hauptgrund für eine Ausschlagung ist erfahrungsgemäß die Überschuldung des Nachlasses.   17

> **Beraterhinweis:**
> *Aufgrund der Ausschlagungsfrist von sechs Wochen sollte unmittelbar nach Kenntnis vom Erbfall die finanzielle Situation des Nachlasses geprüft werden, damit eine Überschuldung auch tatsächlich erkannt wird.*

Daneben können sich aber auch andere Gründe für eine Ausschlagung ergeben:

So kann der Ausschlagende durch seine Erklärung bewusst den unmittelbaren Erbanfall bei seinen Abkömmlingen herbeiführen und so die gesetzliche Erbfolge oder Pflichtteilsansprüche der Erben nach ihm umgehen.

Auch der Pflichtteilsberechtigte kann eine Ausschlagung einsetzen, um sich der Belastung durch Vermächtnisse oder Erbteile zu entledigen.

Aus steuerlicher Sicht werden – da andere Personen die Erbenstellung einnehmen – ggf. andere Freibeträge im Rahmen der Erbschaft- und Schenkungsteuer relevant, was zu erheblichen Steuerersparnissen führen kann, siehe unten VI.

Hinzu kommt die bereits dargestellte Situation des Ehegattenerbrechts (vgl. § 2 D.), welches dem länger lebenden Ehegatten die Möglichkeit gibt, das Erbe auszuschlagen und allein den nach tatsächlichen Werten bemessenen Zugewinn zu verlangen. Auch hier ist von ganz erheblicher Bedeutung, den genauen Nachlasswert zu ermitteln und dem gesetzlichen Erbrecht der Höhe nach gegenüberzustellen.

VI. Steuerliche Aspekte der Ausschlagung

18 Die Ausschlagung der Erbschaft lässt für den Ausschlagenden rückwirkend die Erbschaftsteuer entfallen. Verpflichteter wird insoweit nunmehr derjenige, dem die Erbschaft zufällt.

Beraterhinweis:

Schlägt der zunächst berechtigte Erbe aus, handelt es sich hierbei nicht um eine Schenkung unter Lebenden zugunsten des danach Berechtigten, § 517 BGB.

Die steuerliche Entlastung aufgrund einer taktischen Ausschlagung soll anhand der nachfolgenden Beispiele dargestellt werden (die Berechnungen erfolgen ohne Berücksichtigung der steuerlichen Abrundungsvorschriften sowie des übergangsweise bestehenden Wahlrechts zwischen altem und neuem Erbschaftsteuerrecht):

1. Ausschlagung als Erbe des Vollerben

19 **Beispiel:**

Ein Ehepaar lebt im Güterstand der Gütertrennung. Sie haben zwei Kinder, Xaver und Yvonne. Die Ehegatten haben ein gemeinschaftliches Berliner Testament aufgestellt. Die Vermögenswerte beider Ehegatten belaufen sich auf jeweils 1.400.000 Euro. Es gibt weder Renten noch Versorgungsanwartschaften. Nachdem der Ehemann verstorben ist, wird die Ehefrau einen Monat später Opfer eines Verkehrsunfalls und verstirbt ebenfalls.

Zunächst ist die Ehefrau Erbin ihres Mannes geworden. Berechnung der Erbschaftsteuer für die Ehefrau:

Nachlasswert	1.400.000 €
Freibetrag § 16 Abs. 1 Nr. 1 ErbStG	./. 500.000 €
Versorgungsfreibetrag § 17 Abs. 1 ErbStG	./. 256.000 €
Kostenpauschale § 10 Abs. 5 Nr. 3 ErbStG	./. 10.300 €
Steuerpflichtiger Erwerb	633.700 €
Erbschaftsteuerbelastung: 19% =	**120.403 €**

Nach der Ehefrau sind die Kinder zu gleichen Teilen Erben nach der Mutter geworden. Berechnung der Erbschaftsteuer für ein Kind:

Nachlasswert (Vermögen Vater und Mutter nach Abzug der ErbSt der Mutter x ½)	1.339.798 €
Freibetrag § 16 Abs. 1 Nr. 2 ErbStG	./. 400.000 €
Kostenpauschale § 10 Abs. 5 Nr. 3 ErbStG (1/2 je Kind)	./. 5.150 €
Steuerpflichtiger Erwerb	934.648 €
Erbschaftsteuerbelastung: 19% =	**177.583 €**

Für die Kinder ergibt sich eine Belastung mit Erbschaftsteuer von je 177.583 Euro. Zusätzlich hatte die Mutter bereits 120.403 Euro Steuern zu zahlen. In der Summe haben die beiden Erbfälle also 475.569 Euro Steuern entstehen lassen.

Um dies zu vermeiden, können die Kinder als Rechtsnachfolger ihrer Mutter deren Erbe nach dem Vater ausschlagen, da im Todeszeitpunkt der Mutter die sechswöchige Ausschlagungsfrist nach dem Vater noch lief. Dies hat zur Folge, dass die Kinder sowohl direkte Erben des Vaters als auch der Mutter werden. Berechnung der Erbschaftsteuer für ein Kind:

Nachlasswert Vater	700.000 €
Freibetrag § 16 Abs. 1 Nr. 2 ErbStG	./. 400.000 €
Kostenpauschale § 10 Abs. 5 Nr. 3 ErbStG (1/2 je Kind)	./. 5.150 €
Steuerpflichtiger Erwerb	294.850 €
Erbschaftsteuerbelastung: 11% =	**32.433 €**

Diese Berechnung gilt für jedes Kind, und zwar einmal als Erbe des Vaters und einmal als Erbe der Mutter (da die Vermögenswerte der Eltern jeweils gleich waren), so dass sich eine Gesamtsteuerbelastung in Höhe von 4 x 32.433 Euro = 129.732 Euro für die Erbfälle ergibt. Damit ist diese Variante um einen Steuervorteil von 345.837 Euro günstiger als ohne Ausschlagung.

2.   Ausschlagung gegen Zahlung einer Abfindung

Als Möglichkeit der Steuerersparnis kann sich auch eine Ausschlagung gegen Zahlung einer Abfindung anbieten.   20

> **Beispiel:**

Die Söhne A und B sind gesetzliche Erben des Witwers W. Nachdem W letztwillig verfügt hat, dass ausschließlich A sein Erbe sein soll, verstirbt er und hinterlässt dabei einen Nachlasswert von 2.000.000 €.

Berechnung der Erbschaftsteuer für A:

Nachlasswert Vater	2.000.000 €
Freibetrag § 16 Abs. 1 Nr. 2 ErbStG	./. 400.000 €
Kostenpauschale § 10 Abs. 5 Nr. 3 ErbStG (1/2 je Kind)	./. 10.300 €
Steuerpflichtiger Erwerb	1.589.700 €
Erbschaftsteuerbelastung: 19% =	**302.043 €**

Bei dieser Steuerbelastung bleibt es, wenn B seinen Pflichtteil (1/4 von 2.000.000 Euro = 500.000 Euro) nicht geltend macht. Tut er dies aber, gilt folgende Berechnung der Erbschaftsteuer für A:

Nachlasswert Vater nach Abzug Pflichtteil	1.500.000 €
Freibetrag § 16 Abs. 1 Nr. 2 ErbStG	./. 400.000 €
Kostenpauschale § 10 Abs. 5 Nr. 3 ErbStG (1/2 je Kind)	./. 10.300 €
Steuerpflichtiger Erwerb	1.089.700 €
Erbschaftsteuerbelastung: 19% =	**207.043 €**

Berechnung der Erbschaftsteuer für B:

Nachlasswert Vater	500.000 €
Freibetrag § 16 Abs. 1 Nr. 2 ErbStG	./. 400.000 €
Steuerpflichtiger Erwerb	100.000 €
Erbschaftsteuerbelastung: 11% =	**11.000 €**

Die Gesamtbelastung des Erbes mit Steuern beträgt dann nur 218.043 Euro im Gegensatz zu 302.043 Euro im ersten Fall.

Alternativ hierzu steht die Möglichkeit, dass A nach Absprache mit B nur die Hälfte des Erbes beansprucht, die andere Hälfte dem B zugute kommen soll. Da eine Teilausschlagung nicht möglich ist, bietet sich an, dass A auf sein Erbe verzichtet und ausschlägt. Im Gegenzug hierfür erhält er 1.000.000 Euro von B als Abfindung. Während A die Zahlung der Abfindung als Erwerbskosten zum Abzug bringt, § 10 Abs. 5 Nr. 3 ErbStG, stellt dies für B einen steuerpflichtigen Erwerb vom Erblasser dar, § 3 Abs. 2 Nr. 4 ErbStG. Die Steuerberechnung ist für A folgende:

Nachlasswert	1.000.000 €
Freibetrag § 16 Abs. 1 Nr. 2 ErbStG	./. 400.000 €
Steuerpflichtiger Erwerb	600.000 €
Erbschaftsteuerbelastung: 15% =	**90.000 €**

Für B ergibt sich:

Nachlasswert	1.000.000 €
Freibetrag § 16 Abs. 1 Nr. 2 ErbStG	./. 400.000 €
Kostenpauschale § 10 Abs. 5 Nr. 3 ErbStG (1/2 je Kind)	./. 10.300 €
Steuerpflichtiger Erwerb	589.700 €
Erbschaftsteuerbelastung: 15% =	**88.455 €**

Die Abfindungsvariante führt zu einer weiteren Steuerersparnis gegenüber den Vorvarianten. Natürlich setzt dies die Einigkeit der Erben untereinander voraus sowie die Verzichtsbereitschaft des einen Erben.

3.   Generationensprung

21   Können die gesetzlichen Erben durch Ausschlagung dafür sorgen, dass der Erwerb eine Generation überspringt, liegt hierin ggf. ein probates Mittel, die Steuerlast zu senken.

❯ Beispiel:

Witwe W hinterlässt nach Ihrem Tod den Sohn S als alleinigen Erben des Vermögens in Höhe von 1.000.000 Euro. S wiederum ist Vater von vier Kindern.

Steuerbelastung durch Erbanfall bei S:

Nachlasswert	1.000.000 €
Freibetrag § 16 Abs. 1 Nr. 2 ErbStG	./. 400.000 €
Kostenpauschale § 10 Abs. 5 Nr. 3 ErbStG (1/2 je Kind)	./. 10.300 €
Steuerpflichtiger Erwerb	589.700 €
Erbschaftsteuerbelastung: 15% =	**88.455 €**

Schlägt S das Erbe aus, so werden seine Kinder zu Erben nach W. Deren Steuer berechnet sich jeweils wie folgt:

Nachlasswert	250.000 €
Freibetrag § 16 Abs. 1 Nr. 2 ErbStG	./. 200.000 €
Kostenpauschale § 10 Abs. 5 Nr. 3 ErbStG (1/4 je Kind)	./. 2.575 €
Steuerpflichtiger Erwerb	47.425 €
Erbschaftsteuerbelastung: 7% =	**3.319 €**

Für alle vier Kinder des S ergibt sich mithin eine Gesamtsteuerbelastung in Höhe von 13.276 Euro. Durch Verzicht des Vaters können also 75.179 Euro Erbschaftsteuer gespart werden. Ein weiterer Vorteil besteht darin, dass das Vermögen bereits in der dritten Generation angelangt ist, also eine Erbschaftsbesteuerung des Vermögens des Großvaters auf der Ebene des Vaters vollständig entfällt. Diese Belastung könnte aber mitunter erheblich sein, wenn der Vater über eigenes Vermögen verfügt, das – allein oder mit dem Vermögen des Großvaters zusammen – die erbschaftsteuerlichen Freibeträge übersteigt.

§ 12 Erbschein

A. Grundsätzliches

1 Der Erbschein ist eine amtliche Bescheinigung, in der ausgewiesen wird, wer Erbe ist und welchen Verfügungsbeschränkungen dieser Erbe unterliegt. Der Erbschein ist mit einer besonderen Beweiskraft und öffentlichem Glauben ausgestattet. Zu Gunsten dessen, der in einem Erbschein als Erbe bezeichnet ist, wird gemäß § 2365 BGB vermutet, dass ihm das in dem Erbschein bezeichnete Erbrecht zusteht und dass er nicht durch andere als die angegebenen Anordnungen beschränkt ist.

Es bleibt einem Vertragspartner des in einem Erbschein ausgewiesenen Erben gleichwohl unbenommen, den Inhalt des Erbscheins zu widerlegen, etwa indem er weitere, bisher nicht bekannte letztwillige Verfügungen vorlegt oder Beweismittel vorlegt, die eine andere Auslegung des Testaments als die, wie sie das Nachlassgericht vorgenommen hat, nahe legen.

> **Beispiel:**
>
> F ist einem Erbschein, den er nach dem Tod seines Vaters V unter Vorlage eines privatschriftlichen Testamentes beim Nachlassgericht beantragt hatte, als Alleinerbe ausgewiesen. Sein in dem privatschriftlichen Testament nicht berücksichtigter Bruder E kann – wenn er nachträglich ein späteres Testament findet, in dem er gemeinsam mit seinem Bruder als Erbe aufgeführt ist – im Wege der Feststellungsklage feststellen lassen, dass er neben seinem Bruder F Miterbe zu 1/2 ist. Der zuvor ausgestellte – unrichtige – Erbschein steht der Feststellungsklage nicht entgegen.

Die Erteilung eines Erbscheins geschieht nicht von Amts wegen, sondern erfolgt auf Antrag des oder der Erben. Ein solcher Antrag ist sinnvoll und unter Umständen notwendig, wenn ein Erbe sich im Rechtsverkehr als solcher ausweisen muss, um den Nachlass in Besitz zu nehmen oder darüber zu verfügen oder um eine Grundbuchberichtigung oder eine Änderung des Handelsregisters durchführen zu können. Zu Gunsten dessen, der in einem Erbschein als Erbe ausgewiesen ist, gilt dieses Erbrecht als bestehend. Im Rechtsverkehr kann sich jeder auf diesen öffentlichen Glauben berufen, es sei denn, dass ihm die Unrichtigkeit bekannt war oder er weiß, dass das Nachlassgericht die Rückgabe des Erbscheins wegen Unrichtigkeit verlangt hat (§§ 2366, 2367 BGB). Gerade solche Personen oder Institute, die Leistungen an den Erben zu erbringen haben, werden diese Leistung daher nur erbringen, wenn sie einen Erbschein vorgelegt bekommen.

> **Beispiel:**
>
> Erblasser E hatte bei der Volksbank B ein Sparguthaben über 50.000 Euro. Nach dem Tod des E zahlt die Bank dieses Sparguthaben an N aus, der in einem der Bank vorgelegten Erbschein als Alleinerbe ausgewiesen ist.
>
> Meldet sich nach Auszahlung F, die inzwischen ein gerichtliches Urteil erstritten hat, das sie als Erbin ausweist, so muss die Bank nicht erneut zahlen. Gemäß §§ 2367 i.V.m. 2366 BGB durfte sie auf die Richtigkeit des ihr vorgelegten Erbscheins vertrauen.

Beraterhinweis:

Wollen Schuldner des Erblassers nach dem Erbfall verhindern, dass sie ihre Verbindlichkeiten dem falschen Erben gegenüber erbringen, so sollten sie die Vorlage eines Erbscheins oder eines positiven Feststellungsurteil zu Gunsten dessen, der Erfüllung der Verbindlichkeiten begehrt, verlangen. Nur dann können sie sicher sein, nicht mehrfach zur Erfüllung herangezogen zu werden.

B.   Arten des Erbscheins

Hinsichtlich des Inhalts in einem Erbschein bescheinigten Erbrechts wird unterschieden: 2

I.   Teilerbschein

Ein Teilerbschein ist ein Erbschein, der nur für einen Miterben ausgestellt wird und nur dessen Erbteil bescheinigt. Ein Teilerbschein kann von mehreren Erben gesondert beantragt und gesondert erteilt werden. Ein Teilerbschein ist auch in der Weise möglich, dass darin nur ein Mindesterbteil bezeichnet ist, etwa in den Fällen, in denen Gewissheit über diesen Mindesterbteil besteht, über einen übrigen Erbteil aber eine klare Entscheidung nicht getroffen werden kann.

II.   Gruppenerbschein

In einem Gruppenerbschein werden mehrere Teilerbscheine zusammengefasst. Er wird auf An-   3
trag aller darin benannten Erben ausgestellt.

III.   Gemeinschaftlicher Erbschein

In einem gemeinschaftlichen Erbschein wird zu Gunsten mehrer Erben ein Erbschein erteilt,   4
indem die Erben und ihre einzelnen Erbteile angegeben sind. Im Unterschied zum Gruppenerbschein kann der gemeinschaftliche Erbschein von jedem Erben allein beantragt werden. In
diesem Fall hat der den Antrag stellende Erbe anzugeben, dass die übrigen Erben die Erbschaft
angenommen haben (§ 2357 BGB).

IV.   Sammelerbschein

Ein vereinigter Erbschein oder Sammelerbschein ist die Zusammenfassung mehrerer Erbscheine   5
bei mehrfachem Erbgang.

Beispiel:

Erblasser E wird von seiner Frau F beerbt, die innerhalb eines halben Jahres nach dem ersten Erbfall ebenfalls verstirbt. Ist bis zu diesem Zeitpunkt noch kein Erbschein für F als Erbin nach dem E erteilt worden, so können die Erben von F einen vereinigten Erbschein beantragen, der zum einen das Erbrecht der F nach E, zum anderen das Erbrecht der Erben der F nach dieser bescheinigt.

V.   Gegenständlich beschränkter Erbschein

6   Ein gegenständlich beschränkter Erbschein (§ 2369 BGB) ist ein Erbschein, der gegenständlich begrenzt ist. Das deutsche Erbrecht kennt allein eine gegenständliche Begrenzung auf das Inlandsvermögen in den Fällen, in denen das deutsche Erbrecht im Grundsatz nicht anzuwenden ist.

> **Beispiel:**
>
> Der Franzose F, der in Paris lebt und in der Eifel eine Ferienwohnung hat, verstirbt ohne Hinterlassung eines schriftlichen letzten Willens. Seine Erben können gemäß § 2369 Abs. 1 BGB einen gegenständlichen auf das in Deutschland belegene Vermögen (Eifelgrundstück) begrenzten Erbschein beantragen. Dieser Antrag ist zulässig und statthaft, denn gemäß Art. 25 EGBGB findet auf diesen Erbfall deutsches Recht keine Anwendung. Gleichwohl besteht ein Bedürfnis – zur Grundbuchberichtigung (§ 35 Abs. 1 Satz 1 GBO) – das Erbrecht der Erben im Inland zu bestätigen.

Mit Ausnahme des gesetzlich geregelten Sonderfalles ist im Übrigen die gegenständliche Begrenzung eines Erbscheins nicht möglich.

> **Beispiel:**
>
> Die Erben A, B und C haben von ihrem Vater V unter anderem ein Mehrfamilienhaus und dessen selbst bewohntes Einfamilienhaus geerbt. Zum Zwecke der Grundbuchberichtigung beantragen sie die Erteilung eines Erbscheins begrenzt auf den Nachweis, dass sie Erben des Mehrfamilienhauses und des Einfamilienhauses geworden sind. Das Nachlassgericht wird einen solchen Antrag beanstanden und darauf hinwirken, dass ein korrekter gemeinschaftlicher Erbschein beantragt wird. § 2369 BGB steht dem gegenständlich begrenzten Erbschein entgegen.

> **Beraterhinweis:**
>
> *Auch wenn nach dem vorstehenden Beispiel ein gegenständlich begrenzter Erbschein nicht beantragt werden kann, sind gleichwohl gebührenrechtliche Besonderheiten zu beachten, wenn der Erbschein nur für bestimmte Zwecke bewilligt wird: § 107 Abs. 3 KostO sieht vor, dass in den Fällen, in denen dem Nachlassgericht glaubhaft gemacht wird, dass der Erbschein nur zur Verfügung über Grundstücke oder im Grundbuch eingetragener Rechte oder zum Zwecke der Berichtigung des Grundbuchs gebraucht wird, die Gebühren des Erbscheins nur nach dem Wert der im Grundbuch des Grundbuchamtes eingetragenen Grundstücke und Rechte berechnet wird. Wird der Erbschein im Nachhinein für einen weitergehenden Zweck benötigt, so wird die zuvor erlassene Gebühr nachberechnet (§ 107a KostO).*

Die Gebühr für einen Erbschein kann ganz umgangen werden, wenn ein Erbschein gar nicht erst benötigt wird, um eine Rechtsänderung herbeizuführen oder seine Legitimation als Erbe nachzuweisen. Das ist für Zwecke einer Grundbuchberichtigung beispielsweise die Vorlage eines beurkundeten Testaments oder Erbvertrages (§ 35 Abs. 1 S. 2 GBO).

C.   Erbscheinsverfahren

7   Der Erbschein wird auf Antrag erteilt.

I.   Antragsberechtigte

8   Antragsberechtigt sind die Erben (Vollerben, Vorerben, Miterben, Erbeserben), Ersatz- und Nacherben dann, wenn Ersatz- oder Nacherbfolge eingetreten ist, der Testamentsvollstrecker,

der Nachlassverwalter und der Nachlassinsolvenzverwalter, hingegen nicht der Ersatzerbe und der Nacherbe, solange nicht der Ersatz- oder Nacherbfall eingetreten ist, Nachlassgläubiger, Vermächtnisnehmer, sonstige Dritte.

II.   Inhalt des Antrags

Der Antrag auf Erteilung eines Erbscheins ist vor dem zuständigen Nachlassgericht zu stellen und   9
hat zu beinhalten

- den Todeszeitpunkt des Erblassers
- das Verhältnis, auf dem das Erbrecht beruht
- Angabe von Personen, die durch die letztwillige Verfügung von der Erbfolge ausgeschlossen oder deren Erbteil gemindert worden ist
- Angabe der letztwilligen Verfügungen des Erblassers
- Angabe, ob ein Rechtsstreit über das Erbrecht anhängig ist (§ 2354 BGB)
- der Antragsteller hat die Richtigkeit seiner Angaben durch öffentliche Urkunde nachzuweisen bzw. Originaltestamente vorzulegen (§ 2356 BGB).

Örtlich zuständig ist das Nachlassgericht in dessen Gerichtsbezirk der Erblasser seinen letzten Wohnsitz hat (§ 73 FGG).

🛑 Beraterhinweis:

Durch das Gesetz zur Reform des Verfahrens in Familiensachen und in den Angelegenheiten der freiwilligen Gerichtsbarkeit wird das FGG mit Wirkung zum 01.09.2009 durch das Gesetz über das Verfahren in Familiensachen und in den Angelegenheiten der freiwilligen Gerichtsbarkeit (FamFG) ersetzt. Zukünftig ist die örtliche Zuständigkeit in § 343 FamFG geregelt. Inhaltliche Veränderungen ergeben sich daraus nicht.

12

III.   Prüfung des Nachlassgerichts und Entscheidung

Das Nachlassgericht ermittelt auf Basis der Angaben des Antragstellers und der von ihm vor-   10
gelegten Unterlagen die Rechtslage. Sofern es die Beweiserhebung über einzelne Punkte für erforderlich hält, hat es diese Beweise zu erheben (§ 2358 BGB). Erteilt ist der Erbschein mit der Aushändigung einer Urschrift oder Ausfertigung des Erbscheins.

🛑 Beraterhinweise:

Durch die vorgenannte Reform des FGG-Verfahrens ergibt sich für das Erbscheinverfahren eine Änderung. Gem. § 352 FamFG wird der Beschluss über einen Erbscheinsantrag zukünftig mit seinem Erlass wirksam, wenn dem Antrag vollumfänglich stattgegeben wird. Einer Bekanntgabe an den Beteiligten bedarf es in diesem Fall nicht mehr.

Etwas anderes gilt, wenn der Beschluss dem erklärten Willen eines Beteiligten widerspricht. In diesem Fall ist der Beschluss den Beteiligten bekanntzugeben, seine Wirksamkeit auszusetzen und die Erteilung des Erbscheins bis zur Rechtskraft des Beschlusses (§ 352 Abs.2 FamFG) zurückzustellen.

Die Neuregelung tritt zum 01.09.2009 in Kraft.

D.   Sonstige Legitimationsmöglichkeiten des Erben

11   Der Erbe ist nicht in allen Fällen auf den Erbschein als Legitimationsurkunde angewiesen. Da der Erbschein nicht zwingend vorgeschrieben ist, ist es jedem Gläubiger oder Schuldner unbenommen, auf einen Nachweis des Erbrechts durch einen Erbschein zu verzichten. So sehen die Allgemeinen Geschäftsbedingungen von Banken häufig vor, dass zum Nachweis des Erbrechts eine beglaubigte Testamentsablichtung und die Vorlage eines Testamentseröffnungsprotokolls genügen. Damit wird in der Praxis der Nachweis des Erbrechts erleichtert. Gleichwohl ist auf die Gefahr hinzuweisen, dass der Gläubiger, der sich mit diesen Beweismitteln begnügt, keinen guten Glaubensschutz genießt.

> **Beispiel:**
>
> Sohn S des verstorbenen Erblassers E legt der Bank B zum Nachweis seines Erbrechts ein Testament vor nebst eines Protokolls über die Eröffnung dieses Testaments. Darauf hin zahlt B an S das Guthaben des E bei der Bank in Höhe von 50.000 Euro aus.
>
> Meldet sich später der Bruder des S, D bei der Bank unter Vorlage eines Erbscheins, der ihn als Alleinerben ausweist – weil im Nachhinein ein weiteres Testament des E aufgetaucht ist, das von dem ersten Testament abweicht – so muss die Bank erneut an D leisten. Sie kann sich nicht darauf berufen, in gutem Glauben auf das Testamentseröffnungsprotokoll an S ausgezahlt zu haben.

Zur Auszahlung von Lebensversicherungen ist die Vorlage eines Erbscheins regelmäßig nicht erforderlich. Die Lebensversicherung kann mit schuldbefreiender Wirkung an die in dem Lebensversicherungsvertrag als bezugsberechtigt eingetragene Person auszahlen.

Ein Erbschein ist ebenfalls nicht erforderlich, wenn das Erbrecht in einem Feststellungsurteil festgestellt ist. Ein solches Feststellungsurteil geht dem Erbschein vor. Ist in einem laufenden Prozessverfahren bereits ein Erbschein erteilt, so kann der in dem Zivilprozess obliegende Erbe von der unterlegenen Partei die Rückgabe des Erbscheins verlangen. Zu beachten ist, dass ein solches Feststellungsurteil nur im Verhältnis der Prozessparteien zu einander Wirkung entfaltet. Das Nachlassgericht ist somit nicht gehindert, zu Gunsten anderer Personen einen vom Inhalt des Feststellungsurteils abweichendes Erbrecht zu erteilen. Allerdings hat das Nachlassgericht einen Erbschein einzuziehen, wenn sich ergibt, dass der erteilte Erbschein unrichtig ist (§ 2361 BGB). Ein Antrag zur Einleitung eines Einziehungsverfahrens ist nicht erforderlich.

§ 13 Die Erbengemeinschaft

Gelangt mehr als eine Person zur Erbschaft, so bilden die Erben von Gesetzes wegen gemeinsam   1
eine Erbengemeinschaft, § 2032 BGB. Der Nachlass geht in diesen Fällen ungeteilt auf die Erbengemeinschaft über und wird damit gemeinschaftliches Vermögen der Erben. Die Erben bilden
insoweit eine Gesamthandsgemeinschaft.

> **Beispiel:**
> Der Erblasser hinterlässt – ohne, dass eine letztwillige Verfügung seinerseits vorliegt – seine Ehefrau und die drei ge-
> meinsamen Kinder. Alle vier gesetzlichen Erben werden Miterben und bilden eine Erbengemeinschaft.

Die Erbengemeinschaft ist ihrem Wesen nach auf Auseinandersetzung angelegt. Das heißt, dass in   2
der Regel die Nachlassverbindlichkeiten beglichen werden und im Anschluss daran das vorhandene Vermögen real oder nach Liquidation auf die Erben nach Erbquote verteilt wird. Bis zum
Verteilungszeitpunkt steht den Erben gemeinsam die Verwaltung des Nachlasses zu.

Die Rahmenbedingungen der Verwaltung und Auseinandersetzung des Nachlasses für die Erben-   3
gemeinschaft soll nachfolgend dargestellt werden. Im Anschluss finden sich einige Gestaltungsal-
ternativen, die das gesetzliche Gerüst der Erbengemeinschaft im Sinne des Erblassers modifizieren können.

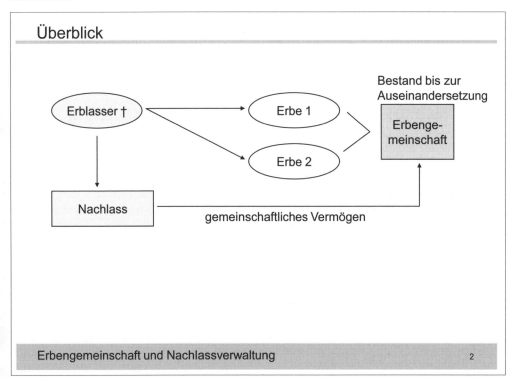

Schaubild: Überblick Erbengemeinschaft

A. Verfügung der Erben über das Nachlassvermögen

4 Grundprinzip der Gesamthandsgemeinschaft ist, dass niemand ohne die Zustimmung der anderen Miterben über einzelne Wirtschaftsgüter des Nachlasses verfügen kann.

Beabsichtigt ein Miterbe, bereits vor der Auseinandersetzung des Nachlasses aus seiner Erbenstellung finanzielle Vorteile zu ziehen, steht es ihm frei, über seinen Anteil am Nachlass im Ganzen zu verfügen, § 2033 Abs. 1 BGB. Eingeschränkt werden kann dieses Recht nur durch eine entgegenstehende letztwillige Verfügung des Erblassers oder eine entsprechende Verpflichtung der Miterben untereinander.

> **Beispiel:**
> Miterbe M steht aus dem bislang ungeteilten Nachlass in Höhe von 480.000 Euro eine Erbquote von 25% zu. Der Erblasser hatte kein Testament errichtet. Da sich M ständig in Geldnot befindet, will er die Auseinandersetzung des Nachlasses nicht abwarten und veräußert seinen Erbteil für 100.000 Euro an den Miterben B.

5 Gemäß § 2034 Abs. 1 BGB haben die Miterben ein Vorkaufsrecht, sofern der Veräußerer die Übertragung an einen Dritten beabsichtigt. Dazu hat der verkaufswillige Erbe die anderen Erben über seine Absicht zu informieren. Diesen steht sodann eine Frist von zwei Monaten zur Ausübung des Vorkaufsrechts zur Verfügung. Kommt es zu einer Veräußerung, ohne dass die Miterben die Möglichkeit der Ausübung des Vorkaufsrechts hatten, steht ihnen dieses Recht nunmehr gegenüber dem Käufer zu.

> **Beraterhinweis:**
> Die Veräußerung des Erbanteils bedarf der notariellen Beurkundung, § 2033 Abs. 1 S. 2 BGB.

B. Nachlassverwaltung bis zur Auseinandersetzung

6 Die Auseinandersetzung des Nachlasses wird in den seltensten Fällen unmittelbar nach dessen Inbesitznahme durch die Miterben erfolgen. Bis es zu einer Auseinandersetzung kommt, ist der Nachlass durch die Miterben gemeinschaftlich zu verwalten, § 2038 Abs. 1 BGB. Dabei steht im Vordergrund, den Nachlass zu erhalten und, wenn möglich, zu mehren. Richtlinie ist eine so genannte ordnungsgemäße Verwaltung, wonach bei objektiver Betrachtung das Interesse aller Miterben berücksichtigt werden soll, vgl. § 745 Abs. 3 BGB.

Gerade bei einer Vielzahl von Erben stellt sich die Verwaltung erfahrungsgemäß als schwierig dar, wenn unterschiedliche Vorstellungen von den Aufgaben im Rahmen der Nachlassverwaltung und deren Umsetzung bestehen. Das Gesetz hat indes – durch einen Verweis auf die Regelungen zur Gemeinschaft – Regelungen zur gemeinsamen Verwaltung aufgestellt, die nachfolgend dargestellt werden.

I.   Maßnahmen der allgemeinen Verwaltung

1.   Grundfall

> **Beispiel:**
>
> Die Erben A, B und C bilden eine Erbengemeinschaft, A ist zu 50%, B und C sind zu jeweils 25% am Nachlass berechtigt. Sie sind nach dem Erbfall Eigentümer eines fremdvermieteten Mehrfamilienhauses geworden. Eine der Wohnungen steht leer, kann aber ohne wesentliche Reparaturaufwendungen im Sanitärbereich nicht erneut vermietet werden. Durch den Leerstand entgehen der Erbengemeinschaft monatlich 1.200 Euro Mieteinnahmen. Während A und B gerne kurzfristig die Reparaturen in Höhe von 8.000 Euro durchführen würden, um die Wohnung erneut zu vermieten, scheut C die Kosten und weigert sich, einer Beauftragung der Handwerker zuzustimmen.

Die rechtlichen Verhältnisse der Miterben richten sich nach den Vorschriften des BGB zur Gemeinschaft, §§ 2038 Abs. 2, 743, 745, 746, 748 BGB. Im Innenverhältnis der Erbengemeinschaft gilt – für Maßnahmen der Verwaltung und Benutzung – das Prinzip der Stimmenmehrheit (§§ 745 Abs. 2 i.V.m. 2038 Abs. 2 BGB). Dabei ist zu beachten, dass nicht jeder Erbe automatisch eine Stimme hat, sondern die Mehrheit anhand der Beteiligung am Erbe bestimmt wird (§ 745 Abs. 1 S. 2 BGB). 7

Maßnahmen, die zu einer wesentlichen Veränderung eines Nachlassgegenstandes führen würden, können indes nicht durch eine Mehrheit gegen den Willen eines Miterben durchgesetzt werden; ebenso wenig darf einem Miterben durch die Mehrheit ein seinem Anteil entsprechender Anteil an den Nutzungen verweigert werden (§ 745 Abs. 3 BGB).

Im vorbezeichneten Beispiel bedeutet dies, dass A und B gemeinsam die Stimmenmehrheit haben und daher auch ohne die Zustimmung des C die geplanten Arbeiten, die als Maßnahmen der ordnungsgemäßen Verwaltung einzuordnen und nicht mit einer wesentlichen Veränderung der Immobilie verbunden sind, durchsetzen können.

Auch, wenn C anderer Meinung ist als seine Miterben, ergibt sich für ihn die Verpflichtung, rechtlich und tatsächlich an der Umsetzung des Mehrheitsbeschlusses der anderen mitzuwirken.

13

> **Beraterhinweis:**
>
> *Weigert sich C, seine Mitwirkungshandlungen vorzunehmen, steht den anderen Miterben der Zivilrechtsweg offen, um die Zustimmung notfalls gerichtlich durchzusetzen.*

2.   Interessenverwicklung eines Erben

Einen Sonderfall stellt die Situation dar, dass einer oder mehrere der Miterben als Einzelne von Entscheidungen der Gemeinschaft betroffen sind. Dann entfällt insoweit das Stimmrecht der Betroffenen, um nicht durch den persönlichen Interessenkonflikt unsachgemäßen Entscheidungen Vorschub zu leisten. 8

> **Beispiel:**
>
> In dem vorgenannten Beispiel ist A Inhaber eines Handwerksbetriebes, der vor einigen Monaten Dienstleistungen an den damals noch lebenden Erblasser für das Grundstück erbracht hat. In diesem Zusammenhang kam es zum Streit über Schäden, die angeblich durch die Mitarbeiter des A in dem Gebäude verursacht worden sein sollen. B und C sind nun der Meinung, dass der Ersatz der Schäden gegen A gerichtlich durchgesetzt werden soll, A bestreitet sein Verschulden und ist gegen ein Gerichtsverfahren.
>
> Aufgrund seiner Erbbeteiligung könnte A ggf. ein Gerichtsverfahren verhindern. Da jedoch sein Interessenkonflikt offensichtlich ist, steht ihm ein Recht auf Abstimmung in diesem Fall nicht zu.

9   Eine Ausnahme kann sich allenfalls dann ergeben, wenn trotz eines Einzelinteresses des Miterben die Gefahr einer sachfremden Entscheidung nicht droht. Im vorgenannten Beispiel könnte dies der Fall sein, wenn A nicht alleiniger Inhaber der Handwerksfirma ist sondern nur Minderheitsgesellschafter.

II.   Notgeschäftsführung

10   Sofern notwendige Maßnahmen der Verwaltung aufgrund von Eilbedürftigkeit keinen Aufschub dulden, bzw. die Miterben nicht erreichbar sind, ist jeder der Miterben auch ohne die Zustimmung der anderen berechtigt, die entsprechenden Handlungen vorzunehmen, § 2038 Abs. 1 BGB. Tätigt er in diesem Zusammenhang Aufwendungen, kann er sie aus dem Nachlass ersetzt verlangen. Voraussetzung ist aber stets, dass seine Maßnahmen auch tatsächlich notwendig waren.

III.   Außerordentliche Verwaltungsmaßnahmen

11   Maßnahmen, die über das Maß einer ordnungsgemäßen Verwaltung und Benutzung der Nachlassgegenstände hinausgehen – so genannte außerordentlichen Maßnahmen der Verwaltung – können nicht durch Mehrheitsentscheidungen beschlossen werden, hier gilt das Einstimmigkeitserfordernis, §§ 2038 Abs. 2, 745 Abs. 3 BGB.

Hätten daher im obigen Beispiel A und B beschließen wollen, das Dach des geerbten Wohnhauses aufzustocken, um weiteren vermietbaren Wohnraum zu schaffen, so wäre dies nicht als Maßnahme der ordnungsgemäßen Verwaltung, sondern als außerordentliche Verwaltungsmaßnahme einzustufen gewesen, die nicht gegen den Willen von C hätte durchgesetzt werden können.

Insbesondere bei illiquiden Nachlässen, die nur aus Sachwerten bestehen, ist oft die Veräußerung der Wirtschaftsgüter notwendig, um die Nachlassverbindlichkeiten zu begleichen. Eine solche Maßnahme bedürfte jeweils der Zustimmung aller Miterben.

> **Beraterhinweis:**
>
> *Falls einer der Erben seine Stimme oder Mitwirkung zu einer solchen Maßnahme verweigert, müssen die anderen die notwendigen Handlungen gerichtlich geltend machen.*

IV.   Nachlassforderungen

Ebenfalls ohne die Mitwirkung der anderen kann ein Miterbe Forderungen des Nachlasses gegen-   12
über dem Schuldner geltend machen, § 2039 BGB. Dabei hat der Schuldner an die Erbengemeinschaft als Ganzes zu leisten. Sachen sind dabei vorrangig zu hinterlegen oder an einen Verwahrer
abzuliefern.

❗ Beraterhinweis:

*Da wie vorerwähnt an die Erbengemeinschaft als Ganzes zu leisten ist, ist bei der Abfassung des Klagesantrags auf eine
entsprechende Formulierung zu achten: „Zahlung an alle Erben".*

V.   Nachlasserträge

Wirft der Nachlass laufende Erträge ab, z. B. aus Mieteinnahmen, ist eine sofortige Auszahlung   13
an die Miterben grundsätzlich nicht vorgesehen. Vielmehr fallen diese Erträge in den Gesamtnachlass, und werden mit der endgültigen Auseinandersetzung nach der jeweiligen Erbquote und
Erfüllung aller Nachlassverbindlichkeiten an die Miterben ausgekehrt.

❗ Beraterhinweis:

*Mit einem einstimmigen Beschluss können die Miterben etwas anderes vereinbaren. Kommt es danach zu der Situation, dass
der Nachlass nicht ausreicht, um alle Verbindlichkeiten zu erfüllen, müssen die Erben nachschießen und entsprechend ihrer
Erbbeteiligung die Schulden gesamtschuldnerisch begleichen.*

*Unter finanziell besonders günstigen Umständen hat ein Miterbe ggf. einen – auch gerichtlich durchsetzbaren – Anspruch
gegenüber den anderen auf Zustimmung zur vorzeitigen Verteilung von Erträgen.*

C.   Die Auseinandersetzung des Nachlasses

13

I.   Gesetzliche Grundlagen

Die Auseinandersetzung des Nachlasses beendet die Erbengemeinschaft. Ohne Anweisungen des   14
Erblassers und ohne besondere Vereinbarungen der Miterben stellt sich die Auseinandersetzung
wie folgt dar, vgl. §§ 2046 ff. BGB:

- ■ Vorab sind alle Nachlassverbindlichkeiten zu begleichen. Vorausvermächtnisse fallen ebenfalls hierunter. Vorhandene Vermögenswerte sind dazu unter Umständen zu liquidieren.

- ■ Im Anschluss wird das verbliebene Nachlassvermögen unter den Miterben entsprechend ihrer jeweiligen Erbquote verteilt. Hat der Erblasser letztwillige Teilungsanordnungen getroffen, sind diese durch Übertragung des jeweiligen Gegenstandes an den begünstigten Erben
auszuführen. Der entsprechende Wert ist bei der Verteilung zu berücksichtigen und bei dem
Begünstigten anzurechnen.

Beraterhinweise:

Die vorgenannte Reihenfolge ist dispositiv. Immer gehen den gesetzlichen Regelungen abweichende Anweisungen des Erblassers oder Vereinbarungen der Miterben untereinander vor.

Wirken die Miterben bei der Umsetzung der Teilungsanordnung nicht mit, so lässt sich dies gerichtlich erzwingen.

II.   Abweichende Vereinbarungen der Miterben

15   Den Miterben steht es frei, eine von den gesetzlichen Bestimmungen abweichende Regelung über die Auseinandersetzung des Nachlasses zu treffen. Dies kann formfrei geschehen, solange nicht Grundstücke oder Anteile an einer GmbH betroffen sind, die eine notarielle Beurkundung des Vertrags über die Erbteilung erforderlich machen.

III.   Die Teilungsauseinandersetzung

16   Im Rahmen einer Teilungsauseinandersetzung werden die Gegenstände des Nachlassvermögens ohne Liquidation einzeln an die Miterben übertragen. Dabei muss nicht das ganze Nachlassvermögen real übertragen werden, den Erben steht es vielmehr frei, die Teilungsauseinandersetzung auf einzelne Gegenstände zu beschränken.

Beraterhinweis:

Auch hier sind die Formvorschriften hinsichtlich der Übertragung von Grundstücken, grundstücksgleichen Rechten und Anteilen an einer GmbH zu beachten.

17   Die Teilungsauseinandersetzung kann auch insoweit erfolgen, als einzelne Erben – z.B. gegen Zahlung einer Abfindung – aus der Erbengemeinschaft ausscheiden und deren Erbteil damit den anderen Erben anwächst, so genannte persönlich beschränkte Auseinandersetzung, § 2033 BGB.

Beispiel:

Eine Erbengemeinschaft besteht aus den drei Erben A, B und C. Einziger Nachlasswert ist ein fremdvermietetes Grundstück nebst aufstehendem Gebäude. Der Miterbe C hat kein Interesse an einer dauerhaften gemeinschaftlichen Vermietung und scheidet daher gegen Abfindung aus der Gemeinschaft aus. Die verbliebenen Miterben A und B erhalten seinen Anteil an der Gemeinschaft und können gemeinsam die Vermietung weiterbetreiben.

18   Im Gegensatz hierzu steht die gegenständlich beschränkte Teilungsauseinandersetzung. Dabei werden einzelne Gegenstände des Nachlassvermögens aus diesem ausgesondert und auf einen Miterben übertragen.

Beraterhinweis:

Die Vereinbarung der persönlich beschränkten Auseinandersetzung ist grundsätzlich formfrei möglich, für Grundstücksübertragungen und andere formgebundene Rechtsgeschäfte gelten deren Formvorschriften.

IV. Verwaltung ohne Auseinandersetzung

Unter gewissen Voraussetzungen kommt eine Auseinandersetzung des Nachlasses – jedenfalls vorübergehend – nicht in Betracht.   19

1. Anordnungen des Erblassers

Der Erblasser kann durch Testament anordnen, dass eine Auseinandersetzung ausgeschlossen wird, § 2044 Abs. 1 BGB. Insbesondere kann der Erblasser dabei bestimmen, dass sich der Ausschluss nur auf einzelne Nachlassgegenstände bezieht.   20

Zeitliche Beschränkungen:

- Knüpft der Erblasser die Erbauseinandersetzung an den Eintritt eines bestimmten Ereignisses in der Person eines Miterben, z. B. das Erreichen eines bestimmten Lebensalters des Erben oder den erfolgreichen Abschluss eines Studiums, so ist bei Eintritt der Bedingung die Erbengemeinschaft wie üblich auf die baldmögliche Auseinandersetzung gerichtet.

- Der Erblasser kann die Auseinandersetzung bis zum Eintritt einer von ihm angeordneten Nacherbfolge oder dem Anfall eines von ihm angeordneten Vermächtnisses aufschieben.

- Während die beiden vorgenannten Umstände eines Teilungsausschlusses an die Bedingungen des Erblassers derart geknüpft sind, dass die zeitliche Dauer bis zum Eintritt der Bedingung keine Rolle spielt, ist der Ausschluss der Teilung ohne solche Bedingungen gesetzlich nach dreißig Jahren ab dem Zeitpunkt des Erbfalls beendet, § 2044 Abs. 2 BGB.

2. Vereinbarung der Miterben

Ebenso wie der Erblasser können auch die Miterben eine Teilung des Nachlasses ausschließen. Hierzu bedarf es einer einstimmig getroffenen, formfreien Vereinbarung. Die Vereinbarung kann auf unbestimmte Zeit geschlossen werden, aber auch Bedingungen oder Befristungen enthalten.   21

13

🚫 Beraterhinweis:

Die Miterben sind berechtigt, aus wichtigem Grund im Sinne des § 749 Abs. 2 BGB jederzeit auch entgegen der getroffenen Vereinbarung die Auseinandersetzung des Nachlasses zu verlangen.

3. Gesetzlicher Aufschub der Auseinandersetzung

Solange Erbteile wegen der zu erwartenden Geburt eines Miterben noch unbestimmt sind, ist die Auseinandersetzung bis zum Ende der Unbestimmtheit ausgeschlossen, § 2043 Abs. 1 BGB. Gleiches gilt, solange eine Entscheidung über einen Antrag auf Annahme als Kind, über die Aufhebung des Annahmeverhältnisses oder über die Anerkennung einer vom Erblasser errichteten Stiftung als rechtsfähig noch aussteht, § 2043 Abs. 2 BGB.   22

> **Beispiel:**
>
> Zum Zeitpunkt des Todes des Erblassers steht die Geburt seines dritten Kindes unmittelbar bevor. Da das ungeborene Kind (nasciturus) bereits als Erbe in Betracht kommt (vgl. § 1923 Abs. 2 BGB), wird es neben seinen beiden Geschwistern und der Mutter bei gesetzlicher Erbfolge Miterbe werden. Bis zur Geburt ist die Auseinandersetzung des Nachlasses ausgeschlossen.

V.   Teilungsversteigerung

23   Problematisch können Fälle sein, in denen zum Nachlass Hausgrundstücke – z.B. das Familienwohnheim des Verstorbenen gehören und sich die Erben nicht über eine Veräußerung einigen können. In diesem Fall kann jeder Miterbe zur Durchführung der Auseinandersetzung die so genannte Teilungsversteigerung beantragen, vgl. §§ 180 ff. ZVG. Der Versteigerungserlös steht dann wiederum den Erben gemeinsam zu.

> **Beraterhinweis:**
>
> *Formal notwendig ist ein Antrag an das Amtsgericht, in dessen Bezirk sich das Grundstück befindet. Der Antrag richtet sich gegen alle Miterben.*

Als Antragsteller kommen neben einem Miterben noch der Testamentsvollstrecker sowie Pfändungsgläubiger, Nießbraucher und Käufer eines Erbteils in Betracht. Nachlassgläubiger hingegen müssen ihre Forderungen ggf. im Wege der Zwangsversteigerung durchsetzen.

VI.   Teilungsklage

24   Begehrt ein Miterbe die Auseinandersetzung, weigern sich die übrigen Erben aber, an einer solchen Auseinandersetzung mitzuwirken, so kann er seinen Anspruch hierauf notfalls mit einer Teilungsklage gerichtlich durchsetzen, § 2042 BGB. Die Klage richtet sich auf Zustimmung zu einem Teilungsplan, die Zustimmung wird im Fall des Obsiegens dann durch ein gerichtliches Urteil ersetzt. Dabei obliegt es dem Anspruchsteller, diesen Teilungsplan vorzulegen. Zu beachten hat er darin Erbquoten und Teilungsanordnungen des Erblassers, Vereinbarungen zwischen den Miterben und schließlich noch die gesetzlichen Auseinandersetzungsregeln. Auf Basis eines vom Gericht festgestellten Teilungsplans kann der Erbe erforderlichenfalls die Zwangsvollstreckung gegen seine Miterben betreiben.

VII.   Nachlassgläubiger

25   Nicht selten wenden sich Nachlassgläubiger an die Erbengemeinschaft oder an einzelne Erben und verlangen den Ausgleich ihrer Forderungen. Dann gilt es zu beurteilen, wie weit die Haftung der Gemeinschaft und des einzelnen für Verbindlichkeiten reicht.

1.   Gemeinschaftsverbindlichkeiten

Für gemeinschaftliche Nachlassverbindlichkeiten haften die Erben gemäß § 2058 BGB als Ge-   26
samtschuldner. Das heißt, dass Nachlassgläubiger den Ausgleich ihrer Forderungen aus dem
ungeteilten Nachlass von jedem Erben in voller Höhe durch eine Gesamtschuldklage verlangen
können.

🛑 **Beraterhinweis:**

Bis zur Teilung des Nachlasses kann ein Miterbe gegen seine unbeschränkte Inanspruchnahme ein Leistungsverweigerungsrecht hinsichtlich seines Eigenvermögens geltend machen, welches die Haftung vorläufig beschränkt. Ein zivilrechtliches Urteil würde damit insoweit unter Vorbehalt ergehen. Aufgrund dieses Vorbehalts ist der Erbe bei einer Vollstreckung in sein Eigenvermögen zur Erhebung der Vollstreckungsgegenklage berechtigt, so dass der Gläubiger nur in den Miterbenanteil vollstrecken kann.

Das Verweigerungsrecht in diesem Sinne steht dem Miterben nicht mehr zu, wenn er seine Haftung nicht mehr beschränken kann, weil er eine ihm zur Errichtung eines Inventars gesetzte Frist hat verstreichen lassen oder ein Inventar absichtlich falsch errichtet hat. In diesen Fällen kann er das Verweigerungsrecht in der Höhe der Verbindlichkeit, die seiner Erbquote entspricht, nicht geltend machen.

Nach der Teilung haftet jeder Miterbe im Grundsatz gesamtschuldnerisch, d.h. in voller Höhe. In
den folgenden Fällen haftet jeder Miterbe allerdings nur für den seinem Erbteil entsprechenden
Teil der Nachlassverbindlichkeit. Das gilt

- gegenüber Gläubigern, die durch ein Aufgebotsverfahren ausgeschlossen sind,
- gegenüber Gläubigern, die ihre Forderung später als 5 Jahre nach dem Erbfall anmelden, wenn
  nicht ihre Forderung dem Miterben vorher bekannt war oder sie in einem Aufgebotsverfahren
  angemeldet worden war,
- gegenüber allen Gläubigern, wenn ein Nachlassinsolvenzverfahren eröffnet und durch Verteilung der Masse oder durch einen Insolvenzplan beendet worden ist.

Für Nachlassverbindlichkeiten, die von vorneherein nur einen Miterben betreffen – z.B. Ver-   **13**
mächtnisse oder Auflagen, die nur einzelnen Miterben auferlegt sind – haftet allein der betroffene
Miterbe, eine gesamtschuldnerische Haftung aller Miterben besteht nicht.

Hat ein als Gesamtschuldner in Anspruch genommener Miterbe an den Anspruchsteller geleistet,
so steht ihm im Innenverhältnis zu seinen Miterben ein Anspruch auf Ausgleich seiner Zahlungen zu. Dieser Ausgleich erfolgt in Höhe der jeweiligen Erbquote.

2.   Einzelverbindlichkeiten

Verbindlichkeiten des einzelnen Miterben sind z. B. solche aus Vermächtnissen oder Auflagen, die   27
sich nur auf eine Person beziehen. Hierzu zählen ebenfalls Verbindlichkeiten gegenüber Pflichtteilsberechtigten. In diesen Fällen haftet allein der betroffene Miterbe.

VIII.   Ausgleichsverpflichtung zwischen Abkömmlingen

28   Sofern Abkömmlinge vom Erblasser zu Lebzeiten Ausstattung erlangt haben und sie später aufgrund der gesetzlichen Erbfolge in die Erbenstellung eingetreten sind, sieht § 2050 BGB eine Ausgleichspflicht gegenüber den anderen Abkömmlingen vor.

Damit gibt das Gesetz eine Regelung vor, nach welcher das Auseinandersetzungsguthaben berechnet wird.

❗ Beraterhinweis:

Eine Ausgleichsverpflichtung besteht nicht, wenn der Erblasser bei der Zuwendung etwas anderes angeordnet hat.

Tritt die Reform des Erbrechts wie derzeit geplant in Kraft, kann der Erblasser künftig die Ausgleichsbestimmung auch noch nach der Zuwendung in seinem Testament vornehmen oder auch eine zuvor getroffene Ausgleichsbestimmung wieder aufheben. Damit würde der Gestaltungsspielraum des Erblassers wesentlich erweitert.

1.   Ausstattung

29   Der Begriff der Ausstattung ist in § 1624 Abs. 1 BGB definiert. Hierunter fallen demnach Zuwendungen, die einem Kind mit Rücksicht auf seine Verheiratung oder auf die Erlangung einer selbständigen Lebensstellung zur Begründung oder zur Erhaltung der Wirtschaft oder der Lebensstellung von dem Vater oder der Mutter zugewendet werden.

Wurden die Zuwendungen mit dem Zweck gegeben, als Einkünfte verwendet zu werden, oder handelte es sich bei ihnen um Berufsausbildungszuschüsse, besteht eine Ausgleichsverpflichtung nur dann, wenn die Zuwendungen das den Vermögensverhältnissen des Erblassers entsprechende Maß überstiegen.

Von einer Einkunftsverwendung ist immer dann auszugehen, wenn die Zuwendungen wiederkehrend geleistet wurden, also z. B. jeden Monat in immer gleichen Beträgen.

Zuschüsse zu einer Berufsausbildung sind anzunehmen, wenn im Anschluss an die allgemeine Schulausbildung Fach- und Hochschulkosten einschließlich einer Promotion unterstützt werden. Hierbei darf es sich allerdings nicht um die Erfüllung von Unterhaltspflichten handeln.

2.   Andere Zuwendungen

30   Hat der Erblasser dies bei der Zuwendung ausdrücklich angeordnet, so sind auch andere Zuwendungen auszugleichen, § 2050 Abs. 3 BGB.

3.   Berechnung des Ausgleichs

31   In welcher Höhe der Ausgleich tatsächlich vorzunehmen ist, bestimmen die §§ 2055 ff. BGB. Hiernach sind nicht an der Ausgleichung beteiligte Erben mit ihrem Anteil im Vorhinein zu ermitteln. Im Anschluss daran sind zunächst alle dem Ausgleich unterfallenden Zuwendungen dem Nachlass hinzuzurechnen. Parallel dazu erfolgt die Abrechnung vom Anteil des jeweils Ausgleichspflichtigen.

Ergibt die Berechnung, dass ein Miterbe eine über den jetzt ermittelten Nachlassanteil hinausgehende Zuwendung erhalten hat, so besteht keine Rückzahlungsverpflichtung, er geht dann bei der Auseinandersetzung des Nachlasses leer aus.

❶ Beraterhinweise:

Für die konkrete Wertermittlung der Zuwendungen ist auf den Zeitpunkt ihrer Vornahme abzustellen. Korrigierend ist dabei der zwischenzeitlich eingetretene Kaufkraftschwund zu berücksichtigen.

Für die Wertermittlung des Nachlasses ist der Zeitpunkt des Erbfalls maßgeblich.

Die im Rahmen der Ausgleichsberechnung ermittelten Werte führen zu neuen Teilungsquoten für den Nachlass.

❯ Beispiel:

Erblasser E hinterlässt neben seiner Ehefrau noch seine Töchter A und B. Es gilt mangels Testament des E die gesetzliche Erbfolge. Das von E hinterlassene Barvermögen beträgt 400.000 Euro. Daneben bestehen noch Verbindlichkeiten in Höhe von 270.000 Euro. Die Töchter wurden zu Lebzeiten des E mit diversen Barmitteln zur Bestreitung der Universitätsausbildung wie folgt ausgestattet: A erhielt insgesamt 35.000 Euro, B insgesamt 25.000 Euro.

Für die Bestimmung der Auseinandersetzungsguthaben sind vorrangig die Verbindlichkeiten des Nachlasses zu berichtigen. Danach verbleiben 130.000 Euro. Die – nicht an dem Ausgleich beteiligte – Ehefrau erhält hiervon 1/2, also 65.000 Euro, während die Töchter jeweils mit einer Erbquote von 1/4 zu berücksichtigen sind. Die Erbquote der Töchter ist nun um die vorgenommenen Zuwendungen zu korrigieren. Dazu sind den verbliebenen 65.000 Euro die Zuwendungen hinzuzurechnen, die die Töchter zu Lebzeiten erhalten haben, so dass von 125.000 Euro auszugehen ist. Verteilt nach Erbquote erhielte jede Tochter demnach 62.500 Euro. A hat sich aufgrund der empfangenen Ausstattung 35.000 Euro anrechnen zu lassen. Dies führt sodann zu einer Teilungszahlung in Höhe von 27.500 Euro. B hat sich aufgrund der empfangenen Ausstattung 25.000 Euro anrechnen zu lassen. Dies führt sodann zu einer Teilungszahlung in Höhe von 37.500 Euro.

Variante:

Hätte die A im vorgenannten Beispiel vom Erblasser Zuwendungen in Höhe von 70.000 Euro erhalten, wäre bereits zu Lebzeiten des Erblassers mehr als ihre Erbquote ausgezahlt worden, so dass sie bei der Auseinandersetzung unberücksichtigt bliebe und die B die vollständigen 65.000 Euro erhielte.

4. Sonderfall: Pflegetätigkeit oder Erwerbsmitarbeit des Erben

Die im Rahmen der gesetzlichen Erbfolge berufenen Abkömmlinge haben gelegentlich vor dem Tod des Erblassers dessen persönliche Pflege übernommen und konnten deshalb ihrer Erwerbstätigkeit nicht mehr nachgehen. Oft haben sie unter Verzicht auf ein Entgelt im Erwerbsgeschäft des Erblassers mitgearbeitet. In Folge dessen haben sie mittelbar auch zur Mehrung oder Erhaltung des Nachlasses maßgeblich beigetragen.   32

In diesen Fällen sieht § 2057 BGB ebenfalls eine Ausgleichspflicht vor. Diese wird nach billigem Ermessen unter Berücksichtigung der erbrachten Leistungen und des Nachlasswertes bestimmt.

❶ Beraterhinweis:

Der Gesetzentwurf zur Reform des Erbrechts sieht vor, dass künftig allen gesetzlichen Erben ein Ausgleichsanspruch zusteht, unabhängig davon, ob sie zugunsten der Pflege auf ein berufliches Einkommen verzichtet haben. Zusätzlich sind gesetzliche Regelungen zur Höhe des Ausgleichs geplant.

5. Auskunftspflicht

33 Die Erben sind auf Verlangen eines Miterben verpflichtet, über die empfangenen Zuwendungen insoweit Auskunft zu geben, als sich hieraus eine Ausgleichsverpflichtung ergeben könnte, § 2057 BGB. Daneben sind auch Testamentsvollstrecker und Nachlassverwalter auskunftsberechtigte Personen, wenn sie mit der Auseinandersetzung beauftragt sind.

> **❶ Beraterhinweise:**
>
> *Besteht Grund zur Annahme, dass die Auskunft nicht mit der erforderlichen Sorgfalt erteilt wurde, kann – auf Kosten des Antragstellers – von dem Auskunftsverpflichteten eine eidesstattliche Versicherung verlangt werden, § 2057 S. 2 BGB.*
>
> *Besteht die Notwendigkeit zur gerichtlichen Durchsetzung des Auskunftsanspruchs, handelt es sich um ein Verfahren der freiwilligen Gerichtsbarkeit. Dabei steht maßgeblich die Einigung der Parteien im Vordergrund, weshalb auch keine Anwaltszwang besteht bu die Kosten der jeweiligen Rechtsdurchsetzung, auch bei Obsiegen, nicht durch die Gegenseite auszugleichen sind.*

D. Modifizierung der gesetzlichen Regelungen zur Erbengemeinschaft

34 Trifft der Erblasser keine Vorkehrungen im Hinblick auf seinen Nachlass, unterliegen die Erben automatisch den gesetzlichen Regelungen zur Erbengemeinschaft. Dies ist nicht immer spannungsfrei und vielfach vom Erblasser so gar nicht gewünscht. Bereits zu Lebzeiten sollte der Erblasser daher Überlegungen anstellen, wie er den gesetzliche Rahmen der Erbengemeinschaft so modifizieren kann, dass die Auseinandersetzung des Nachlasses weitestgehend in seinem Sinne verläuft.

Hierzu bieten sich eine Reihe von Gestaltungsmöglichkeiten an:

I. Testamentsvollstreckung

35 Die letztwillig angeordnete Testamentsvollstreckung stellt einen nachhaltigen Eingriff in die Rechte der Erben dar, gewährleistet aber weitgehend die Durchsetzung des Erblasserwillens, siehe hierzu Kapitel §15.

II. Teilungsanordnung

36 Mit der Teilungsanordnung stellt der Erblasser durch Testament oder Erbvertrag Regeln auf, wie der Nachlass auseinanderzusetzen ist, § 2048 BGB. Dazu können zeitliche wie gegenständliche Komponenten in die Anordnung einfließen. So kann etwa ein chronologischer Ablaufplan bestimmt werden oder der Erblasser ordnet einzelnen Erben bestimmt Nachlassgegenstände zu. siehe hierzu Kapitel § 7 C.

> **❶ Beraterhinweis:**
>
> *Die Teilungsanordnung ist frei widerruflich.*

III.   Teilungsverbot

Um einen – zumindest vorübergehenden – Zusammenhalt des Nachlasses zu bewirken, besteht die   37
Möglichkeit der Anordnung eines Teilungsverbots, § 2044 BGB. In diesem Zusammenhang kann
auch eine Bedingung aufgestellt werden, unter der die Auseinandersetzung stattfinden darf.

IV.   Vorausvermächtnis

Mit dem Vorausvermächtnis, § 2150 BGB, ordnet der Erblasser einem Erben vorab bestimmte   38
Vermögenswerte zu, ohne dass diese noch im Rahmen der Erbengemeinschaft auseinandergesetzt
werden müssten. Da keine Anrechnung auf den Erbteil erfolgt, erhält der Begünstigte tatsächlich
mehr als die anderen Erben (vgl. hierzu Kapitel § 7 E. II. 1).

V.   Schiedsklauseln

Der Erblasser kann seine letztwilligen Anordnungen mit der Auflage einer Schiedsklausel verse-   39
hen, §§ 1029 ff. BGB. Hierdurch werden Streitigkeiten der Erben um die Auseinandersetzung des
Nachlasses der Zivilgerichtsbarkeit entzogen und einem privaten Schiedsgericht zugeordnet. Der
Schiedsrichter entscheidet abschließend über Rechtswirksamkeit und Auslegung der Verfügungen des Erblassers.

E.   Steuerliche Behandlung der Erbengemeinschaft

Die Miterben als Beteiligte der Erbengemeinschaft haben sich nicht nur um die Auseinanderset-   40
zung der Gemeinschaft zu kümmern. Vielfach ist den Erben nicht bewusst, welche steuerlichen
Folgen – ob nun im Rahmen der Erbschaftsteuer oder bei den Ertragsteuern – aus dem Erbanfall
an sich und dem Bestehen einer Erbengemeinschaft resultieren.

13

I.   Erbschaftsteuer

Für Zwecke der Erbschaftsteuer fallen zivilrechtliche und steuerrechtliche Betrachtung auseinan-   41
der.

1.   Gesamthandsgemeinschaft – Bruchteilsgemeinschaft

Die Erbengemeinschaft bildet zivilrechtlich eine Gesamthandsgemeinschaft. Für Zwecke der Erbschaftsteuer allerdings findet § 39 Abs. 2 Nr. 2 AO Anwendung, wonach die Miterben so besteuert
werden, als ob ihnen unmittelbar Bruchteile an den einzelnen Nachlassgegenständen zugefallen
wären. Die Berechnung der Erbschaftsteuer erfolgt also nach dem anteiligen Wert der zum Nachlass gehörenden Gegenstände im Zeitpunkt des Erbfalls. Wie letztendlich die Auseinandersetzung
des Nachlasses unter den Miterben erfolgt, ist für die Erbschaftsteuer irrelevant.

2.   Vorausvermächtnis

Ist ein Miterbe durch den Erblasser mit einem Vorausvermächtnis bedacht worden, so ist für diesen Erben vorab und zusätzlich der Wert dieser Bereicherung zu erfassen.

II.   Ertragsteuern während der Verwaltungsperiode

42   Erfolgt aufgrund der Zusammensetzung des Nachlasses nicht unverzüglich eine Auseinandersetzung der Erbengemeinschaft, haben die Miterben den Nachlass gemeinschaftlich zu verwalten und können auch über Nachlassgegenstände nur gemeinschaftlich verfügen. Für die Dauer der Verwaltung ergeben sich daher u. U. laufende Einkünfte aus dem Nachlassvermögen. Regelmäßig handelt es sich hierbei um Einkünfte aus der bisherigen Unternehmung des Erblassers sowie um Einkünfte aus Vermietung und Verpachtung sowie Kapitalvermögen. Zu den erbrechtlichen Besonderheiten bei der Rechtsnachfolge in ein Einzelunternehmen, eine Personengesellschaft oder Anteile an Kapitalgesellschaften siehe Kapitel § 3.

1.   Zuordnung der Einkünfte und Feststellung der Einkunftsart

43   Hinsichtlich der Überschusseinkunftsarten wird die Erbengemeinschaft wie eine Bruchteilsgemeinschaft, hinsichtlich der Gewinneinkunftsarten wie eine Gesamthandsgemeinschaft behandelt. Dabei werden die laufenden Einkünfte den Miterben entsprechend ihrer jeweiligen Erbanteile zugerechnet.

In den Fällen der Auseinandersetzung von Erbengemeinschaften ist jedoch eine steuerlich unschädliche Rückwirkung auf den Zeitpunkt des Erbfalls in engen Grenzen anzuerkennen. Dies führt dazu, dass die Erbengemeinschaft so behandelt wird, als ob die Auseinandersetzung unmittelbar nach dem Erbfall durchgeführt worden wäre. Im Ergebnis können so den einzelnen Miterben entsprechend ihres Erbanteils die laufenden Einkünfte direkt ohne Umweg über die Feststellungserklärung der Erbengemeinschaft zugeordnet werden.

Voraussetzung hierfür ist

- eine rechtswirksame verbindliche Vereinbarung der Miterben über die Auseinandersetzung der Erbengemeinschaft innerhalb von üblicherweise sechs Monaten ab dem Erbfall,
- eine Vereinbarung hinsichtlich des Übergangs von Nutzen und Lasten auf den Zeitpunkt des Erbfalls und
- die tatsächliche Durchführung der getroffenen Vereinbarungen.

Die vorgenannte Frist von sechs Monaten kann überschritten werden, wenn eine Teilungsanordnung des Erblassers vorliegt und die Miterben schon vor der Auseinandersetzung die Anordnungen tatsächlich befolgen. Wie lange der Rückwirkungszeitraum dann ausgedehnt wird, ist unter Beachtung der Umstände des Einzelfalls zu bestimmen.

Gehört zum Nachlass ein freiberufliches Unternehmen des Erblassers, stellt sich die Frage nach der beruflichen Qualifikation aller Miterben. Denn nur, wenn alle die erforderliche Qualifikation nachweisen können, sind die laufenden Einkünfte aus dem Unternehmen auch als freiberuflich anzuerkennen. Andernfalls ist die Erbengemeinschaft insgesamt als gewerblich einzustufen.

Verfahrensrechtlich sind die Einkünfte der Erbengemeinschaft gesondert festzustellen, § 180 AO.

2.   Einkünfte aus Kapitalvermögen

Hinterlässt der Erblasser Kapitalvermögen, werden die Miterben im Zeitraum der Verwaltung Einkünfte aus Kapitalvermögen erzielen, bis die Erbengemeinschaft auseinandergesetzt wird.   44

In Anspruch genommen werden kann aber ggf. die Möglichkeit der steuerlichen Rückwirkung wie oben dargestellt.

Werden im Rahmen der Auseinandersetzung Wertpapiere auf die Miterben übertragen, kann hierin ein steuerlich beachtlicher Anschaffungsvorgang liegen, der die Spekulationsfrist des § 23 EStG neu in Gang setzt. Insoweit ist zu beachten, dass

- im Falle der Auseinandersetzung von Privatvermögen eine Teilung ohne Abfindungszahlungen nicht zur Entstehung von Anschaffungskosten oder Veräußerungserlösen führt;
- eine Schuldübernahme nach Ansicht der Finanzverwaltung insoweit nicht zu Anschaffungskosten führt, als sie die Erbquote übersteigt; Nachlassverbindlichkeiten ermöglichen in diesem Zusammenhang einen wertmäßigen Ausgleich unter den Miterben bei der Teilung und daher einen unentgeltlichen Rechtsvorgang; dies gilt auch dann, wenn die übernommenen Verbindlichkeiten nicht in einem Finanzierungszusammenhang mit zugeteilten Nachlassgegenständen stehen;
- erhält ein Miterbe im Rahmen einer Realteilung des Nachlasses wertmäßig mehr, als ihm nach seiner Erbquote zusteht und zahlt er insoweit an seine Miterben eine Abfindung, liegt darin ein Anschaffungs- und Veräußerungsvorgang. In Höhe der Abfindungszahlung liegen Anschaffungskosten vor.
- Keine Anschaffungskosten liegen vor, soweit eine Abfindungszahlung dem Wert übernommener liquider Mittel des Nachlasses (z.B. Bargeld, Bankguthaben, Schecks) entspricht, weil es sich wirtschaftlich um einen Leistungsaustausch „Geld gegen Geld" handelt, der einer Rückzahlung der Abfindungszahlung gleichsteht. (Siehe hierzu insgesamt BMF-Schreiben zur Erbauseinandersetzung vom 5.12.2002, IV AG – S 2242 – 25/02)

13

3.   Ertragsbesteuerung bei Realteilung

Grundsätzlich verhält sich die Realteilung des Nachlasses unter den Miterben steuerneutral.   45

> **Beispiel:**
>
> Nach dem Tod des A fällt sein gesamtes Vermögen den beiden Kindern X und Y als einzigen Erben zu. Der Nachlass setzt sich aus einer vor 60 Jahren angeschafften vermieteten Wohnimmobilie mit dem Verkehrswert von 1.800.000 Euro sowie Aktienvermögen mit einem Wert von 2.200.000 Euro zusammen. Die Kinder als Miterben beschließen, dass die Immobilie ausschließlich an X gehen soll. Wenn gleichzeitig Wertpapierbestand in Höhe von 200.000 Euro an X fällt, ist die Realteilung steuerneutral vollzogen.

a)   Abfindungszahlungen

46   Etwas anderes gilt dann, wenn unter den Miterben Abfindungen dafür gezahlt werden, dass ihnen Vermögenswerte zugeordnet werden, deren Wert über ihrer Erbquote liegt. Während die Abfindung auf Seiten des Zahlenden zu Anschaffungskosten führt, liegt auf Empfängerseite ein Veräußerungserlös vor.

> **Beispiel:**
>
> Nach dem Tod des A fällt sein gesamtes Vermögen den beiden Kindern X und Y als einzigen Erben zu. Der Nachlass setzt sich aus einer Gewerbeimmobilie mit dem Verkehrswert von 1.800.000 Euro (Anteil Grund und Boden 300.000 Euro) sowie Aktienvermögen mit einem Wert von 1.200.000 Euro zusammen. Die Kinder als Miterben beschließen, dass die Immobilie ausschließlich an X gehen soll. Im Gegenzug hierfür zahlt X an Y eine Abfindungszahlung in Höhe von 300.000 Euro.
>
> Durch die Zahlung der Abfindung entstehen dem X Anschaffungskosten. Damit liegt ein teilentgeltlicher Erwerb vor, dessen Relation sich wie folgt bestimmt:
>
> 300.000 : 1.800.000 = 16,66%
>
> Hieraus erwachsen dem X also Anschaffungskosten in Höhe von 16,66% des Gebäudewerts der Immobilie, also von 1.500.000 Euro = 249.900 Euro. In Höhe dieses Betrags entsteht bei Y ein Veräußerungsgewinn, den er zu versteuern hat.
>
> Zu den Abschreibungsmodalitäten in diesem Zusammenhang siehe unten b)

> **Beraterhinweis:**
>
> *Der Veräußerungserlös führt nur dann zu einer Besteuerung, wenn das veräußerte Wirtschaftsgut steuerverstrickt war. Gestaltungspotenzial ergibt sich insoweit, als die Realteilung zeitlich gesteuert werden kann und damit jedenfalls die Spekulationsfristen des § 23 EStG umgangen werden können.*

b)   Abschreibungen

47   Hat ein Miterbe unter Leistung einer Abfindungszahlung ein Wirtschaftsgut erworben, sind auch die Besonderheiten bei den nunmehr – soweit das Wirtschaftsgut der Einkunftserzielung dient – vorzunehmenden Abschreibungen zu beachten. Zu unterscheiden ist zwischen dem unentgeltlich erworbenen Teil und dem entgeltlich erworbenen Teil.

Hinsichtlich des unentgeltlich erworbenen Teils hat der Miterbe die bislang durch die Erbengemeinschaft vorgenommenen Abschreibungen fortzusetzen, § 11 d Abs. 1 EStDV.

Der entgeltlich erworbene Teil unterliegt der Abschreibung nach Maßgabe der allgemeinen Regeln unter Zugrundelegung der Anschaffungskosten.

c)   Übernommene Verbindlichkeiten

48   Fällt dem Miterben durch die Realteilung Vermögen zu, welches mit Verbindlichkeiten belastet ist und entstehen ihm daraus Schuldzinsen, stellen die gezahlten Zinsen steuerlichen Aufwand dar, sofern das zugehörige Wirtschaftsgut der Einkunftserzielung dient.

> Beispiel:

> War die im Beispiel unter a) genannte Immobilie fremdfinanziert und das zugehörige Darlehen zum Zeitpunkt des Todes des Erblassers noch nicht vollständig getilgt, so kann X die auf die in diesem Zusammenhang übernommenen Verbindlichkeiten fallenden Schuldzinsen ertragsteuerlich absetzen.

d) Übernahme von Betriebsvermögen

Übernimmt ein Miterbe einen im Nachlass befindlichen Betrieb des Erblassers im Ganzen ohne Abfindungszahlung, erfolgt eine steuerneutrale Überführung des Betriebsvermögens auf den Miterben. Es liegt kein Anschaffungsvorgang vor, die Buchwerte der Erbengemeinschaft sind gemäß § 6 Abs. 3 EStG durch den übernehmenden Miterben fortzuführen.

Hat der Miterbe im Rahmen der Realteilung ohne Abfindungszahlung einen Mitunternehmeranteil, einen Teilbetrieb oder einzelne Wirtschaftsgüter eines Betriebsvermögens in ein bestehendes Betriebsvermögen übernommen, so kann dies nur unter Buchwertfortführung gemäß § 16 Abs. 3 S. 2 EStG erfolgen.

49

13

§ 14 Erbenhaftung

A. Grundsatz der unbeschränkten Haftung

1 Gemäß § 1967 BGB haften die Erben für die Nachlassverbindlichkeiten. Diese Haftung ist im Grundsatz unbeschränkt. Zu den Nachlassverbindlichkeiten zählen

- Erblasserschulden, das sind die Verbindlichkeiten, die bereits vor dem Erbfall in der Person des Erblassers begründet waren und nicht durch den Tod erlöschen;
- Erbfallschulden, das sind solche Verbindlichkeiten, die aus Anlass des Erbfalls entstehen, z.B. Ansprüche aus Pflichtteilen, aus Vermächtnissen oder Auflagen, die Erbschaftsteuer und die Kosten der Beerdigung. Soweit solche Erbfallschulden aus Rechtshandlungen des Erben entstanden sind – beispielsweise die Kosten der Beerdigung – sind dies zugleich
- Nachlasserbenschulden, das sind Erbfallschulden, für die unabhängig von der Möglichkeit der Begrenzung der Haftung der Erbe eigenständig haftet.

B. Möglichkeit der Haftungsbeschränkung

2 Der Erbe hat die Möglichkeit, seine Haftung auf das Nachlassvermögen zu beschränken. Diese Beschränkung tritt indes nicht automatisch ein, sondern bedarf erst eines Handelns des/der Erben. Die Erben haften also „unbeschränkt, aber beschränkbar". Die Möglichkeiten zur Beschränkung der Haftung auf das Nachlassvermögen sind:

- die Antragstellung auf Anordnung der Nachlassverwaltung (§§ 1975 bis 1988 BGB),
- die Antragstellung auf Eröffnung des Nachlassinsolvenzverfahrens (§§ 1075 bis 1080 BGB, 316, 320 InsO),
- die Erhebung der Dürftigkeitseinrede (§ 1990, 1992 BGB),
- (eingeschränkt und nur einzelne Gläubiger betreffend) die Einleitung eines Aufgebotsverfahrens.

I. Haftungsbeschränkung durch Nachlassverwaltung

1. Grundsätzliches

3 Gemäß § 1975 BGB beschränkt sich die Haftung des Erben für die Nachlassverbindlichkeiten auf den Nachlass, wenn eine Nachlasspflegschaft zum Zwecke der Befriedigung der Nachlassgläubiger (Nachlassverwaltung) angeordnet ist.

2.   Antragsberechtigte

Die Nachlassverwaltung kann von dem oder den Erben beantragt werden. Der Erbe verliert sein   4
Recht zur Antragsstellung und damit die Möglichkeit zur Beschränkung der Haftung auf den
Nachlass, wenn er eine ihm gesetzte Frist zur Errichtung eines Inventars verstreichen lässt oder
ein unrichtiges oder unvollständiges Inventar errichtet (§ 2013 Abs. 1, S. 1, 2. Halbsatz i.V.m.
§ 1994 Abs. 1, S. 2 und § 2005 Abs. 1, S. 1 BGB – vgl. nachfolgend VI.).

Auch Nachlassgläubiger sind berechtigt, einen Antrag auf Nachlassverwaltung zu stellen. Allerdings ist dies nicht mehr möglich, wenn seit der Annahme der Erbschaft 2 Jahre verstrichen sind
(§ 1981 Abs. 2 BGB).

3.   Entscheidung über den Antrag auf Nachlassverwaltung

Hat der Erbe den Antrag auf Nachlassverwaltung gestellt, und war er hierzu (noch) berechtigt,   5
so ist die Nachlassverwaltung vom Nachlassgericht anzuordnen (§ 1981 BGB). Dies gilt nicht,
wenn nicht genügend Nachlassvermögen vorhanden ist, um die Kosten der Nachlassverwaltung
zu decken (§ 1982 BGB). In diesem Fall ist die Nachlassverwaltung gleichwohl anzuordnen, wenn
der Erbe einen ausreichenden Kostenvorschuss zahlt.

Hat ein Nachlassgläubiger den Antrag auf Nachlassverwaltung gestellt, so ist die Nachlassverwaltung anzuordnen, wenn Grund zu der Annahme besteht, dass die Befriedigung der Nachlassgläubiger aus dem Nachlass durch das Verhalten oder die Vermögenslage des Erben gefährdet
ist (§ 1981 Abs. 2, S. 1 BGB). Der Antragsteller hat das Vorliegen dieser Umstände glaubhaft zu
machen.

4.   Anordnung der Nachlassverwaltung

Kommt das Nachlassgericht dem Antrag auf Nachlassverwaltung nach, so bestellt es einen Nach-   6
lassverwalter. Der Nachlassverwalter hat den Nachlass in Besitz zu nehmen und zu verwalten und
die Nachlassverbindlichkeiten aus dem Nachlass zu berichtigen (§ 1985 BGB). Der Erbe verliert
mit Wirkung der Anordnung der Nachlassverwaltung die Befugnis, den Nachlass zu verwalten
und über ihn zu verfügen (§ 1984 BGB). Zugleich tritt die gewünschte Beschränkung der Haftung
auf das Nachlassvermögen ein (§ 1975 BGB).

14

5.   Beendigung der Nachlassverwaltung

Hat der Nachlassverwalter die Nachlassverbindlichkeiten berichtigt, so hat er den verbleibenden   7
Nachlass dem Erben herauszugeben (§ 1986 BGB). Das Nachlassgericht beendet das Nachlass-
verwaltungsverfahren sodann durch förmlichen Beschluss. Die Nachlassverwaltung endet auch,
wenn sich herausstellt, dass das vorhandene Vermögen nicht zur Deckung sämtlicher Nachlassverbindlichkeiten ausreicht und daher ein Nachlassinsolvenzverfahren eröffnet wird (§ 1988
Abs. 1 BGB). Ebenso kann die Nachlassverwaltung aufgehoben werden, wenn sich ergibt, dass
eine den Kosten entsprechende Masse nicht vorhanden ist (§ 1988 Abs. 2 BGB).

6. Haftung der Erben nach Beendigung der Nachlassverwaltung

8 Melden sich nach förmlicher Beendigung der Nachlassverwaltung noch Gläubiger des Erblassers, hat der Erbe diese im Nachhinein zu befriedigen, kann aber – wenn das Nachlassvermögen nicht mehr ausreicht – die sog. Erschöpfungseinrede gem. § 1989 BGB erheben, die Leistung also verweigern, wenn und soweit das Nachlassvermögen zur Deckung nicht reicht. Mit seinem sonstigen Vermögen haftet der Erbe also nicht.

🛈 Beraterhinweise:

Der Antrag auf Anordnung einer Nachlassverwaltung wird in der Praxis immer dann zu empfehlen sein, wenn der Nachlass umfangreich und/oder unüberschaubar ist und der Erbe befürchten muss, dass das Nachlassvermögen nicht ausreicht, um sämtliche Verbindlichkeiten zu bedienen oder wenn ihm nicht alle Erblasserschulden bekannt sind und er befürchten muss, dass im Laufe der Zeit bislang unbekannte Nachlassverbindlichkeiten auftauchen.

Zur Vorbereitung der Nachlassverwaltung empfiehlt sich in jedem Fall die Aufnahme eines Inventars (vgl. nachfolgend) und unter Umständen – wenn der Weg der Zwangsverwaltung nicht sofort gegangen werden soll – die Einleitung eines Gläubigeraufgebotsverfahrens (dazu nachfolgend).

II. Haftungsbeschränkung durch Nachlassinsolvenzverfahren

9 Nach § 1975 BGB ist die Haftung des Erben auch dann auf den Nachlass beschränkt, wenn das Nachlassinsolvenzverfahren eröffnet ist.

Der Erbe ist verpflichtet, unverzüglich die Eröffnung eines Nachlassinsolvenzverfahrens zu beantragen, wenn er von der Zahlungsunfähigkeit oder Überschuldung des Nachlasses Kenntnis erlangt (§ 1980 Abs. 1 S. 1 BGB). Der Kenntnis der Zahlungsunfähigkeit oder der Überschuldung steht die auf Fahrlässigkeit beruhende Unkenntnis gleich. Beantragt der Erbe kein Nachlassgläubigeraufgebot, obwohl er Grund hat, das Vorhandensein unbekannter Nachlassverbindlichkeiten anzunehmen, gilt dies als fahrlässig (§ 1980 Abs. 2 BGB).

Das Nachlassinsolvenzverfahren richtet sich nach den Regeln der Insolvenzordnung. Das Insolvenzgericht wird – wenn feststeht, dass eine die Kosten deckende Masse vorhanden ist – einen Nachlassinsolvenzverwalter bestellen, der die Aufgabe hat, den Nachlass zu verwalten, in Geld umzusetzen und die Gläubiger zu befriedigen. Ein Verfügungs- und Verwaltungsrecht des Erben besteht nicht mehr. Zugleich ist die Haftung des Erben auf den Nachlass beschränkt (§ 1975 BGB).

Endet das Nachlassinsolvenzverfahren durch Verteilung der Masse oder durch einen Insolvenzplan, so kann der Erbe nach wie vor von Nachlassgläubigern in Anspruch genommen werden. Allerdings kann er die sog. Erschöpfungseinrede des § 1989 BGB erheben und die Befriedigung verweigern, wenn kein Vermögen mehr an ihn ausgekehrt worden ist. Ist Vermögen an ihn ausgekehrt worden, hat er die nachträglichen Anspruchsteller gleichwohl mit diesem Vermögen zu befriedigen und zwar vor etwaigen Verbindlichkeiten aus Pflichtteilsrechten, Vermächtnissen und Auflagen. Das gilt nur dann nicht, wenn der Gläubiger seine Forderung erst nach der Berichtigung dieser Verbindlichkeiten geltend macht (§§ 1989 i.V.m. 1973 Abs. 1 S. 2 BGB).

III.   Haftungsbeschränkung durch Dürftigkeitseinrede

Der Erbe ist nicht gezwungen, die Verfahren der Nachlassverwaltung oder der Nachlassinsolvenz **10**
zu wählen, wenn er die Haftung auf den Nachlass beschränken will. Es sind Fälle denkbar, in
denen der Nachlass so gering ist, dass er die voraussichtlichen Kosten eines Nachlassverwaltungs-
oder Nachlassinsolvenzverfahrens nicht deckt und daher der Antrag untunlich ist oder aber ein
solcher Antrag aus Gründen fehlender Kostendeckung abgelehnt wird. In diesen Fällen kann der
Erbe, wenn er von Nachlassgläubigern in Anspruch genommen wird, die sog. Dürftigkeitseinrede gemäß § 1990 Abs. 1 BGB erheben. Er kann sodann Befriedigung eines Nachlassgläubigers insoweit verweigern, als der Nachlass nicht ausreicht. Der Erbe ist verpflichtet, den Nachlass
zum Zwecke der Befriedigung des Gläubigers im Wege der Zwangsvollstreckung herauszugeben
(§ 1990 BGB).

> ⓘ **Beraterhinweis:**
>
> *Die Erhebung der Dürftigkeitseinrede erfolgt regelmäßig nur und erst dann, wenn der Erbe von einem Nachlassgläubiger in
> Anspruch genommen wird. Wird der Erben von dem Nachlassgläubiger verklagt und steht noch nicht fest, ob die Einrede der
> Dürftigkeit tatsächlich besteht, so muss er sich – will er keine Rechte verlieren – die Einrede der Dürftigkeit im Urteil vorbehal-
> ten (§ 780 ZPO).*

IV.   Ausschluss von einzelnen Nachlassgläubigern durch Aufgebotsverfahren

Keine Beschränkung der Haftung auf das Nachlassvermögen, wohl aber den Ausschluss einzelner **11**
Gläubiger kann der Erbe erreichen, wenn er die Nachlassgläubiger im Wege des Aufgebotsverfahrens zur Anmeldung ihrer Forderungen auffordert (§ 1970 BGB).

Das sog. Aufgebotsverfahren ist eine besondere Prozessart, die vor dem zuständigen Amtsgericht
zu beantragen ist. Antragsberechtigt ist jeder Erbe nach der Annahme der Erbschaft, sofern er
nicht bereits unbeschränkt haftet, weil er etwa eine ihm gesetzte Frist zur Errichtung eines Inventars hat verstreichen lassen oder ein unrichtiges oder unvollständiges Inventar errichtet hat
(§ 2013 Abs. 1, S. 1, 2. Halbsatz i.V.m. § 1994 Abs. 1, S. 2 und § 2005 Abs. 1, S. 1 BGB – vgl. unten
Rdnr. 13 ff.).

Gläubiger, die sich im Rahmen des Aufgebotsverfahrens nicht gemeldet haben, sind vom Aufgebotsverfahren ausgeschlossen. Ihnen gegenüber kann der Erbe die Befriedigung insoweit verweigern, als der Nachlass durch Befriedigung der nicht ausgeschlossenen Gläubiger erschöpft wird
(§ 1973 Abs. 1 S. 1 BGB). Solche Gläubiger sind gleichwohl vor den Verbindlichkeiten aus den
Pflichtteilsrechten, Vermächtnissen und Auflagen zu befriedigen, es sei denn, dass der Gläubiger
seine Forderung erst nach der Berichtigung dieser Verbindlichkeiten geltend gemacht hat (§ 1972
Abs. 1 S. 2 BGB).

V.   Haftungsprivileg von Minderjährigen

Ein minderjähriger Erbe haftet im Grundsatz nach den dargestellten Grundsätzen mit der zuvor **12**
beschriebenen Möglichkeit der Haftungsbegrenzung. Zu seinen Gunsten hat der Gesetzgeber mit
dem Minderjährigenhaftungsbeschränkungsgesetz (BGBl I 2487) einen zusätzlichen Schutz ein-

geräumt. Der Minderjährige kann sich nämlich nach Eintritt der Volljährigkeit auf ein weiteres Haftungsprivileg berufen, das in § 1629a Abs. 1 BGB geregelt ist. Hiernach beschränkt sich die Haftung des volljährig gewordenen Erben auf den Bestand des bei Eintritt der Volljährigkeit vorhandenen Vermögens des Kindes. Der in Anspruch genommene ehemals Minderjährige kann in entsprechender Anwendung von § 1990 BGB die Befriedigung eines Nachlassgläubigers insoweit verweigern, als sein Vermögen bei Eintritt der Volljährigkeit reicht. Weitere Schutzmöglichkeiten hat der Gesetzgeber im Fall der Beteiligung in Gesellschaften vorgesehen. (vgl. Näheres im Abschnitt „Minderjährige im Erbrecht, § 16).

VI. Ausschluss der Möglichkeit der Haftungsbeschränkung und des Aufgebotsverfahrens

13   Zwei Fälle können dazu führen, dass der Erbe das Recht, seine Haftung für Nachlassverbindlichkeiten auf das Nachlassvermögen zu beschränken verliert, nämlich wenn er eine ihm vom Nachlassgericht gesetzte Inventarfrist verstreichen lässt oder wenn er ein fehlerhaftes Inventar errichtet (§ 2013 Abs. 1, S. 1, 2. Halbsatz i.V.m. § 1994 Abs. 1, S. 2 und § 2005 Abs. 1, S. 1 BGB).

1. Verstreichen der Inventarfrist

14   Grundsätzlich ist der Erbe berechtigt, aber nicht verpflichtet, ein Verzeichnis des Nachlasses (Inventar) bei dem Nachlassgericht einzureichen (§ 1993 BGB). Allerdings haben die Nachlassgläubiger das Recht, beim Nachlassgericht die Errichtung eines Inventars von dem Erben zu verlangen. Stellt ein Gläubiger einen solchen Antrag, so hat das Nachlassgericht dem Erben zur Errichtung des Inventars eine Frist (Inventarfrist) zu bestimmen, die mindestens einen Monat, höchstens drei Monate betragen soll (§§ 1994 Abs. 1 S. 1, 1995 BGB). Das Nachlassgericht ist auch berechtigt, die Inventarfrist auf Antrag des Erben angemessen zu verlängern (§ 1995 Abs. 3 BGB) oder - wenn der Erbe durch höhere Gewalt verhindert war, das Inventar rechtzeitig zu errichten oder eine nach den Umständen gerechtfertigte Verlängerung der Inventarfrist zu beantragen – eine neue Inventarfrist zu bestimmen.

Kommt der Erbe innerhalb der – ggf. verlängerten – Inventarfrist seiner Verpflichtung zur Aufstellung des Inventars nicht nach, so haftet er für die Nachlassverbindlichkeiten unbeschränkt (§ 1994 Abs. 1 S. 2 BGB). Die Möglichkeit der Haftungsbeschränkung entfällt somit.

2. Fehlerhaftes Inventar

15   Eine unbeschränkte Haftung des Erben tritt auch ein, wenn der Erbe bei einer freiwilligen oder erzwungenen Inventarerrichtung absichtlich ein erheblich unvollständiges Inventar errichtet oder wenn er in der Absicht, die Nachlassgläubiger zu benachteiligen, eine tatsächlich nicht bestehende Nachlassverbindlichkeit in das Verzeichnis aufnimmt (§ 2005 Abs. 1 S. 1 BGB). Das gleiche gilt, wenn er bei der Aufnahme des Inventars durch das Nachlassgericht oder einer von dem Nachlassgericht bestimmten Person die Auskunft verweigert oder absichtlich in erheblichem Maße verzögert und so eine Aufstellung eines zutreffenden Inventars unmöglich macht oder erheblich erschwert.

Beraterhinweis:

Angesichts des drohenden Verlustes der Möglichkeit der Haftungsbeschränkung des Erben für den Fall eines unvollständigen Inventars könnte die Annahme nahe liegen, am besten gar kein Inventar zu errichten, wenn nicht Gläubiger dies beantragen. Diese Annahme wäre indes zu kurz gedacht: Gemäß § 2009 BGB wird im Verhältnis zwischen dem Erben und den Nachlassgläubigern vermutet, dass ein rechtzeitig errichtetes Inventar zutreffend ist und weitere Nachlassgegenstände als die angegebenen nicht vorhanden gewesen sind. Das hat für einen möglichen Prozess eines Nachlassgläubigers gegen den Erben erhebliche Bedeutung: Gemäß § 1990 BGB kann sich der Erbe zwar auf die Dürftigkeit des Nachlasses berufen, hat allerdings den Nachweis darüber zu führen, dass der Nachlass dürftig ist. Hat er zuvor entweder freiwillig oder auf Antrag eines Gläubigers ein Nachlassverzeichnis zutreffend errichtet, kann er die Vermutung des § 2009 BGB im Prozess zu seinen Gunsten nutzen. Es empfiehlt sich daher, zumindest dann, wenn der Nachlass unübersichtlich ist oder wenn zu befürchten ist, dass unbekannte Gläubiger Ansprüche stellen, zeitnah ein Inventar zu errichten.

Ist eine unbeschränkte Haftung des Erben als Folge der Fristversäumnis oder der Aufstellung eines unrichtigen Inventars entstanden, so kann der Erbe seiner Haftung weder durch

- ein Aufgebotsverfahren, noch durch
- den Antrag auf Nachlassinsolvenz, noch durch
- den Antrag auf Nachlassverwaltung, noch durch
- die Erhebung der Erschöpfungseinrede (§ 1973 Abs. 1 S. 1 BGB), noch durch
- die Dürftigkeitseinrede (§ 1990 BGB)

beschränken (§ 2013 Abs. 1 BGB).

3. Ordnungsgemäßes Inventar

Zwar ist – wie gerade beschrieben – der Erbe nicht zur Errichtung eines Inventars verpflichtet, solange ein Gläubiger dies nicht beantragt, jedoch empfiehlt sich gleichwohl regelmäßig eine Erstellung, zumindest dann, wenn der Nachlass unübersichtlich oder unbekannte Gläubiger zu befürchten sind.   16

a) Form und Verfahren zur Erstellung eines Inventars durch den Erben

Gemäß § 2002 muss der Erbe zur Aufnahme des Inventars eine zuständige Behörde oder einen Notar zuziehen. Die privatschriftliche Erstellung genügt also nicht. Zuständig zur Aufnahme eines Inventars ist jeder Notar und die Behörde, die das Landesrecht bestimmt, in Nordrhein-Westfalen sind dies die Nachlassgerichte, bei denen die Angelegenheit auf die Rechtspfleger übertragen sind (§ 3 Nr. 2 c RPflG). Der Erbe hat der Behörde oder dem Notar ein von ihm unterschriebenes Inventar zu überreichen. Die Behörde oder der Notar geben ergänzende Hinweise oder Belehrungen. Eine inhaltliche Kontrolle der Richtigkeit und Vollständigkeit des Inventars wir von ihnen nicht vorgenommen.   17

b) Inhalt des Inventars

18   Das Inventar soll die bei dem Eintritt des Erbfalls vorhandenen Nachlassgegenstände und Nachlassverbindlichkeiten aufführen und die Nachlassgegenstände – soweit zur Wertbestimmung erforderlich –beschreiben und ihren Wert angeben (§ 2001 BGB). Hierzu ist eine Einzelaufstellung erforderlich; Zusammenfassungen von einzelnen Gegenständen sind nicht genügend.

> Beispiel:

INVENTAR		
Gegenstand		**Wert (Euro)**
Grundstücke	Bebautes Grundstück, Grundbuch Bergisch-Gladbach, Band 1 / Blattnummer 62: Flurstück Nummer 127	600.000
Bargeld		3.000
Wertpapiere	Namensaktien Hypos Medical Care , WKN 584789, 1.200 Stück,	36.000
Forderungen	Privatkredit zur Finanzierung des Studiums von Patrik (Neffe) Jahreszinssatz 2,5%	10.000
	Zinsrückstand	1.250
Gegenstände aus Edelmetallen, Juwelen und sonstige Kostbarkeiten	*entfällt*	
Porzellan, Steingut, Glassachen	*Essgeschirr Meißener Porzellan, 24-teilig, Gesamtwert ca.*	5.000
Möbel, Vorhänge, Teppiche, Decken	Zwei Perserteppiche, 3m x 4m und 2m x 3m,	3.000
Fahrzeuge	PKW Audi A3, Baujahr 2007, Fahrzeugbrief J285469,	25.000
Sonstige Vermögensgegenstände	*entfällt*	
Verbindlichkeiten	*Darlehen Raiffeisenbank Siegen Jahreszinssatz 5,7%, kein Zinsrückstand*	5.000

c) Aufnahme des Inventars durch das Nachlassgericht oder den Notar

19   Der Erbe kann beantragen, dass das Inventar durch das Nachlassgericht oder einen zuständigen Beamten oder Notar aufgenommen wird (§ 2003 Abs. 1 BGB). Der Antrag ist – unabhängig von den ggf. abweichenden landesrechtlichen Bestimmungen – beim örtlich zuständigen Nachlassgericht zu stellen. Antragsberechtigt ist gemäß § 2003 Abs. 1 BGB der Erbe oder einer der Miterben, nicht dagegen ein Nachlassgläubiger. Die Aufstellung selbst erfolgt durch das zuständige Organ der Rechtspflege, der auch die Verantwortung für die Richtigkeit des Inventars trägt. In Nordrhein-Westfalen ist die Aufnahme von Inventaren den Gerichtsvollziehern übertragen (§ 74 Abs. 1 Nr. 3 Preuß. AGGVG; i.V.m. § 282 der Ergänzungsbestimmungen des Landes Nordrhein-Westfalen zur Geschäftsanweisung für Gerichtsvollzieher AV d. JM vom 10.12.1968 (2344-I Bl. 65) – JMBl. NW. S. 278 – in der Fassung der AV d. JM vom 12.06.2003 (2344-I Bl. 129). Das zuständige Organ hat sich die zur ordnungsgemäßen Erstellung des Inventars erforderlichen Informationen zu beschaffen, wobei ihm bei der Auswahl der hierzu vorhandenen Mittel ein Ermessen zusteht. Regelmäßig wird er sich in erster Linie an den oder die Erben wenden, die gemäß § 2003 Abs. 2 BGB zur Mitwirkung und Auskunftserteilung verpflichtet sind. Verweigert der Erbe die Auskunft, so kann darin Inventaruntreue liegen, die zum Verlust der Haftungsbeschränkung führt. Das zuständige Organ kann die Auskunft ggf. auch von Nachlassgläubigern einholen.

⚠️ **Beraterhinweis:**

Ist dem Erben durch das Nachlassgericht eine Frist zur Erstellung des Inventars gesetzt worden, so wird die Frist durch eine rechtzeitige Antragstellung auf die Aufnahme des Inventars durch die zuständige Behörde oder den Notar nach § 2003 BGB gewahrt. Das ist nicht der Fall, wenn der Erbe das Inventar selbst errichtet und nach § 2002 BGB den Antrag auf die Zuziehung einer Amtsperson nach § 2002 BGB stellt. In allen Fällen, in denen eine Inventarfrist gesetzt ist und die Einhaltung der Frist gefährdet ist, empfiehlt sich daher der Antrag auf Erstellung des Inventars durch das Nachlassgericht nach § 2003.

d)   Kosten des Inventars

Bei der Aufnahme des Inventars durch den Erben entstehen ausschließlich die Kosten für die   20
Hinzuziehung einer Amtsperson. Diese richten sich nach § 52 Abs. 1 Satz 2 KostO und betragen
die Hälfte der nach dem Wert der verzeichneten Gegenstände gemäß § 32 KostO festgesetzten
vollen Gebühr. Bei der Aufnahme des Inventars durch das Nachlassgericht oder eine Behörde
oder einen Notar ist eine volle Gebühr zu entrichten (§ 114 KostO).

C.   Unbeschränkte Haftung gegenüber einzelnen Gläubigern

Auch wenn der Erbe gegenüber den Nachlassgläubigern im Grundsatz nach den vorstehend be-   21
schriebenen Regelungen begrenzt haftet, kann sich gleichwohl eine unbeschränkte Haftung gegenüber einzelnen Gläubigern ergeben.

I.   Weigerung der Abgabe einer eidesstattlichen Versicherung

Verlangt ein Nachlassgläubiger von dem Erben eine Versicherung an Eides statt, dass das von ihm   22
aufgestellte Inventar vollständig ist. Verweigert der Erbe die Abgabe einer solchen eidesstattlichen Versicherung, so haftet er dem antragstellenden Gläubiger gegenüber unbeschränkt (§ 2006
Abs. 3 S.1 BGB).

14

II.   Verzicht auf die Haftungsbeschränkung

Eine unbeschränkte Haftung tritt auch ein, soweit der Erbe gegenüber einzelnen Gläubigern auf   23
die Haftungsbeschränkung verzichtet.

III.   Kein Vorbehalt der Dürftigkeitseinrede

Schließlich haftet der Erbe einzelnen Gläubigern auch dann unbeschränkt, wenn er es unterlässt   24
(freiwillig oder infolge eines Versehens), sich in einem Prozess des Nachlassgläubigers gegen ihn
die Einrede der Dürftigkeit des Nachlasses vorzubehalten.

D.   Zeitlich begrenzter Schutz vor vorzeitiger Haftungsinanspruchnahme

25   Unabhängig von der Möglichkeit, seine Haftung auf den Nachlass zu begrenzen, hat der Erbe mehrere Möglichkeiten, eine vorzeitige Haftungsinanspruchnahme zu vermeiden:

I.   Keine Inanspruchnahme vor Annahme der Erbschaft

26   Gemäß § 1958 BGB kann ein Nachlassgläubiger Ansprüche, die er gegen den Erblasser hatte, nicht gegen den Erben gerichtlich geltend machen, solange die Erbschaft von diesem nicht angenommen worden ist.

II.   Dreimonatseinrede

27   Gemäß § 2014 BGB ist der Erbe berechtigt, die Berichtigung einer Nachlassverbindlichkeit bis zum Ablauf der ersten drei Monate nach der Annahme der Erbschaft zu verweigern. Die Dreimonatseinrede endet auch schon vor diesem Zeitraum, wenn der Erbe zuvor ein Inventar errichtet hat.

III.   Einrede des Aufgebotsverfahrens

28   Wenn der Erbe innerhalb eines Jahres nach der Annahme der Erbschaft ein Aufgebotsverfahren beantragt hat mit dem Ziel, die Nachlassgläubiger festzustellen, so ist er berechtigt, die Berichtigung einer Nachlassverbindlichkeit bis zur Beendigung des Aufgebotsverfahrens zu verweigern (§ 2015 BGB).

E.   Haftung bei einer Mehrheit von Gläubigern

I.   Grundsatz: Haftung wie Alleinerben

29   Im Grundsatz unterscheidet sich die Haftung eines Miterben nicht von der Haftung eines Alleinerben: Der Miterbe haftet somit im Grundsatz unbeschränkt, kann seine Haftung aber – ebenso wie ein Alleinerbe – durch den Antrag einer Nachlassverwaltung, durch Antrag eines Nachlassinsolvenzverfahrens oder durch Erhebung der Dürftigkeitseinrede beschränken, wenn nicht zuvor eine ihm vom Gericht bestellte Inventarfrist verstrichen oder ein von ihm – freiwillig oder nach Aufforderung durch das Nachlassgericht – errichtetes Inventar absichtlich erheblich unrichtig ist. Eine Einschränkung gilt nur in Bezug auf die Möglichkeit des Antrags einer Nachlassverwaltung: Gemäß § 2062 BGB kann die Anordnung einer Nachlassverwaltung von den Erben nur gemeinschaftlich beantragt werden und ist damit ausgeschlossen, wenn auch nur einer der Miterben das Recht, seine Haftung zu beschränken, verloren hat. Die Nachlassverwaltung ist im Übrigen ausgeschlossen, wenn der Nachlass bereits geteilt wurde (§ 2062 2. Halbsatz BGB).

II.   Grundsatz der gesamtschuldnerischen Haftung

Gemäß § 2058 BGB haften die Erben für die gemeinschaftlichen Nachlassverbindlichkeiten als   30
Gesamtschuldner. Das bedeutet, dass im Grundsatz jeder Erbe – unbeschadet der gerade dargestellten Möglichkeit, die Haftung auf das Nachlassvermögen zu begrenzen – im Grundsatz für die
gesamte Verbindlichkeit und nicht nur anteilig entsprechend seiner Erbquote haftet. Eine um-
fangmäßige Begrenzung der Haftung tritt in den folgenden Fällen ein:

1.   Haftung bis zur Teilung des Nachlasses

Bis zur Teilung des Nachlasses kann jeder Erbe die Berichtigung von Nachlassverbindlichkeiten   31
aus seinem privaten Vermögen verweigern und die Nachlassgläubiger auf den Nachlass verweisen
(§ 2059 Abs. 1 S. 1 BGB). Diese Möglichkeit muss er sich prozessual vorbehalten. Das Verweigerungsrecht in diesem Sinne steht dem Miterben nicht mehr zu, wenn er seine Haftung nicht
mehr beschränken kann, wenn er also eine ihm zur Errichtung eines Inventars gesetzte Frist hat
verstreichen lassen oder ein Inventar absichtlich falsch errichtet hat. In diesen Fällen kann er
das Verweigerungsrecht in der Höhe der Verbindlichkeit, die seiner Erbquote entspricht, nicht
geltend machen.

2.   Haftung nach Teilung des Nachlasses

Nach der Teilung haftet jeder Miterbe im Grundsatz gesamtschuldnerisch, d.h. in voller Höhe. In   32
den folgenden Fällen haftet jeder Miterbe allerdings nur für den seinem Erbteil entsprechenden
Teil der Nachlassverbindlichkeit. Das gilt

- gegenüber Gläubigern, die durch ein Aufgebotsverfahren ausgeschlossen sind,
- gegenüber Gläubigern, die ihre Forderung später als 5 Jahre nach dem Erbfall anmelden, wenn
  nicht ihre Forderung dem Miterben vorher bekannt war oder sie in einem Aufgebotsverfahren
  angemeldet worden war,
- gegenüber allen Gläubigern, wenn ein Nachlassinsolvenzverfahren eröffnet und durch Verteilung der Masse oder durch einen Insolvenzplan beendet worden ist.
- Für Nachlassverbindlichkeiten, die von vorneherein nur einen Miterben betreffen – z.B. Vermächtnisse oder Auflagen, die nur einzelnen Miterben auferlegt sind – haftet allein der betroffene Miterbe, eine gesamtschuldnerische Haftung aller Miterben besteht nicht.

14

§ 15 Testamentsvollstreckung

1 Der Berufsstand der Steuerberater ist mittlerweile auch in den Bereich der Testamentsvollstreckung vorgedrungen. Lange war streitig, ob die Tätigkeit als Testamentsvollstrecker mit dem Beruf des Steuerberaters insoweit vereinbar ist. Fraglich war, ob es sich hierbei um eine entgeltliche Tätigkeit und damit erlaubnispflichtige Rechtsbesorgung im Sinne des Rechtsberatungsgesetzes handeln könnte (OLG Karlsruhe, Urt. v. 27.05.1993, Az. 4 U 303/92). Dieser Rechtsauffassung ist der BGH zwischenzeitlich entgegengetreten und hat eine Entscheidung zugunsten der Steuerberater getroffen (BGH, Urt. v. 11.11.2004, Az. I ZR 182/02)

Aufgrund der oft langjährigen Verbindung der Mandanten zu ihrem Steuerberater und dem hieraus erwachsenen Vertrauensverhältnis in finanziellen Angelegenheiten, ist der Steuerberater für den Mandanten oft die geeignete Person, seine vermögensrechtlichen Angelegenheiten auch nach seinem Tod weiter zu betreuen. Es wird sich daher in vielen Fällen für ihn anbieten, den Steuerberater als Testamentsvollstrecker einzusetzen. Nicht zuletzt wegen der damit verbundenen Haftungsrisiken ist eine tiefer gehende Auseinandersetzung mit den rechtlichen wie tatsächlichen Rahmenbedingungen erforderlich.

A. Grundlagen

I. Ziele der Testamentsvollstreckung

2 Mit der Einsetzung eines Testamentsvollstreckers will der Erblasser erreichen, dass sein letzter Wille so umgesetzt wird, wie er es sich vorstellt und in seiner letztwilligen Verfügung angeordnet hat. Häufig sind die wirtschaftlichen Verhältnisse des Erblassers sehr komplex und daher für die Erben nicht ohne weiteres überschaubar, oder die Anzahl der Erben und sonstigen Bedachten ist so groß, dass eine einheitliche Regelung sinnvoll erscheint. Mit der Einsetzung eines Testamentsvollstreckers kann in diesen Fällen die nötige Sachkunde erreicht und eine streitvermeidende neutrale Person sichergestellt werden. Die Testamentsvollstreckung ist idealerweise die Durchführung dessen, was im besten Fall mit dem Mandanten bereits im Rahmen der Beratung um die Aufsetzung des Testaments besprochen wurde.

II. Befugnisse des Testamentsvollstreckers

3 Das Gesetz hat den Testamentsvollstrecker mit weit reichenden rechtlichen Möglichkeiten ausgestattet. Dies sind insbesondere:

- Die Inbesitznahme des Nachlasses,
- der Einzug von Forderungen sowie der Ausgleich von Verbindlichkeiten,
- das Einholen von Auskünften bei Dritten,
- die Bestandsverwaltung genauso wie die Verwaltung der sich daraus ergebenden Einkünfte,
- das Eingehen von Verbindlichkeiten, wie etwa die Aufnahme von Krediten.

Er ist zunächst nur dem Willen des Erblassers verpflichtet und damit gegenüber den Erben frei. Auch das Nachlassgericht übt keine Kontrolle über den Testamentsvollstrecker aus.

Das heißt auch, dass der Testamentsvollstrecker den Nachlass uneingeschränkt verwaltet, § 2205 BGB. Dabei steht es ihm frei, Verbindlichkeiten zu Lasten des Nachlasses einzugehen, §§ 2206, 2207 BGB.

Am Schluss der Verwaltung steht regelmäßig die Auseinandersetzung des Nachlasses.

III. Mehrere Erben

Ist der Nachlass unter mehreren Erben aufzuteilen, kommt es häufig schon zu Problemen unter den Erben, wenn es um die ersten Formalitäten und Aufgaben nach dem Tod des Erblassers geht. Diese Differenzen setzen sich dann in der Auseinandersetzung des Nachlasses fort. Erschwert wird die Auseinandersetzung des Nachlasses in tatsächlicher Hinsicht bisweilen auch durch die räumliche Entfernung der Erben, so, wenn z. B. einer von ihnen im Ausland lebt. 4

Die Anordnung der Testamentsvollstreckung ist vielfach ein probates Mittel, eine erhebliche Vereinfachung der Auseinandersetzung des Nachlasses herbeizuführen. Der Erblasser, der zu Lebzeiten die Streitigkeiten um sein Erbe voraussieht und vielleicht sogar die Zerschlagung seines Lebenswerkes fürchtet, kann dem auf diese Art entgegenwirken.

IV. Sicherung des Erblasserwillens

Mit der Testamentsvollstreckung kann der Erblasser langfristig seinen letzten Willen durchsetzen. So lassen sich Vermächtnisse und Auflagen absichern und die Erbteilung bis zu 30 Jahre lang – in Einzelfällen auch darüber hinaus – vermeiden. 5

Ferner ist Unternehmern häufig daran gelegen, die Unternehmensnachfolge strukturiert zu planen. Die Testamentsvollstreckung sichert im besten Fall eine geordnete Übergabe des Unternehmens an den oder die Erben. Insbesondere, wenn die Erben minderjährig sind, kann auf diesem Weg der Zeitraum bis zur Volljährigkeit oder jedem anderen, vom Erblasser gewünschten Lebensalter, überbrückt werden.

❗ Beraterhinweis: 6

Bei minderjährigen Erben wird durch die Anordnung der Testamentsvollstreckung das Erfordernis vormundschaftlicher Genehmigungen beseitigt.

15

Häufig ist auch die wunschgemäße Umsetzung des Erblasserwillens im Hinblick auf zu erfüllende Vermächtnisse der Grundgedanke einer Testamentsvollstreckung.

V. Dauerhaft geschäftsunfähige Erben

Gehört zu den Erben ein dauerhaft Geschäftsunfähiger, kann durch Anordnung einer Dauertestamentsvollstreckung die langfristige Versorgung und Absicherung sichergestellt werden. 7

> **❗ Beraterhinweis:**
>
> *Ist der Geschäftsunfähige in einem Heim untergebracht, werden die damit im Zusammenhang stehenden Kosten nicht selten durch den Sozialhilfeträger erbracht, weil das Einkommen der unterhaltspflichtigen Person nicht ausreicht. Die Anordnung einer Testamentsvollstreckung kann helfen sicherzustellen, dass nach dem Anfall einer Erbschaft bei der unterstützten Person der Sozialhilfeträger nicht auf den Nachlass zugreift.*

VI.   Vollstreckungsschutz des Erben

8   Drohen Gläubiger des Erben auf den Nachlass zuzugreifen, kann der Erblasser dies vereiteln, indem er Dauertestamentsvollstreckung anordnet. Vollstreckungsmaßnahmen greifen in diesem Fall nicht.

> **❗ Beraterhinweis:**
>
> *Die Anordnung der Testamentsvollstreckung sollte in diesen Fällen mit der Auflage für den Testamentsvollstrecker verbunden werden, Erträge des Nachlasses nur insoweit an den vollstreckungsbedrohten Erben freizugeben, als die Pfändungsfreigrenzen nicht überschritten werden.*

VII.   Pflichten des Testamentsvollstreckers

9   Oberstes Gebot der Testamentsvollstreckung ist die ordnungsgemäße Verwaltung des Nachlasses, § 2216 BGB. Dabei ist der Wille des Erblassers wie angeordnet umzusetzen.

> **❗ Beraterhinweis:**
>
> *Die Anordnung der Testamentsvollstreckung sollte den Willen des Erblassers in Bezug auf die Aufgaben des Testamentsvollstreckers so genau wie möglich darstellen. Hierzu zählt, genau zu regeln:*
>
> - *ob es sich um eine reine Abwicklungs- oder eine Dauervollstreckung handelt bzw. welchen zeitlichen Rahmen die Vollstreckung haben soll,*
> - *mit welchen Vollmachten der Testamentsvollstrecker ausgestattet sein soll,*
> - *welches Ermessen der Testamentsvollstrecker z. B. bei der Umsetzung von Vermächtnissen haben soll,*
> - *welche Befugnisse der Testamentsvollstrecker bei der Verwaltung eines Unternehmens des Erblassers haben soll oder*
> - *welche Beschränkungen der Testamentsvollstrecker bei der Ausübung seines Amtes zu beachten hat.*

Daneben hat der Testamentsvollstrecker auch unter wirtschaftlichen Aspekten zu handeln und den Nachlass in seinem Bestand zu schützen und zu mehren.

Der Testamentsvollstrecker hat den Erben zu Beginn seiner Tätigkeit ein Nachlassverzeichnis auszuhändigen, § 2215 BGB. In der Folgezeit hat eine jährliche Rechnungslegung gegenüber den Erben zu erfolgen, § 2218 BGB.

VIII.   Haftung des Testamentsvollstreckers

10   Der Testamentsvollstrecker haftet den Erben gegenüber auf Schadensersatz, wenn er sein Amt nicht ordnungsgemäß ausführt, § 2219 BGB. Hierzu ist ggf. der Zivilrechtsweg zu beschreiten.

Die Haftung des Testamentsvollstreckers tritt für alle im Zusammenhang mit der Ausübung seines Amtes kausal verursachten Schäden ein. Diese Haftung kann auch nicht dadurch ausgeschlossen werden, dass der Erblasser in seinem Testament eine entsprechende Erklärung abgibt.

🛈 **Beraterhinweis:**

Möglich ist eine vertragliche Vereinbarung des Testamentsvollstreckers mit den Erben, in welcher diese auf Schadensersatzansprüche aus der Vergangenheit verzichten. Ein in die Zukunft gerichteter Verzicht kann nur für fahrlässige Handlungen vereinbart werden.

Die in Betracht kommenden Schadensfälle sind vielfältig. In der Regel wird es sich um eine nicht ordnungsgemäße Verwaltung handeln. Hierbei stellen sich gängige Fehlerquellen wie folgt dar:

- Der Testamentsvollstrecker setzt sich über die Vorgaben des Erblassers hinweg,
- die Veräußerung von Nachlasswerten erfolgt aufgrund mangelnder Prüfung zu unwirtschaftlichen Konditionen,
- Fremddienstleistungen, insbesondere durch Rechtsanwälte und Steuerberater werden unangemessen hoch vergütet; gelegentlich kommt es vor, dass der Testamentsvollstrecker befreundete Berater beauftragt und bei den Gebühren sehr großzügig ist, bzw. vorschnell z. B. Klageaufträge vergibt,
- unwirtschaftliche Geldanlage,
- Versäumnis steuerlicher Fristen und fehlerhafte Erstellung von Steuererklärungen,
- Einlegung überflüssiger Rechtsbehelfe bei eigener beruflicher Qualifikation als Rechtsanwalt oder Steuerberater.

IX.   Nachteile der Testamentsvollstreckung

Ordnet der Erblasser keinen Zeitraum für die Dauer der Testamentsvollstreckung an, so ist in seinem Sinne von einer möglichst schnellen Auseinandersetzung des Nachlasses auszugehen. **11**

Zeitliche Verzögerungen können sich dadurch ergeben, dass der Testamentsvollstrecker sein Amt erst geraume Zeit nach dem Erbfall antreten kann. In der Zwischenzeit sind Verfügungen zu Lasten des Nachlasses nicht möglich.

🛈 **Beraterhinweis:** **12**

Um einer zeitlichen Verschiebung wie vorgenannt zu entgehen, bietet sich die Erteilung einer Vollmacht durch den Erblasser zugunsten des Testamentsvollstreckers an. Diese Vollmacht soll aufschiebend bedingt durch den Tod des Vollmachtgebers in Kraft treten und dann über den Tod hinaus gelten (postmortale Vollmacht). Damit wird der Testamentsvollstrecker in die Lage versetzt, dringliche Aufgaben unmittelbar wahrzunehmen und mögliche Schäden vom Nachlass abzuwenden.

Sofern es dem Erblasser ohnehin nur darum geht, seine kurzfristig nach dem Tod zu erledigenden Wünsche umzusetzen, ist der ausschließlich postmortalen Vollmacht vielfach der Vorzug gegenüber der Testamentsvollstreckung zu geben. Mit dieser Vollmacht werden dem Bevollmächtigten dann spezielle Aufträge erteilt, zu deren Durchsetzung die Vollmacht ausreicht.

15

B. Anordnung der Testamentsvollstreckung

13 Allein der Erblasser ist zur Anordnung einer Testamentsvollstreckung berechtigt. Eine Testamentsvollstreckung von Amts wegen kann nicht erfolgen.

Dabei steht es dem Erblasser frei, eine bestimmte Person für das Amt zu benennen. Verbindlich kann diese Berufung jedoch nicht sein, da eine einseitige vertragliche Verpflichtung eines Dritten dem Zivilrecht fremd ist. Es ist daher notwendig, dass der Ernannte das Amt auch annimmt, § 2202 BGB.

C. Formen der Testamentsvollstreckung

14 Inhalt und Dauer der Testamentsvollstreckung bestimmt der Erblasser. Dabei ist zu unterscheiden:

I. Abwicklungsvollstreckung

15 Enthält die Anordnung keine Angaben zur Aufgabe oder zum zeitlichen Rahmen, hat der Testamentsvollstrecker sein Amt so lange zu betreiben, bis alle testamentarischen Anordnungen des Erblassers umgesetzt wurden. Hierbei geht es regelmäßig nur um die Abwicklung des Nachlasses. Zeitliche Fristen bestehen dann nicht.

II. Verwaltungsvollstreckung

16 Wünscht der Erblasser eine ausschließliche Nachlassverwaltung oder die Verwaltung des Nachlasses über die Erledigung bestimmter Aufgaben hinaus, § 2209 BGB, spricht man von einer Verwaltungsvollstreckung. Bei der Verwaltungsvollstreckung ist zu unterscheiden, ob der Erblasser für die Verwaltung einen zeitlichen Rahmen vorgibt oder nicht.

Der Erblasser hat entweder eine Frist bestimmt, mit deren Ablauf auch die Vollstreckung endet, oder die Dauer der Testamentsvollstreckung liegt nach dem Willen des Erblassers im Ermessen des Testamentsvollstreckers. Spätestens jedoch nach 30 Jahren seit dem Erbfall endet dann die Testamentsvollstreckung, § 2210 BGB.

17 Ausnahmen von der dreißigjährigen Dauer bestehen, § 2210 BGB, wenn der Erblasser testamentarisch angeordnet hat, dass

- die Verwaltung bis zum Tod des Erben dauern soll,
- die Verwaltung bis zum Tod des Testamentsvollstreckers dauern soll oder
- die Verwaltung auf den Eintritt eines bestimmten Ereignisses befristet ist.

18 Die Beweggründe des Erblassers für die Dauervollstreckung sind vielschichtig. In der Regel geht es ihm aber darum,

- das Vermögen (insbesondere Unternehmensvermögen) zusammenzuhalten,
- in Kenntnis der Persönlichkeit der Erben diese in ihrer Verfügungsgewalt zu beschränken,
- minderjährige Erben zu schützen und/oder
- den überlebenden Ehegatten für die Dauer der Vollstreckung vom Nachlass auszuschließen.

Wird der Erbe durch die Verwaltungsvollstreckung dauerhaft von der Verfügung über den Nachlass ausgeschlossen, ist zu überlegen, ob er nicht das Erbe ausschlägt und den Pflichtteil verlangt, § 2306 BGB. Damit büßt er zwar die Hälfte des Wertes ein, kann jedoch unmittelbar über den Pflichtteil verfügen und sich somit der Vollstreckung entziehen.

Unter besonderen – insgesamt zu würdigenden – Umständen ist auch über die Sittenwidrigkeit einer Dauervollstreckung nachzudenken (OLG München, JFG 14, 428).

III. Vermächtnisvollstreckung

Mit der Vermächtnisvollstreckung will der Erblasser die Umsetzung von Vermächtnissen gesi- 19
chert wissen. Hierbei handelt es sich also um eine – auf bestimmte Vermächtnisse – beschränkte Testamentsvollstreckung.

Dabei kann es dem Erblasser zum einen darum gehen sicherzustellen, dass das Vermächtnis auch tatsächlich durchgeführt wird und der Vermächtnisnehmer in seinen Genuss kommt. Hierzu hat der Testamentsvollstrecker alles Notwendige zu unternehmen.

Ferner ist eine Vermächtnisvollstreckung ein Mittel zur Kontrolle des Vermächtnisnehmers, wenn dieser durch den Erblasser mit einer Auflage beschwert wurde. Dann ist es die Aufgabe des Testamentsvollstreckers, die Erfüllung der Auflage zu überwachen.

❯ Beispiel:

Vermögensverwaltung eines Geldvermächtnisses an noch Minderjährigen bis zur Vollendung des 25. Lebensjahres.

D. Ernennung des Testamentsvollstreckers

Üblicherweise bestimmt der Erblasser den oder die Testamentsvollstrecker selber. Möglich ist 20
aber auch, das Bestimmungsrecht auf Dritte – wie etwa Freunde oder Familienmitglieder – oder das Nachlassgericht zu übertragen, §§ 2198, 2200 BGB, sowie dem Testamentsvollstrecker zu gestatten, Mitvollstrecker zu bestimmen, § 2199 BGB.

Die Ernennung kann bereits zu Lebzeiten oder im Rahmen der letztwilligen Verfügung erfolgen.

❶ Beraterhinweis:

Die Anordnung der Testamentsvollstreckung sollte explizit erfolgen, um Abgrenzungsprobleme von

- *Vollmacht,*
- *Auflage,*
- *Vor- und Nacherbschaft,*
- *Nießbrauch,*
- *Auflagen oder*
- *Verwaltungsanordnung*

zu vermeiden.

15

Möglich im Rahmen der Ernennung des Testamentsvollstreckers sind auch die bedingte, beschränkte und befristete Ernennung, also z. B. unter der Voraussetzung, dass die Person des gewünschten Testamentsvollstreckers zum Zeitpunkt des Todes des Erblassers bereits das 50. Lebensjahr erreicht haben muss.

E.   Die Person des Testamentsvollstreckers

In Betracht kommen können für das Amt als Testamentsvollstrecker folgende Personen bzw. Berufsgruppen:

I.   Natürliche und juristische Personen

21 Alle natürlichen Personen können, soweit sie nicht geschäftsunfähig oder in ihrer Geschäftsfähigkeit beschränkt sind oder unter Betreuung stehen, das Amt des Testamentsvollstreckers bekleiden.

> **❗ Beraterhinweis:**
> *Der Alleinerbe kann nicht ohne weiteres zum Testamentsvollstrecker bestellt werden. Dies kann nur erfolgen, wenn die Aufgabe des Testamentsvollstreckers darin besteht, die Erfüllung von Vermächtnissen zu überwachen. Dagegen ist seine Ernennung zum Mittestamentsvollstrecker neben anderen möglich.*

22 Daneben können auch juristische Personen, Vereinigungen, Personengesellschaften sowie Kreditinstitute zum Testamentsvollstrecker ernannt werden.

23 Wird der überlebende Ehegatte zum Testamentsvollstrecker ernannt, gilt es, Besonderheiten hinsichtlich minderjähriger Kinder zu beachten. Dann nämlich hat der Ehegatte neben dem Amt des Testamentsvollstreckers auch die elterliche Sorge auszuüben. Kommt es hierbei zu Kollisionen, ist für die Kinder ein Pfleger zu bestellen, um die Interessen der Kinder gegenüber dem Elternteil als Testamentsvollstrecker wahrzunehmen. Insbesondere bei der Auseinandersetzung des Nachlasses ist ein Pfleger für das Kind zu bestellen. Bei mehreren Kindern ist für jedes Kind ein besonderer Pfleger zu bestellen.

II.   Spezielle Berufsgruppen

24 Regelmäßig werden Rechtsanwälte, Wirtschaftsprüfer, Steuerberater und Notare entweder vom Erblasser selber oder auf Geheiß des Erblassers vom Nachlassgericht als Testamentsvollstrecker bestellt.

Nachfolgend werden einige Besonderheiten dargestellt, die sich auf die Tätigkeit der Berufsträger in Ausübung ihres Berufes beziehen. Werden die Berufsträger als Privatleute – etwa Angehörige des Erblassers – in ihr Amt berufen, gelten keine Unterschiede zu den vorerwähnten Regelungen.

1.   Rechtsanwälte

25 Der Rechtsanwalt hat sein Amt nach den allgemeinen berufsrechtlichen Bestimmungen auszu-

führen. Insoweit kann er im Schadensfall für seine Tätigkeit auch die Vermögensschadenshaft-pflichtversicherung in Anspruch nehmen.

Die anwaltliche Vergütung richtet sich ausschließlich nach § 2221 BGB und nicht etwa nach den Bestimmungen des RVG. Etwas anderes gilt nur, wenn der Erblasser dies in seinen Ausführungen zur Ernennung des Testamentsvollstreckers bestimmt hat, also etwa das RVG für anwendbar erklärt oder sonstige Vergütungsregelungen bestimmt hat.

Die Ausübung des Amtes als Testamentsvollstrecker kann es notwendig machen, dass ein Prozess geführt wird. Dann ist fraglich, ob der Rechtsanwalt ohne weiteres selber diesen Prozess führen und liquidieren kann. Unstreitig ist dies möglich, wenn der Erblasser mit seiner Ernennung die Befreiung von § 181 BGB erklärt hat. Darüber hinaus kommt eine Selbstmandatierung nur in Betracht, wenn sich diese in den Grenzen einer ordnungsgemäßen Verwaltung hält, also notwendig war. Diese prozessualen Tätigkeiten sind dann zu Lasten des Nachlasses nach dem RVG abzurechnen.

2.   Steuerberater

Wie eingangs erwähnt, sind mittlerweile auch die Steuerberater zur geschäftsmäßigen Testamentsvollstreckung rechtlich unstreitig zugelassen. Auch sie unterliegen den allgemeinen berufsrechtlichen Bestimmungen, haben daher für kausal verursachte Schäden des Nachlasses durch Pflichtverletzungen zu haften und können insoweit ihre Vermögensschadenshaftpflichtversicherung in Anspruch nehmen. **26**

Die Vergütung richtet sich ausschließlich nach § 2221 BGB, die Steuerberatergebührenverordnung kommt nur auf besondere Anweisung des Erblassers zur Anwendung.

F.   Die Annahme oder Ablehnung des Amtes

Da niemand einen anderen einseitig verpflichten kann, das Amt des Testamentsvollstreckers auszuüben, bedarf es einer ausdrücklichen Annahme des Amtes als Testamentsvollstrecker durch den Ernannten. Die Annahme ist schriftlich oder zu Protokoll gegenüber dem Nachlassgericht zu erklären. Die Annahme ist bedingungsfeindlich. **27**

Entschließt sich der Ernannte, das Amt nicht anzunehmen, kann er dies ebenfalls gegenüber dem Nachlassgericht erklären. Erfolgt keine Reaktion des Ernannten, können die Beteiligten das Nachlassgericht auffordern, dem Ernannten eine Frist zu setzen (§ 2202 Abs. 3 S. 1 BGB), binnen derer eine Annahme erklärt werden muss. Verstreicht diese Frist erfolglos, gilt das Amt als abgelehnt.

G.   Der Zeitraum bis zum Amtsbeginn

Es wurde bereits auf die Nachteilhaftigkeit des gelegentlich sehr langen Zeitraums zwischen Erbfall und Annahme des Amtes durch den Testamentsvollstrecker hingewiesen. Während dieser Zeitspanne ist es den Erben trotz noch nicht vorliegender Testamentsvollstreckung nicht gestattet, für den Nachlass zu handeln. Für den Testamentsvollstrecker gilt bis zur Annahme das gleiche. Entschließt er sich dennoch, bereits zu diesem Zeitpunkt für und gegen den Nachlass Rechtsgeschäfte einzugehen, so können diese nach Annahme des Amtes genehmigt werden. **28**

H. Die Erteilung des Erbscheins

29 Der Testamentsvollstrecker hat ein eigenes Antragsrecht auf Erteilung des Erbscheins, §§ 2353, 2364 BGB. Ein solcher Antrag kann aus Sicht des Testamentsvollstreckers sinnvoll sein, weil er sich auf diese Weise absichern kann, es mit den „richtigen" Erben zu tun zu haben, zumindest auf den guten Glauben des Erbscheins vertrauen darf (vgl. Kapitel § 12). Außerdem kann der Erbschein – z.B. zur Berichtigung des Grundbuchs oder Handelsregisters erforderlich sein. In diesen Fällen gibt dem Testamentsvollstrecker das eigene Antragsrecht die notwendige Unabhängigkeit von den Erben.

Im Erbschein wird die Ernennung eines Testamentsvollstreckers aufgenommen. Hiermit wird auf die Beschränkung der Erben in der Verfügungsmacht über den Nachlass hingewiesen. Sofern der Testamentsvollstrecker keine umfassende Verfügungsmacht hat, so ist dies im Erbschein zu vermerken. In Betracht kommt hier etwa die Anordnung der Testamentsvollstreckung nur für einzelne Nachlassgegenstände.

I. Das Testamentsvollstreckerzeugnis

30 Zum Nachweis seines Amtes im Geschäftsverkehr hat der Testamentsvollstrecker einen Anspruch auf Erteilung eines Testamentsvollstreckerzeugnisses durch das Nachlassgericht, § 2368 BGB.

Die Erteilung des Testamentsvollstreckerzeugnisses erfolgt auf Antrag. Beantragt der Testamentsvollstrecker ein Testamentsvollstreckerzeugnis, so prüft das Nachlassgericht in diesem Zusammenhang u. a., ob die letztwillige Verfügung des Erblassers überhaupt wirksam ist. Ferner wird geprüft, ob eine gültige Ernennung vorliegt oder Beschränkungen im Amt des Testamentsvollstreckers gegeben sind. Alle Abweichungen von den gesetzlich geregelten Befugnissen des Testamentsvollstreckers sind im Testamentsvollstreckerzeugnis zu vermerken. Ferner sind die Anordnung einer Dauervollstreckung nebst Angaben zur Dauer sowie ein besonderer Endzeitpunkt mit aufzunehmen.

❶ Beraterhinweis:

Über die Erteilung eines Testamentsvollstreckerzeugnisses unterrichtet das Nachlassgericht das zuständige Finanzamt unter Beigabe einer Abschrift des Zeugnisses, § 12 Abs. 1 ErbStDV. Ebenfalls Inhalt dieser Mitteilung sind Angaben des Nachlassgerichts über Zusammensetzung und Höhe des Nachlasses.

Das Testamentsvollstreckerzeugnis verliert seine Gültigkeit automatisch mit dem Ende der Testamentsvollstreckung, § 2368 Abs. 3 BGB.

J. Grundbuch und Handelsregister

31 Die Anordnung der Testamentsvollstreckung ist – soweit sie sich auf Grundstücke erstreckt – von Amts wegen in das Grundbuch einzutragen, sog. Testamentsvollstreckervermerk, § 52 GBO. Hierdurch wird die fehlende Verfügungsmacht der Erben nach außen dokumentiert und ein gutgläubiger Erwerb von den Erben verhindert.

Eine Eintragung des Testamentsvollstreckers in das Handelsregister aufgrund der Vollstreckung über ein einzelkaufmännisches Unternehmen oder den Anteil an einer Personengesellschaft ist nicht möglich.

K.   Die Aufgaben des Testamentsvollstreckers nach Annahme des Amtes

Der Testamentsvollstrecker schuldet den Erben eine ordnungsgemäße Verwaltung zu jeder Zeit   32
seiner Tätigkeit. In diesem Rahmen sind einige elementare Aufgaben zu beachten.

I.   Die Erstellung des Nachlassverzeichnisses

Unverzüglich nach Annahme des Amtes hat der Testamentsvollstrecker ein Nachlassverzeichnis   33
zu erstellen und den Erben zu übermitteln, § 2215 Abs. 1 BGB, sofern die Erben nicht auf die
Erstellung verzichten.

🛑 **Beraterhinweis:**

Bei mehreren Erben kann jeder einzeln auf das Nachlassverzeichnis verzichten. Der Verzicht sollte vom Testamentsvollstrecker
schriftlich eingefordert werden, um Haftungsproblematiken zu vermeiden.

Der Testamentsvollstrecker hat unter genauer Prüfung aller Unterlagen den vollständigen Nachlass mit allen Aktiva und Passiva auf den Todestag des Erblassers zu ermitteln.

🛑 **Beraterhinweis:**

Entdeckt der Testamentsvollstrecker bei der Ermittlung des Nachlasses Hinweise auf eine Steuerhinterziehung des Erblassers,
so ist er verpflichtet, dies der Finanzverwaltung anzuzeigen, sofern nicht bereits Verjährung eingetreten ist. Insbesondere bei
Auslandssachverhalten in der Vermögensstruktur des Erblassers ist für den Testamentsvollstrecker höchste Aufmerksamkeit
und Vorsicht geboten.

Im Zusammenhang mit der Erstellung des Nachlassverzeichnisses stehen den Erben einige Rechte   34
zur Seite:

■ Sind die Erben der Meinung, die Erstellung des Nachlassverzeichnisses nehme zu viel Zeit in
   Anspruch, sollten sie dem Testamentsvollstrecker eine Frist zur Abgabe setzen. Das Versäumnis dieser Frist kann unter Umständen ein Entlassungsgrund sein.

■ Führt der Testamentsvollstrecker eine körperliche Bestandsaufnahme des Nachlasses durch,
   haben die Erben ein Recht auf Teilnahme, § 2215 Abs. 3 BGB; der Termin ist daher durch den
   Testamentsvollstrecker im Vorfeld bekannt zu geben.

■ Haben die Erben begründete Zweifel an der Richtigkeit oder Vollständigkeit des Nachlassverzeichnisses, können sie vom Testamentsvollstrecker eine eidesstattliche Versicherung hierüber
   verlangen, § 2218 Abs. 1 BGB.

II.   Information der Erben

Der Testamentsvollstrecker hat die Erben unaufgefordert über wesentliche Entscheidungen –   35
rechtlich wie wirtschaftlich – den Nachlass betreffend zu unterrichten, § 2218 Abs. 1 BGB.

Daneben haben die Erben das Recht, jederzeit den Sachstand der Vollstreckung zu erfragen.

15

III.   Erfüllung steuerlicher Pflichten

36   Der Testamentsvollstrecker hat alle steuerlichen Pflichten der Erben, soweit sie aus der Erbenstellung erwachsen, zu erfüllen. Hierzu kann er sich der Hilfe eines Steuerberaters bedienen und die Gebühren aus dem Nachlass bezahlen. Auch sind die steuerlichen Aufbewahrungspflichten vom Testamentsvollstrecker zu beachten.

Ist der Testamentsvollstrecker selber Steuerberater, fällt die Vergütung für steuerliche Deklarationspflichten nicht unter die normale Vergütung des Testamentsvollstreckers, so dass hier nach der StBGebV abzurechnen ist.

> 🛈 **Beraterhinweis:**
>
> *Ist die steuerliche Beratung im Rahmen der Testamentsvollstreckung nicht ausdrücklich in der letztwilligen Verfügung des Erblassers der Person des Testamentsvollstreckers zugeordnet, sollte dieser vor seiner Eigenmandatierung die Erben über seine Absicht informieren, damit es nicht zum Streit über die entstandenen Gebühren kommt. Der Testamentsvollstrecker hat ohnehin die Informationspflicht, etwaige Steuererklärungen den Erben zur Kenntnis vorzulegen.*

1.   Erbschaftsteuer

37   Der Testamentsvollstrecker ist gemäß § 31 Abs. 5 S. 2 ErbStG verpflichtet, dem Finanzamt die Erbschaftsteuererklärung abzugeben. Dabei ist auf Anforderung des Finanzamts die Erklärung zusätzlich von den Erben zu unterschreiben. Der Steuerbescheid wird in der Folge dem Testamentsvollstrecker bekannt gegeben.

> 🛈 **Beraterhinweis:**
>
> *Mit der wirksamen Bekanntgabe des Bescheids an den Testamentsvollstrecker gilt der Bescheid auch den Erben gegenüber als bekannt gegeben. Damit beginnt auch die Frist zur Einlegung eines Rechtsbehelfs, der wiederum aufgrund der Erfordernis einer Beschwer nur vom Erben eingelegt werden kann.*
>
> *Aus Haftungsgründen ist größte Sorgfalt für den Testamentsvollstrecker geboten, damit nicht Fristversäumnisse zu Schäden bei den Erben führen. Bescheide sind daher unverzüglich – möglichst unter Hinweis auf die laufenden Fristen – an die Erben zu übermitteln.*

15   Den Ausgleich der festgesetzten Erbschaftsteuer hat der Testamentsvollstrecker aus dem Nachlass vorzunehmen, § 32 Abs. 1 S. 2 ErbStG. Insofern haftet er auch gegenüber dem Finanzamt als Vermögensverwalter im Sinne des § 34 Abs. 3 AO.

> 🛈 **Beraterhinweis:**
>
> *Der Testamentsvollstrecker sollte daher jederzeit die Rückstellung ausreichender Mittel zur Erfüllung der Steuern im Auge haben.*

2.   Persönliche Steuern des Erblassers

38   Soweit zum Zeitpunkt des Todes des Erblassers dessen steuerliche Deklarationspflichten noch nicht oder nicht vollständig erfüllt waren, ist der Testamentsvollstrecker auch hierfür zuständig. Die sich hieraus ergebenden Steuerzahlungen sind vom Testamentsvollstrecker aus dem Nachlass zu entrichten.

Ergehen nach dem Tod des Erblassers Steuerbescheide an die Erben, haben diese daher einen Anspruch gegen den Testamentsvollstrecker auf Ausgleich der Steuern aus dem Nachlass.

Wirft der unter Testamentsvollstreckung stehende Nachlass steuerpflichtige Einkünfte ab, sind für die Erklärung gegenüber der Finanzverwaltung die Erben zuständig. Um den steuerlichen Pflichten hinreichend nachzukommen, haben sie einen Anspruch gegenüber dem Testamentsvollstrecker auf umfassende Auskunft hinsichtlich aller zugrunde liegenden Sachverhalte. Dies gilt auch in Bezug auf die Vorlage entsprechender Belege.

Nur soweit steuerliche Zahllasten auf die Erträge des Nachlasses entfallen, besteht ein Erstattungsanspruch der Erben gegenüber dem Testamentsvollstrecker auf Ausgleich aus dem Nachlass, sofern nicht bereits die Erträge regelmäßig und vollständig den Erben zur Verfügung gestellt wurden.

IV.   Rechnungslegung

Dauert die Testamentsvollstreckung länger als ein Jahr, haben die Erben Anspruch auf eine jährliche Rechnungslegung, § 2218 Abs. 2 BGB. Hierzu hat der Testamentsvollstrecker eine Aufstellung über die Entwicklung der veränderlichen Vermögensbestandteile sowie über Kosten und Erträge des Nachlasses anzufertigen. Dies sollte unter Vorlage insbesondere von Kontoauszügen geschehen.   39

V.   Auseinandersetzung des Nachlasses

Wurde der Testamentsvollstrecker für eine Abwicklungsvollstreckung eingesetzt, so obliegt ihm neben der Erfüllung etwaiger Vermächtnisse die Auseinandersetzung des Nachlasses, also die Verteilung des vorhandenen Vermögens.   40

🛇 **Beraterhinweis:**

Kommen alle Erben wirksam überein, dass die Erbengemeinschaft hinsichtlich des Nachlasses oder eines Nachlassteils fortgeführt werden soll, ist der Testamentsvollstrecker auch gegen den ausdrücklichen Willen des Erblassers an diese Vereinbarung solange gebunden, bis ein Erbe die Auseinandersetzung zu einem späteren Zeitpunkt dann doch verlangt.

Zur Durchführung der Auseinandersetzung hat der Testamentsvollstrecker einen Auseinandersetzungsplan aufzustellen. Dies kann grundsätzlich formlos erfolgen und soll beinhalten: 41

- Eine Darstellung der Erbfolge und der sich daraus ergebenden Erbquoten,
- eine Bestandsaufnahme des Nachlasses,
- Informationen zum angenommenen Umfang der Testamentsvollstreckung,
- eine Darstellung zur Aufteilung der Vermögenswerte,
- eine Aufstellung der Ausgleichungspflichten zwischen den Erben sowie
- Angaben zur tatsächlichen Durchführung der Auseinandersetzung.

Der Auseinandersetzungsplan ist für den Testamentsvollstrecker und die Erben verbindlich. Ist der Auseinandersetzungsplan jedoch offensichtlich gesetzeswidrig oder unbillig, so können die Erben hiergegen klagen.

15

VI. Rechenschaftsbericht mit Ablauf der Testamentsvollstreckung

42 Um den Zeitpunkt für die Erstellung des Rechenschaftsberichts festzulegen, muss zunächst festgestellt werden, wann das Amt des Testamentsvollstreckers endet.

1. Ende der Testamentsvollstreckung

43 Im Regelfall endet die Vollstreckung, sobald der Testamentsvollstrecker alle ihm durch den Erblasser zugewiesenen Aufgaben erledigt hat, also regelmäßig dann, wenn der Nachlass auseinandergesetzt ist. Daneben kommt eine Beendigung durch Zeitablauf bei Dauervollstreckung, Kündigung, Tod des Testamentsvollstreckers oder Wegfall des Nachlassvermögens in Betracht.

2. Der Rechenschaftsbericht

44 Nach Beendigung der Testamentsvollstreckung können die Erben den Testamentsvollstrecker auffordern, Rechenschaft über seine Amtszeit abzulegen. Dazu fertigt er eine Gesamtaufstellung über die Entwicklung des Nachlasses an, die den Erben einen Überblick über Vermögensentwicklung sowie Aufwand und Ertrag liefert.

🛈 **Beraterhinweis:**

Besteht unter den Erben der Verdacht, dass der Testamentsvollstrecker nur unvollständig Rechenschaft abgelegt hat, so können sie die Abgabe einer eidesstattlichen Versicherung verlangen, in welcher der Testamentsvollstrecker die gewissenhafte Anfertigung seines Berichtes versichert.

VII. Herausgabepflichten mit Ablauf der Testamentsvollstreckung

45 Mit erfolgter Auseinandersetzung des Nachlasses oder Zeitablauf hat der Testamentsvollstrecker sein Amt erfüllt. Dann sind alle Nachlasswerte sowie Unterlagen unter Vorlage eines Bestandsverzeichnisses an die Erben herauszugeben.

🛈 **Beraterhinweis:**

Der Testamentsvollstrecker hat Anspruch auf eine angemessene Vergütung für seine Tätigkeit sowie Ersatz der Auslagen, §§ 2221, 670 BGB. Kommt es zur Auseinandersetzung hierüber, steht dem Testamentsvollstrecker ein Zurückbehaltungsrecht an dem Nachlass zu.

U. E. sollte der Testamentsvollstrecker insbesondere bei großen Nachlässen maßvoll mit dem Zurückbehaltungsrecht umgehen und dieses nur insoweit ausüben, als die Vergütung in Betracht kommt, also nicht zu viel zurückbehalten, um Schadensersatzansprüche zu vermeiden.

L.   Die Vergütung des Testamentsvollstreckers

Dem Testamentsvollstrecker steht gesetzlich eine angemessene Vergütung für sein Amt zu, wenn   46
nicht durch den Erblasser eine andere Regelung getroffen wurde, § 2221 BGB. Eine klare Regelung
zur konkreten Höhe der Gebühr bestimmt das Gesetz nicht. Da die Frage der Angemessenheit der
Vergütung von den Erben und dem Testamentsvollstrecker nicht selten unterschiedlich beurteilt
wird, kommt es mitunter zu Streitigkeiten über die Höhe der Vergütung. Daher empfiehlt es sich,
die Vergütung des Testamentsvollstreckers in der letztwilligen Verfügung klar und bestimmt zu
regeln.

🛈 **Beraterhinweis:**

Die Modalitäten der Vergütung sollten unbedingt testamentarisch festgelegt werden. Dazu gehören Ausführungen zur Höhe,
etwa nach Zeitaufwand unter Festlegung eines Stundensatzes, als Pauschale oder in bestimmter Relation zum Nachlasswert.
Ferner sollte die letztwillige Verfügung Angaben zur Fälligkeit und ggf. Vorschüssen enthalten.

Zu beachten ist auch, dass die Vergütung des Testamentsvollstreckers für diesen steuerpflichtige Einkünfte darstellt. Dies lässt
sich – jedenfalls anhand einer Pauschale – durch Anordnung eines Vermächtnisses zu Gunsten des Testamentsvollstreckers
vermeiden. Allerdings unterliegt die Vergütung dann – nach Abzug des Freibetrags – der Erbschaftsteuer.

Sofern nichts anderes durch den Erblasser bestimmt ist, kann der Testamentsvollstrecker sein   47
Honorar nach eigenem Ermessen festsetzen und dem Nachlass entnehmen. Andernfalls steht ihm
nach Auseinandersetzung des Nachlasses der Anspruch auf Zahlung gegenüber den Erben zu.
Diese sind hierfür Gesamtschuldner im Außenverhältnis. Im Innenverhältnis schuldet jeder den
Betrag in Abhängigkeit von der Erbquote.

I.   Allgemeine Kriterien für die Vergütung

Für den Fall, dass der Erblasser keine Anordnung zur Höhe der Vergütung getroffen hat, bemisst   48
der BGH die Vergütung anhand folgender Kriterien (zuletzt in BGH, Urt. v. 27.10.2004, Az. IV
ZR 243/03):

- Pflichtenkreis des Testamentsvollstreckers

   Hierzu gehören die zu erledigenden Aufgaben.

- Umfang der Verantwortung

   Die Verantwortung spiegelt sich in dem Haftungsrisiko wider, welches maßgeblich durch den
   Verkehrswert des Nachlasses bestimmt wird.

- Umfang der Tätigkeit und Schwierigkeitsgrad

   Insbesondere bei stark gestreuten Vermögenswerten, möglicherweise zum Teil im Ausland
   belegen und bei einer Vielzahl von Erben erfordert die Vollstreckung eine starke zeitliche Ein-
   bindung des Testamentsvollstreckers.

- Besondere Kenntnisse und Erfahrungen

   Bringt der Testamentsvollstrecker in seiner Person besondere Kenntnisse und Erfahrungen in
   die Vollstreckung mit ein – regelmäßig geht es hierbei um rechtliche und steuerliche Kenntnisse sowie Erfahrungen aus früheren Testamentsvollstreckeraufgaben – ist auch dies für die
   Vergütung zu berücksichtigen.

15

II. Rheinische Tabelle

49 Wohl am häufigsten wird die „Neue Rheinische Tabelle" dem Vergütungsanspruch des Testamentsvollstreckers zu Grunde gelegt (ZEV 2000, 181). Danach ergibt sich gestaffelt nach dem Bruttonachlasswert eine prozentuale Vergütung zuzüglich der jeweils geltenden Umsatzsteuer. Der Bruttonachlasswert wird auf den Todestag ohne Abzug von Verbindlichkeiten festgestellt.

III. Möhring´sche Tabelle

50 Neben der Rheinischen Tabelle findet in der Praxis auch die Möhring´sche Tabelle Anwendung. Hierin werden pauschaliert in Abhängigkeit von der Größe des verwalteten Nachlasses Honorarbeträge als Vergütung für den Testamentsvollstrecker vorgeschlagen. Die Gebühren sollen sich auch hier nach der Schwierigkeit der Vollstreckung richten. Bei normal gelagerter Testamentsvollstreckung ohne besondere Schwierigkeiten sind als Gebühren vorgeschlagen:

Bruttonachlasswert:	Gebühr:
125.000 €	5.610 €
250.000 €	10.110 €
500.000 €	19.110 €
1.000.000 €	28.111 €

IV. Steuerliche Behandlung der Testamentsvollstreckervergütung

51 Während der Testamentsvollstrecker die Vergütung immer als steuerpflichtige Einnahmen zu behandeln hat, ist auf Seiten der Erben zu unterscheiden.

Die auf die übliche, schnellstmögliche Auseinandersetzung gerichtete Testamentsvollstreckung entfallende Vergütung des Testamentsvollstreckers ist für die Erben als Nachlassverbindlichkeit bei der Erstellung der Erbschafsteuererklärung abzugsfähig.

Die im Rahmen der Dauervollstreckung anfallen Honorare für die laufende Verwaltung hingegen können bei der Einkommensteuer dann berücksichtigt werden, wenn sie im Zusammenhang mit Einkünften aus dem Nachlass stehen.

Fertigt der Testamentsvollstrecker in Ausübung seines Amtes die Erbschaftsteuererklärung für die Erben an, sind die Gebühren im Rahmen der Erbschaftsteuer abzugsfähig.

M. Maßnahmen der Erben gegen die Testamentsvollstreckung

52 Aus Sicht der Erben kann sich die Testamentsvollstreckung zu einem erheblichen Problem entwickeln. Hierbei können persönliche Motive – das schon sicher geglaubte Vermögen rückt auf einmal in weite Ferne – aber auch rechtliche wie tatsächliche Beweggründe eine Rolle spielen. Deshalb suchen die Erben oftmals nach Möglichkeiten und Gründen, sich der Belastung durch die Testamentsvollstreckung zu entledigen.

Mögliche Gründe und Maßnahmen, auf dies sich die Erben berufen können, bzw. die sich die Erbe zunutze machen können, sind die Folgenden:

❯ Beispiele:

Die Anordnung der Testamentsvollstreckung ist bereits unwirksam, da der Erblasser nicht testierfähig war. Die Testamentsvollstreckung kann somit keine Rechtsfolgen entfalten. Bereits getroffene Entscheidungen sind zurückzunehmen, mögliche Maßnahmen ggf. rückabzuwickeln.

Der ernannte Testamentsvollstrecker ist nicht geschäftsfähig und kann daher sein Amt nicht ausüben.

Der Erbe veräußert notariell seinen Anteil am Erbe. Dann unterliegt der so erhaltene Veräußerungserlös nicht der Testamentsvollstreckung. Dies gilt allerdings nicht für den Erwerber, dessen erworbener Anteil am Nachlass mit der Testamentsvollstreckung belastet ist.

Ein Erbe, welcher auch pflichtteilsberechtigt ist, wurde testamentarisch nur in einer Höhe bedacht, die 50% des gesetzlichen Erbteils nicht übersteigt. Hier kann der Erbe das Erbe ausschlagen und sich statt dessen auf seinen Pflichtteil berufen, so dass die Erbenstellung und damit die Testamentsvollstreckung für ihn wegfällt.

Ein pflichtteilsberechtigter Erbe schlägt sein Erbe aus und beansprucht nur den Pflichtteil. Somit entfällt die Testamentsvollstreckung, allerdings zu dem Preis, dass der Erbe auf den möglicherweise gegenüber dem Pflichtteilsanspruch höheren Wert des Erbteils verzichtet.

N.   Checkliste: Erste Schritte Vorgehensweise des Testamentsvollstreckers im Erbfall

☑ Annahme des Amtes als Testamentsvollstrecker   53

☑ Beantragung des Testamentsvollstreckerzeugnisses

☑ Information der Erben und Ankündigung des Nachlassverzeichnisses

☑ Benachrichtigung von Geschäftskontakten sowie Banken und Versicherungen des Erblassers

☑ Antrag auf Erteilung eines Erbscheins oder einer Ausfertigung

☑ Erstellung des Nachlassverzeichnisses und Übermittlung an die Erben

§ 16 Minderjährige im Erbrecht

1 Der Gesetzgeber trägt der besonderen Situation Minderjähriger im Erbrecht in zweifacher Weise Rechnung: Zum einen berücksichtigt er, dass Minderjährige auch schon vor Eintritt der Volljährigkeit in der Lage sein können, ihren letzten Willen zu formulieren, daher verlagert er den Zeitpunkt, zu dem Minderjährige ein Testament wirksam errichten können, vor den Eintritt der Volljährigkeit. Zum anderen berücksichtigt der Gesetzgeber die besondere Schutzbedürftigkeit Minderjähriger und hat durch das Minderjährigenhaftungsbeschränkungsgesetz vom 25.08.1998 Regelungen zur Möglichkeit der Haftungsbeschränkung von minderjährigen Erben im Erbfall vorgesehen.

A. Testierfähigkeit

2 Gemäß § 2229 Abs. 1 BGB kann ein Minderjähriger ein Testament errichten, wenn er das 16. Lebensjahr vollendet hat, also auch schon vor Eintritt der Volljährigkeit, die gemäß § 2 BGB mit Vollendung des 18. Lebensjahres eintritt. Gleichwohl bestehen – zum Schutze des Minderjährigen – Einschränkungen.

- Ein Minderjähriger kann ein Testament nur durch eine Erklärung gegenüber dem Notar oder durch Übergabe einer offenen Schrift an den Notar errichten (§ 2233 Abs. 1 BGB). Die Möglichkeit eines eigenhändigen Testaments ist ihm also – soweit es nicht offen einem Notar übergeben wird – verwehrt.

- Verwehrt ist dem Minderjährigen auch der Abschluss eines Erbvertrages. § 2275 Abs. 1 BGB schreibt vor, dass zum Abschluss eines Erbvertrages unbeschränkte Geschäftsfähigkeit erforderlich ist. Eine Ausnahme gilt nur für minderjährige Ehegatten. Gemäß § 2275 Abs. 2 BGB können Ehegatten einen Erbvertrag schließen, auch wenn sie in der Geschäftsfähigkeit beschränkt sind. In diesem Falle bedarf der Minderjährige zum Abschluss des Erbvertrages der Zustimmung seines gesetzlichen Vertreters und, sofern es sich hierbei um einen Vormund handelt, auch der Genehmigung durch das Vormundschaftsgericht (§ 2275 Abs. 2 BGB).

B. Regelungen zum Schutz des Vermögens des Minderjährigen

3 Das Bundesverfassungsgericht hat in einer Entscheidung aus dem Jahr 1986 (Beschluss vom 13.05.1986, Az. 1 BvR 1542/84) entschieden, dass es mit dem allgemeinen Persönlichkeitsrecht Minderjähriger unvereinbar ist, dass Eltern ihre Kinder kraft ihrer gesetzlichen Vertretung bei Fortführung eines ererbten Handelsgeschäfts in ungeteilter Erbengemeinschaft finanziell unbegrenzt verpflichten können. Diese Entscheidung hat der Gesetzgeber zum Anlass genommen, im Jahr 1998 das Minderjährigenhaftungsbeschränkungsgesetz zu erlassen (vom 25.08.1998, BGBl I 2487). Mit diesem Gesetz soll erreicht werden, dass zum Schutze der Minderjährigen eine Möglichkeit zur Begrenzung ihrer Haftung besteht, wenn zulasten der Minderjährigen im Wege einer Erbschaft oder durch Rechtsgeschäfte ihrer gesetzlicher Vertreter Verbindlichkeiten übernommen bzw. eingegangen worden sind. Der Schutz greift ein, sobald die Minderjährigen die Volljährigkeit erreichen und zwar nach folgender Maßgabe:

I.   Haftungsbegrenzungsmöglichkeit bei Eintritt der Volljährigkeit

Solange Volljährigkeit noch nicht eingetreten ist, haftet ein Minderjähriger unbeschränkt, aber   4
nach den allgemeinen Regeln beschränkbar (vgl. § 14 B). Ein besonderes Haftungsprivileg besteht
also während der Minderjährigkeit nicht. Auch nach Eintritt der Volljährigkeit haftet der Minderjährige im Grundsatz unbeschränkt, aber beschränkbar nach den allgemeinen Regeln. Zusätzlich
kann der volljährig gewordene Erbe sich aber auf ein weiteres Haftungsprivileg berufen, das in
§ 1629a Abs. 1 BGB geregelt ist. Hiernach beschränkt sich die Haftung des volljährig gewordenen
Erben auf den Bestand des bei Eintritt der Volljährigkeit vorhandenen Vermögens des Kindes.

Der in Anspruch genommene ehemals Minderjährige kann in entsprechender Anwendung von
§ 1990 BGB die Befriedigung eines Nachlassgläubigers insoweit verweigern, als sein Vermögen
bei Eintritt der Volljährigkeit reicht. Der Volljähriggewordene haftet möglichen Nachlassgläubigern für eine ordnungsgemäße Verwaltung seines Vermögens wie ein Beauftragter und ist den
Nachlassgläubigern insofern rechenschaftspflichtig. Hierzu kann es kommen, wenn die Inanspruchnahme des volljährig gewordenen Erben erst zeitlich verzögert erfolgt.

🛈 Beraterhinweis:

*In allen Fällen, in denen eine Inanspruchnahme eines volljährig gewordenen Erben durch Nachlassgläubiger in Frage kommt,
empfiehlt es sich, sofern das Vermögen nicht ohnehin überschaubar und leicht nachweisbar ist, zum Stichtag des Eintritts
der Volljährigkeit ein Inventar zu errichten, in dem aktive und passive Vermögensgegenstände des Volljähriggewordenen
aufgeführt sind. Das erleichtert im Falle des Prozesses den Nachweis über den Bestand des bei Eintritt der Volljährigkeit vorhandenen Vermögens.*

Ein Bedürfnis zur Möglichkeit der Haftungsbeschränkung sieht der Gesetzgeber in den Fällen   5
nicht, in denen Verbindlichkeiten des Minderjährigen aus einem selbständigen Betrieb eines Er-
werbgeschäfts resultieren, zu dem der Minderjährige gemäß § 112 BGB ermächtigt war, sowie für
Verbindlichkeiten aus Rechtsgeschäften, die allein der Befriedigung der persönlichen Bedürfnisse
des Minderjährigen dienten. In diesen Fällen hat der Gesetzgeber die Möglichkeit zur Haftungsbegrenzung ausgeschlossen (§ 1629a Abs. 2 BGB).

Zum Schutze des Rechtsverkehrs hat der Gesetzgeber den Minderjährigenschutz in einigen Fällen
begrenzt: In den Fällen, in denen der Minderjährige und nun volljährig Gewordene

- Mitglied einer Erbengemeinschaft oder

- Mitglied einer Gesellschaft oder

- Inhaber eines Handelsgeschäfts war

und in diesen Fällen nicht binnen drei Monaten nach Eintritt der Volljährigkeit die Auseinandersetzung des Nachlasses verlangt oder die Kündigung der Gesellschaft erklärt oder das Handelsge-
schäft eingestellt hat, wird zu Gunsten der Gläubiger vermutet, dass Verbindlichkeiten erst nach
Eintritt der Volljährigkeit entstanden sind und dass das gegenwärtige Vermögen des volljährig
Gewordenen bereits bei Eintritt der Volljährigkeit vorhanden war (§ 1629a Abs. 4 BGB). Mit
diesen gesetzlichen Vermutungen wird erreicht, dass nunmehr der Minderjährige, jetzt volljährig
Gewordene zu beweisen hat, dass eine Forderung eines Gläubigers vor Eintritt der Volljährigkeit
entstanden ist und dass das Vermögen ggf. zum Zeitpunkt des Eintritts der Volljährigkeit kleiner
war, als im Zeitpunkt seiner Inanspruchnahme.

II.   Sonderkündigungsrechte bei Gesellschaftsbeteiligungen

6   Korrespondierend mit der Regelung in § 1629a Abs. 4 BGB hat der Gesetzgeber in § 723 Abs. 1 Satz 3 Ziffer 2 BGB ein Sonderkündigungsrecht für Volljähriggewordene vorgesehen, das entsteht, wenn ein Gesellschafter das 18. Lebensjahr vollendet hat. Ein gleiches Sonderkündigungsrecht besteht nach § 133 HGB für die Mitgliedschaft eines Minderjährigen an einer OHG. Nur durch diese Sonderkündigungsrechte wird es möglich, dass der Minderjährige seine Haftungsprivilegien behält, wenn er als Minderjähriger eine Gesellschaftsbeteiligung erhalten hatte.

❗ Beraterhinweis:

Das gesetzlich vorgesehene Sonderkündigungsrecht für volljährig gewordene Gesellschafter ist unabdingbar (§ 723 Abs. 3 BGB). Das bedeutet für die Vertragsgestaltung, dass in allen Fällen, in denen Minderjährige Gesellschafter einer Personengesellschaft sind oder werden können, Regelungen getroffen werden sollten, dass das Sonderkündigungsrecht des Minderjährigen nicht zur Auflösung der Gesellschaft, sondern zum Ausscheiden des Kündigenden führt. Außerdem sollten Regelungen vorgesehen werden, dass die dann fällig werdende Abfindung so zur Auszahlung gelangt, dass eine Existenzgefährdung der Gesellschaft ausgeschlossen ist.

§ 17 Stiftung

A.   Beweggründe für die Errichtung einer Stiftung

In einer Zeit, in der die privaten Haushalte immer größere Vermögen ansammeln können, stellt   1
sich für viele Menschen die Frage, ob sie die angesammelten Vermögen insgesamt auf die Nach-
folgegeneration übertragen sollen oder ob sie nicht zumindest Teile des Vermögens dauerhaft
bestimmten, zumeist gemeinnützigen Zwecken widmen und zuführen sollen. In diesen Fällen
wird häufig eine Stiftung in Betracht kommen, um solche Überlegungen in die Tat umzusetzen.
Die Errichtung von Stiftungen wird insbesondere erwogen,

- wenn keine Kinder vorhanden sind
- wenn die vorhandenen Kinder anderweitig versorgt sind
- wenn die Kinder oder andere in Betracht kommende Verwandte sich nicht im Sinne des Zuwendenden entwickelt haben,
- wenn das Vermögen des Zuwendenden so groß ist, dass er neben den versorgungsbedürftigen
  Kindern oder sonstigen Verwandten noch freies Vermögen für gemeinnützige oder sonstige
  Zwecke einsetzen möchte.

B.   Definition

Nach allgemeingültiger Auffassung ist eine Stiftung im Sinne der §§ 80 ff. BGB eine mit Rechts-   2
fähigkeit ausgestattete, nicht verbandsmäßig organisierte Einrichtung, die einen vom Stifter bestimmten Zweck mit Hilfe eines dazu gewidmeten Vermögens dauernd fördern soll. Wesentliche
Merkmale sind das Vorhandensein eines Stiftungszwecks, der vom Stifter im Stiftungsgeschäft
festgesetzt und auf Dauer angelegt sein muss. Daneben fordert die Stiftung das Vorhandensein
von Stiftungsvermögen, mit Hilfe dessen der Stiftungszweck erreicht werden soll und das ausreichend hoch sein muss, um den Stiftungszweck zu erfüllen. Schließlich verlangt die Stiftung
eine Stiftungsorganisation, mit Hilfe derer die Stiftung handlungsfähig ist. Im Unterschied zu
verbandsmäßig organisierten Einrichtungen hat die Stiftung keine Mitglieder. Mit ihrer Errichtung verselbständigt sich das vom Stifter zur Verfügung gestellte Stiftungsvermögen. Die Stiftung
„lebt" nur noch durch ihre festgelegte Organisationsstruktur und die Erträge ihrer Vermögens-
substanz.

C.   Arten der Stiftung

Je nach den Kriterien der Unterscheidung sind unterschiedlichste Formen der Stiftung auseinan-   3
der zu halten.

I.   Öffentlichrechtliche – privatrechtliche Stiftungen

4   Zu unterscheiden sind zunächst die öffentlich-rechtlichen Stiftungen und die privat-rechtlichen Stiftungen. Die öffentlich-rechtlichen Stiftungen sind öffentlich-rechtliche Körperschaften, die auf Basis der Landesorganisationsgesetze nur durch Gesetz oder auf Grund eines Gesetzes errichtet werden (beispielsweise §§ 18, 21 Landesorganisationsgesetz NW). Für diese Stiftungen geltend die §§ 80 ff. BGB nicht.

> **Beispiel:**
> Eine öffentlich – rechtlich Stiftung ist z.B. das Deutsche Krebsforschungszentrum in Heidelberg.

Demgegenüber sind Stiftungen des privaten Rechts im bürgerlichen Gesetzbuch geregelt. Sie erhalten Rechtsfähigkeit durch staatliche Anerkennung und werden damit rechtsfähige juristische Personen. Hier interessierend ist diese Form der privat-rechtlichen Stiftung. Im Bereich der privat-rechtlichen Stiftungen wird weiter unterschieden:

II.   Selbständige Stiftungen – unselbständige Stiftungen

5   Selbständige Stiftungen sind Stiftungen, die durch Anerkennung durch die zuständige Behörde Rechtsfähigkeit erlangt haben. Unselbständige Stiftungen sind demgegenüber Stiftungen, die keine eigene Rechtsfähigkeit erlangen. Unselbständige Stiftungen beruhen auf einem Treuhandvertrag, der auch die Stiftungssatzung enthält, der zwischen dem Stifter und einem Treuhänder abgeschlossen wird. In dem Treuhandvertrag wird der Treuhänder verpflichtet, das ihm übertragene Vermögen dauerhaft als Sondervermögen getrennt von seinem sonstigen Vermögen zu halten und zu verwalten und die Erträge für die vorgesehenen Zwecke zu verwenden. Die Treuhandschaft wird häufig von Kommunen, Banken oder professionellen Stiftungsverwaltungen übernommen.

Für den Stifter bieten unselbständige Stiftungen den Vorteil, dass auf eine aufwendige Errichtung der Stiftung einschließlich der erforderlichen Genehmigung verzichtet werden kann. Auch bedarf es nicht der Errichtung einer besonderen Organisation, um die Stiftung zu verwalten und zu führen. Diese Organisation wird durch den Treuhänder bereits zur Verfügung gestellt. Steuerlich werden die unselbständigen Stiftungen behandelt wie die selbständigen Stiftungen. Handelt es sich also um gemeinnützige unselbständige Stiftungen, können ebenso wie für die selbständigen Stiftungen die Steuervorteile in Anspruch genommen werden.

III.   Gemeinnützige – privatnützige Stiftungen

6   Im Hinblick auf ihre Zwecksetzung werden die gemeinnützigen – steuerlich geförderten – Stiftungen und die – steuerlich nicht geförderten – privatnützigen Stiftungen unterschieden.

1.   Gemeinnützige Stiftungen

7   Gemeinnützige Stiftungen sind Stiftungen, die ausschließlich gemeinnützige Zwecke im Sinne der §§ 51 ff. AO verfolgen, die also nach ihrer Satzung und ihrer tatsächlichen Geschäftsführung ausschließlich und unmittelbar gemeinnützige, mildtätige oder kirchliche Zwecke verfolgen. Ge-

meinnützige Stiftungen können vielfältige Steuervorteile in Anspruch nehmen: Sie sind von der Körperschaftsteuer, der Gewerbesteuer, der Umsatzsteuer, der Kapitalertragsteuer und der Grundsteuer befreit und ihr Vermögen unterliegt nicht der in 30-jährigem Turnus wiederkehrenden Erbersatzsteuer (vgl. Rdnr. 10). Auch bei der Gründung einer Stiftung fällt keine Schenkungsteuer an (§ 13 Abs. 1 Nr. 16 Buchst. b ErbStG). Nur mit etwaigen wirtschaftlichen Geschäftsbetrieben sind sie bei Überschreiten bestimmter Freibeträge steuerpflichtig. Auch der Stifter und Spender kann bei Zuwendungen an gemeinnützige Stiftungen Steuervorteile in Anspruch nehmen:

- Spenden in den Vermögensstock einer gemeinnützigen Stiftung können bis zu einer Höhe von 1.000.000 Euro vom Stifter steuerlich als Sonderausgaben geltend gemacht werden. Dies gilt sowohl für Neugründungen von Stiftungen, aber auch für Zustiftungen.

- Außerdem können Spenden an gemeinnützige Stiftungen nach den allgemeinen Regeln gemäß § 10b Abs. 1 EStG bis zur Höhe von 20% des Gesamtbetrags der Einkünfte oder bis zu 4 Promille der Summe der gesamten Umsätze und der im Kalenderjahr aufgewendeten Löhne als Sonderausgaben abgezogen werden.

Gemeinnützige Stiftungen erlangen Rechtsfähigkeit mit Anerkennung durch die Bezirksregierung bzw. durch das Innenministerium des Landes. Sie unterliegen einer strengen Stiftungsaufsicht (§ 6 Abs. 2 Stiftungsgesetz NW). Hiermit soll sichergestellt werden, dass die vom Stifter gesetzten Zwecke und die stiftungsrechtlichen Vorschriften eingehalten werden. Der Stiftungsvorstand hat innerhalb von neun Monaten eines Jahres Jahresabrechnung zu erteilen und einen Bericht über die Erfüllung der Stiftungszwecke vorzulegen (§ 7 Abs. 1 StiftG NW).

2.   Privatnützige Stiftungen

Privatnützige Stiftungen sind Stiftungen, die ausschließlich oder überwiegend privatnützlichen **8** Zwecken dienen. Die privatnützigen Stiftungen erlangen Rechtsfähigkeit – ebenso wie die gemeinnützigen Stiftungen – mit Anerkennung durch die Bezirksregierung bzw. durch das Innenministerium des Landes. Sie unterliegen nur einer eingeschränkten Stiftungsaufsicht (§§ 6 Abs. 3, 7 Abs. 4 Stiftungsgesetz NW). Das ist damit zu erklären, dass eine staatliche Aufsicht in den Fällen nicht erforderlich ist, in denen der Zweck der Stiftung nur einem eingeschränkten Personenkreis zugute kommt, und deshalb davon ausgegangen werden kann, dass bereits durch die begünstigten Personen eine Kontrolle erfolgt.

Steuerliche Privilegien kann die privatnützige Stiftung nicht für sich in Anspruch nehmen. Zuwendungen an die privatnützige Stiftungen gelten als Schenkungen im Sinne des Schenkungsteuergesetzes (§ 7 Abs. 1 Nr. 8 und Nr. 1 ErbStG). Für solche Zuwendungen kann ein schenkungsteuerlicher Freibetrag in Höhe von 20.000 Euro in Anspruch genommen werden. Es gilt – sofern nicht eine Familienstiftung gegeben ist – die Steuerklasse III.

Innerhalb der privatnützigen Stiftung kann weiter unterschieden werden:

17

a)   Familienstiftungen

Häufigster Fall der privatnützigen Stiftungen ist die sog. Familienstiftung. Familienstiftungen **9** sind privatnützige Stiftungen, die zum (überwiegenden) Zweck haben, die Angehörigen einer bestimmten Familie durch Leistungen aus den Erträgen eines Vermögens dauerhaft zu unterstützen, gleichzeitig aber die Substanz auf unbegrenzte Zeit zu erhalten.

Die Finanzverwaltung geht von einer Familienstiftung aus, wenn nach ihrer Satzung der Stifter, seine Angehörigen und deren Abkömmlinge zu mehr als der Hälfte bezugs- oder anfallsberechtigt sind oder wenn diese Destinatäre zu mehr als einem Viertel bezugs- oder anfallsberechtigt sind und zusätzliche Merkmale ein „wesentliches Familieninteresse" belegen, wie es etwa der Fall sein soll, wenn die Familie wesentlichen Einfluss auf die Geschäftsführung der Stiftung hat (R 2 Abs. 2 ErbStR 2003).

10   In steuerlicher Hinsicht werden Familienstiftungen im Grundsatz wie jede andere privatnützige Stiftung behandelt. Besonderheiten gelten indes für die erbschaftsteuerliche Behandlung: Bei der Errichtung der Stiftung ist der Besteuerung das Verwandtschaftsverhältnis des nach der Stiftungsurkunde entferntest Berechtigten zu dem Erblasser oder Schenker zugrundezulegen (§ 15 Abs. 2, S. 1 ErbStG). Damit besteht die Möglichkeit, dass die Stiftung bei ihrer Errichtung eine günstigere Steuerklasse als die Steuerklasse III in Anspruch nehmen kann.

> **Beispiel:**

Errichtet der Vermögende Unternehmer U zu seinen Lebzeiten eine Familienstiftung und bestimmt in der Stiftungssatzung, dass seine Kinder und deren Abkömmlinge Destinatäre sein sollen, so unterliegt der Erwerb der Steuerklasse I (§ 15 Abs. 1 ErbStG). Es kann der Freibetrag von 200.000 Euro in Anspruch genommen werden (R 73 Abs.2 ErbStR 2003, für die alte Rechtslage).

! **Beraterhinweise:**

Vorsicht ist bei nachträglichen Zuwendungen an eine bereits bestehende Familienstiftung geboten. Nach Ansicht der Finanzverwaltung kann nach Errichtung einer Familienstiftung für die Zuführung weiteren Vermögens nicht die günstige Steuerklasse in Anspruch genommen werden; solche Zustiftungen unterliegen der Steuerklasse III (R 73 Abs. 3 ErbStR 2003, für die alte Rechtslage).

An dieser Ansicht der Finanzverwaltung dürfte sich auch nach Inkrafttreten der Erbschaftsteuerreform nichts ändern. Zustiftungen gelten als freigebige Zuwendungen i.S.v. § 7 Abs. 1 Nr. 1 ErbStG. Weder diese Vorschrift noch § 15 Abs. 2 ErbStG, der die Anwendung der günstigeren Steuerklasse bei Zuwendungen an Familienstiftungen regelt, wurde durch die Erbschaftsteuerreform verändert. Dementsprechend ist davon auszugehen, dass die Finanzverwaltung bei ihrer bisherigen Auslegung des Gesetzes bleibt.

Das Vermögen der Familienstiftung unterliegt einer in dreißigjährigem Turnus wiederkehrenden Erbersatzsteuer. Mit dieser Erbersatzsteuer will der Gesetzgeber erreichen, dass das Vermögen einer Familienstiftung in regelmäßigem Turnus der Erbschaftsteuer unterworfen wird. Es soll vermieden werden, dass durch die Übertragung von Vermögen auf eine Stiftung, die überwiegend dem Wohle einer Familie dient, Vermögen dauerhaft und über Generationen hinweg der Erbschaftsteuer entzogen wird.

Die Erbersatzsteuer erfolgt regelmäßig auf Basis der Steuerklasse I nach dem Vomhundertsatz, der für die Hälfte des steuerpflichtigen Vermögens gelten würde; es wird ein doppelter Freibetrag nach § 16 Abs. 1 Nr. 2 ErbStG, d.h. gegenwärtig insgesamt 800.000 Euro, gewährt (§ 15 Abs. 2 S. 3 ErbStG).

b)   Unternehmensstiftungen

11   Als Unternehmensstiftung werden Stiftungen bezeichnet, deren Zweck der unmittelbare oder mittelbare Betrieb eines Unternehmens ist. Da eine bestimmte Zweckvorgabe im Stiftungsrecht nicht gegeben ist, kann eine Stiftung auch selbst Träger eines Unternehmens sein. Bekanntestes

Beispiel hierfür war die Carl-Zeiss-Stiftung, die in der Zwischenzeit in eine Aktiengesellschaft umgewandelt wurde.

Wegen des mit dem unmittelbaren Betrieb eines Unternehmens verbundenen Haftungsrisikos, wird in der Praxis eher die sog. Beteiligungsträgerstiftung zu empfehlen sein, bei der die Stiftung nicht selbst ein Unternehmen betreibt, sondern die Anteile einer Gesellschaft hält, in der das Unternehmen betrieben wird. Häufig wird die Beteiligungsträgerstiftung kombiniert mit einer gemeinnützigen Stiftung und/oder einer Familienstiftung, um die erwirtschafteten Überschüsse bestimmten – gemeinnützigen oder familiennützigen Zwecken zukommen zu lassen (vgl. etwa Spiegelberger, ErbStB 2005, 43 ff.; Kirnberger, ErbStB 2004, 145 ff.).

c)   Bürgerstiftungen

Bürgerstiftungen sind Stiftungen, die von einer Vielzahl von Bürgern errichtet werden, wobei das Stiftungskapital häufig über viele Jahre kontinuierlich aufgebaut wird. In der Regel haben Bürgerstiftungen eine örtlich oder regional begrenzte Ausrichtung und einen breit angelegten Stiftungszweck. Vielfach besteht er z.B. in der Förderung regionaler (Sozial-)Projekte im Bereich der Kunst- und Kulturförderung, Jugend- und Altenhilfe oder im Natur- und Umweltschutz. **12**

> **Beispiel:**
>
> Die Bürger der Stadt A gründen eine Bürgerstiftung mit dem Ziel, gemeinnützige Aktivitäten zu fördern, drängende soziale Probleme zu bekämpfen und sich für mehr Lebensqualität in der Stadt einzusetzen. Dazu unterstützt und initiiert die Stiftung Projekte zur Hausaufgabenbetreuung von Schülern und der Begleitung von Schulverweigerern, setzt sich für die Erhaltung und Verschönerung von öffentlichen Plätzen ein und verleiht regelmäßig Bürger- und Förderpreise für besonderes ehrenamtliches Engagement.

Bürgerstiftungen sind vor allem dadurch gekennzeichnet, dass sich mehrere Personen an ihrer Errichtung beteiligen und in der Regel auch (ehrenamtlich) nach der Errichtung aktiv in der Stiftung mitarbeiten. Eine Bürgerstiftung ist gemeinnützig und stärkt das Gemeinwesen. Der Wirkungskreis einer Bürgerstiftung ist zumeist auf eine Stadt, einen Landkreis oder eine Region ausgerichtet.

IV.   Zustiftungen

Zustiftungen sind Zuwendungen an bereits bestehende – gemeinnützige oder privatnützige – Stiftungen, die mit dem Zweck geleistet werden, das bereits vorhandene Stiftungsvermögen um die zugeführten Beträge dauerhaft zu erhöhen. Die Stiftung ist dann verpflichtet, auch dieses Kapital ungeschmälert zu erhalten, anders als dies etwa bei Spenden der Fall ist, die durch die Stiftung ungebunden für ihre Zwecke eingesetzt werden kann. **13**

17

> **Beraterhinweis:**
>
> *Zustiftungen an gemeinnützige Stiftungen sind ebenfalls steuerlich begünstigt, für Zustiftungen an privatnützige Familienstiftungen gelten die vorgenannten Einschränkungen hinsichtlich der Steuerklasse (vgl. Rdnr. 9)*

D.   Arten der Errichtung einer Stiftung

14   Stiftungen können zu Lebzeiten errichtet werden, möglich ist es aber auch, die Errichtung einer Stiftung von Todes wegen anzuordnen. In einem solchen Fall kann die (künftige) Stiftung als Erbin oder Vermächtnisnehmerin eingesetzt werden. Ein – empfehlenswerter – Testamentsvollstrecker oder aber das Nachlassgericht haben sodann die Stiftung nach Maßgabe des Willens des Erblassers zu errichten und die Vermögensübertragungen – falls erforderlich – vorzunehmen.

E.   Ablauf der Errichtung einer selbständigen Stiftung

15   Die Errichtung einer selbständigen Stiftung richtet sich nach den Landesstiftungsgesetzen in Verbindung mit den Regelungen des bürgerlichen Gesetzbuchs (§§ 80 ff. BGB). Regelmäßig bedarf die Errichtung einer selbständigen Stiftung der Anerkennung durch die zuständigen Behörden. In Nordrhein-Westfalen ist das regelmäßig die Bezirksregierung im jeweils zuständigen Regierungsbezirk. Wenn Bund, Land oder Landschaftsverband oder eine Hochschule oder Sparkasse Stifter oder Zustifter sind, ist die Anerkennung dem Innenministerium vorbehalten.

I.   Stiftungsgeschäft

16   Erforderlich zur Gründung einer Stiftung ist das Stiftungsgeschäft. Das Stiftungsgeschäft ist eine förmliche Willenserklärung der Stifter, Vermögen in bestimmter Höhe zur Erfüllung eines von ihnen bestimmten Zwecks zu widmen. Das Stiftungsgeschäft enthält den Namen, den Sitz, den Zweck und die genaue Bezeichnung des Vermögens der Stiftung, außerdem wird auch die nachfolgende Satzung verwiesen. Das Stiftungsgeschäft muss schriftlich erstellt und von allen Stiftern unterschrieben werden. Sonstige Formalien – etwa notarielle Beurkundung oder Beglaubigung – müssen nicht beachtet werden.

II.   Stiftungssatzung

17   Dem Stiftungsgeschäft muss eine förmliche Stiftungssatzung beigefügt sein. In der Satzung der Stiftung sind Bestimmungen aufzunehmen zu Zweck, zur Tätigkeit und zur Organisations- und Entscheidungsstrukturen der Stiftung. Gemäß § 81 Abs. 1 BGB muss die Satzung mindestens Regelungen über Name, Sitz, Zweck, Vermögen und Bildung des Vorstands enthalten.

🛈 Beraterhinweis:

Bei der Errichtung von Stiftungen empfiehlt es sich regelmäßig, Stiftungsgeschäft und Satzung der Stiftung vorab mit der zuständigen Bezirksregierung abzustimmen. Die Bezirksregierungen bieten regelmäßig ihre Mithilfe bereits im Vorfeld an, um etwaige Fehler oder Unklarheiten von vornherein zu beseitigen. Es werden auch Ratschläge zur Formulierung im Hinblick auf Steuerbegünstigungen erteilt. Insofern empfiehlt sich aber zugleich die Abstimmung der Satzung mit der Oberfinanzdirektion, als der insoweit zuständigen Behörde.

III.   Anerkennung der Stiftung

Das Errichtungsverfahren wird durch die behördliche Anerkennung der Stiftung abgeschlossen. Die Anerkennung ist ein Verwaltungsakt und erfolgt durch die zuständige Behörde am Sitz der Stiftung. Das Anerkenntnisverfahren sowie die Zuständigkeit ist in den Bundesländern unterschiedlich geregelt. In Nordrhein-Westfalen wird die Anerkennung von der jeweiligen Bezirksregierung erteilt. Auf die Anerkennung besteht gem. § 80 Abs. 2 BGB ein Rechtsanspruch sofern die andauernde und nachhaltige Erfüllung des Stiftungszwecks gesichert erscheint und der Stiftungszweck das Gemeinwohl nicht gefährdet.

18

17

Stichwortverzeichnis

fette Zahlen = Paragraph

andere Zahlen = Randnummer